天水师范学院历史文化学院
甘肃省一流特色学科中国史、重点学科专门史资助

甘肃省轩辕文化研究会
轩辕故里———清水县历史文化研究成果

赵世明 著

轩辕黄帝认同与建构研究

中国社会科学出版社

图书在版编目（CIP）数据

轩辕黄帝认同与建构研究 / 赵世明著. —北京：中国社会科学出版社，2024.2

ISBN 978 - 7 - 5227 - 3276 - 3

Ⅰ.①轩⋯ Ⅱ.①赵⋯ Ⅲ.①黄帝—文化研究 Ⅳ.①K203

中国国家版本馆 CIP 数据核字（2024）第 048390 号

出 版 人	赵剑英
责任编辑	郭　鹏
责任校对	刘　俊
责任印制	李寡寡

出　　版	中国社会科学出版社
社　　址	北京鼓楼西大街甲 158 号
邮　　编	100720
网　　址	http://www.csspw.cn
发 行 部	010 - 84083685
门 市 部	010 - 84029450
经　　销	新华书店及其他书店

印　　刷	北京明恒达印务有限公司
装　　订	廊坊市广阳区广增装订厂
版　　次	2024 年 2 月第 1 版
印　　次	2024 年 2 月第 1 次印刷

开　　本	710×1000　1/16
印　　张	18
字　　数	278 千字
定　　价	98.00 元

凡购买中国社会科学出版社图书，如有质量问题请与本社营销中心联系调换
电话：010 - 84083683
版权所有　侵权必究

总　序

　　史学是人类知识体系中最为古老而又年轻的学问，从口口相传的远古传说历史，到今天信息时代的多元书写，历史之于人类的人文价值和社会意义始终占据重要的地位。而且，随着社会进步和文化普及，其作用与价值更为显著。重视历史、研究历史、借鉴历史，可以给人类带来很多了解昨天、把握今天、开创明天的智慧。因此，习近平总书记说："历史研究是一切社会科学的基础。""究天人之际，通古今之变"既是史家的追求，也是时代与社会赋予史家的使命所在。

　　中华民族自古以来就有浓厚的历史意识和优良的修史传统，中华民族悠久的历史，灿烂的文化，又为史学的发展提供了得天独厚的条件。在中华民族、中华文化波澜壮阔的成长和发展历程中，历史对于自我认同、民族认同和文化认同，对于提升民族自信和文化自信，培育家国情怀，开发民族智慧，塑造国民性格，熔铸民族精神，其所发挥的纽带作用和规范功能无可替代。在当今史学教育大众化的时代背景下，如何更好地认识历史、研究历史和书写历史、普及历史，凸显其聚力铸魂的作用，是历史科学和史学工作者需要共同面对的重大问题。我国高校"双一流"建设的启动，为历史学学科建设提供了新的路径和机遇。"天水师范学院历史文化学院甘肃省一流特色学科中国史、重点学科专门史学术研究丛书"的出版即由此缘起。

　　学科建设涉及方向凝练、科学研究、知识传授和人才培养等方方面面，也与每个学科的自身基础和环境氛围密切相关。我校中国史学科的发展从起步到现在，已经过大约15年的建设历程。学科从最初（2002年）

的陇右文化省级重点学科到专门史（2012年）、再到中国史（2018年）和中国史入选甘肃省一流特色学科群（2017年），实现了学科由方向（陇右文化）到二级学科（专门史）再到一级学科（中国史）进而到学科群的三级跨越式发展。这正体现了学科及其团队由草创到规范、由弱小到强大、由低层到高端的壮大发展历程。作为地方院校，立足地域优势和自身特点开展学术研究，是我们始终努力的方向和追求。十多年来，学科团队在陇右文化体系构建、科学研究、校本课程开发和服务社会的过程中，不仅取得了一系列成果，得到社会认可并产生了一定影响，而且也围绕陇右历史文化资源申报国家项目和开展科学研究，进一步整合了学科团队，形成相对固定的研究方向，促进史学研究和学科建设共同提高。陇右文化学科建设也示范和带动了学校学科建设的开展。

2014年，学校设立历史文化学院，我们的学科专业建设进度进一步加快。为了优化学科结构，培育学科新领域和方向，以推动历史学整体实力的增强，我们以陇右文化研究中心省级人文社科重点研究基地和教育部国别和区域研究中心——高加索地区研究中心为平台，将专门史、西北社会经济史重点学科建设与中国古代史教学团队、中国古代史特色专业建设有机结合，统筹发展，在师资队伍、科学研究、专业发展、人才培养和学科特色凝练诸方面都取得了新的突破。现已初步形成以历史地理学、中国古代史、专门史、历史文献学和陇右石窟艺术研究为主攻方向，并在西北开发与生态环境史、区域文化史、陇右文化包括中国政治史、民族史、文化史、社会史、敦煌学和中外文化交流史等领域，取得一系列标志性成果。通过省、校两级立项共建和经费资助，一支以中青年为主，高职称、高学历为骨干的学科、师资队伍迅速成长。2013年以来，专门史学科入选甘肃省"飞天学者"设岗学科，先后有雍际春教授入选甘肃省"飞天学者"特聘教授，陈于柱博士入选"飞天学者"青年学者；还有多人次入选省级以上各类人才库。同时还聘请中国社科院历史研究院彭卫研究员和南京大学胡阿祥教授为"飞天学者"讲座教授，兰州大学郑炳林教授为学科首席专家，加盟到团队中来。初步形成了多层面、多方向、多领域共同支撑中国史学科发展，中国史学科推动历史教育、文物与博物馆学专业建设的学科专业发展新格局。

中国史学科2017年入选甘肃省一流特色学科和2018年入选省级重点学科，为我们历史学的发展既迎来了新的发展机遇，也提出了新的任务和更高的要求。我们将一如既往在强化学科专业优势特色的同时，进一步拓展学科视野，凝练学科方向，以项目申报为抓手，科学研究为关键，协同攻关为途径，创新突破为着力点，推动学科建设上台阶、上水平。要求团队成员立足各自特长，结合学科方向，开展联合攻关和重点突破，催生更多研究成果和学术精品。为了展示学科建设新成果，发挥科研成果在繁荣学术和服务社会的双重作用，我们决定资助出版"天水师范学院历史文化学院甘肃省一流特色学科中国史、重点学科专门史学术研究丛书"。

我们的初步设想和计划是根据一流学科建设目标，围绕学科方向，结合团队实际，以发挥学科优势，彰显学科特色，深化史学研究为导向，为团队成员高质量完成项目任务和立足特长开展特色化创新研究提供服务。所以，本套丛书将在学科建设期内，依据团队成员各自研究和自由探索进度陆续出版，即完成一部、成熟一部、出版一部，坚持数年，必有收获。期待并预祝这套丛书在促进学科建设和繁荣史学研究上双获成功！

雍际春
2020年9月10日

序

赵世明教授的《轩辕黄帝认同与建构研究》即将出版，嘱我为此书作序。这部书稿利用传世文献与出土材料，对黄帝文化的基本内涵、先秦到明清时期的黄帝认同和当代全国各地的黄帝祭祀等问题作了重新梳理，提出来许多新问题，启人心智之处甚多，也引发了笔者对于黄帝文化的一些新思考。现将有关理解和想法写出来，期望与读者朋友分享和交流，以期促进黄帝文化研究的进一步发展。

黄帝是人还是神，自20世纪上半期以来，就成为一个长期争论的问题，围绕着这一问题，"神话历史化"和"历史神话化"就构成两种迥然不同的历史观。两种观点皆持之有故，加上没有当时的文字，使得这种分歧长期存在。不过，由于百年来考古学的迅猛发展，历史研究的长度和信度得以极大拓展。古史传说不同于纯粹神话，原因在于传说之中往往蕴含着真实的历史素地，以古史传说研究历史，是历史研究的重要方法。当然，对古史传说也不能完全视为信史，里面亦存在虚妄、荒诞不实之处，对于古史传说的研究工作，就是要去伪存真。20世纪30年代，冯友兰先生提出了史学研究的三种趋势，即疑古、信古和释古，鉴于释古说的提出有折中意味，此说法并没有被学术界广泛接受。需要思考的问题是，把20世纪学术史上出现的疑古和信古思潮对立起来，是否是一种科学的方法论？笔者倾向认为，无论是疑古还是信古，疑和信都是有条件的，两者的目的都是为了求真。毋庸讳言，前人的有些观点在今天看来已经过时，要看到这种认识的产生是学术进步的结果，不能因为时代的局限而过分苛求前人。

在先秦时期的《左传》《国语》《竹书纪年》等著作中，记载了一些关于黄帝的传说，战国时期出现的《五帝德》和《帝系》亦是较早关于黄帝的重要文献。对于黄帝谱系如果仅仅从男性祖先视角观照这一世系，其看法未免狭隘，因为不同族群对于黄帝的血缘认同确实存在，而不是人为虚造。最新的考古成果揭示，从相当于黄帝时期的龙山时代开始，众多文明犹如满天星斗，中原地区的正统观念形成较早，"禹划九州"的描述就反映了上古不同族群间的联合，进而形成重瓣花朵式的文明格局。

尽管没有文字记载，山西的陶寺遗址却被广泛认为是尧的都城，这为还原古史传说真相带来希望。在黄帝研究上，要善于利用传世文献，同时也不可忽视出土文献和最新的考古材料，现代考古固然尚不能为黄帝存在提供实证，但毕竟提供了诸多文献中没有记载的材料，为我们还原黄帝时代的生活图景提供了可能。李学勤先生曾经提出《逸周书·尝麦解》是最早记载黄帝的文献，认为黄帝见于记载始于西周时期，一定程度上改变了黄帝传说晚出的观念。黄帝记载见载于经史子集当中，对于不同的材料要注意区分，司马迁就曾指出黄帝传说不雅驯的内容，从驳杂的黄帝记载中抽丝剥茧、去伪寻真，是对学术能力和志趣的考验。正是由于早期传说的原生性，其传说并不完备，加强对不同材料的审查，今天看来依然是一项非常重要的工作。

在黄帝文化研究中，面对不同来源的材料，先秦时期的一些早期记载理应得到重视，不可把所有材料等量齐观。对于考古遗址和传说时代人物的对应，伴随着中国考古学的始终，以前的有些联系今天看来已经不再正确，但这种探讨仍然不失其意义。陕西石峁遗址发现以后，沈长云先生力主石峁遗址是黄帝城，引发了学界对于石峁遗址的进一步关注和探讨，这种联系自然有其学术价值。在学术研究上，历史学者要敢于探索，考古学者可以保守一些，研究者要有一种宽阔的视野和"勿固勿我"的态度，不同观点间的争鸣才是学术进步的源泉。

赵世明教授的专著虽然没有在黄帝人耶神耶问题上充分展开讨论，但他认为后世黄帝仙化形象的塑造，客观显现着黄帝人性的本质，这种观点无疑具有广泛的代表性。当下对于黄帝的认识，观点虽然不尽相同，但从古至今尊崇黄帝的文化现象却是客观存在的，世明教授重点关注轩辕黄帝的认同与形象建构，这种取舍体现了作者敏锐的学术眼光。在当下的主流观点中，黄帝被视为中华文明的开创者、奠基者，是中华民族的精神标识和核心文化符号，共同的始祖、共同的地域，以及共同的文化基础，有利于中华民族共同体意识的形成，促进了多元一体政治格局的产生。

历史上的黄帝形象，长期具有人和神的双重属性，在古人的视界里，人和神的世界是相通的，人神间的这种纠缠难免产生神、人边界的模糊。就黄帝而言，在一定时期内对其人格或神格不加区分。秦汉时期黄帝被列入国家祀典，黄帝虽长期作为五方帝之一享受祭祀，但并没有因此遮蔽黄帝人性的一面。在中国古代，黄帝人的属性长期占据主导地位，在黄帝形象的演变过程中，黄帝的神性日益淡化。南北朝时明确出现了五人帝的说法，五人帝配祭五方帝，宋代在祭天仪典中正式废除五方帝祭祀，黄帝作为上古帝王和始祖的一面得以彰显。明代朱元璋在位时，又正式废除了祭祀天地时五帝随祀的传统，除了在历代帝王庙祭祀黄帝外，把陕西黄陵定为黄帝陵寝所在地，并定期派官员前往祭祀。

当代的黄帝祭祀可以看作是古代祭祀的延续和发展，黄帝后裔大多建国和迁徙，所以黄帝的传说遍布各地，正如司马迁所说，"孔子所传宰予问五帝德及帝系姓，儒者或不传。余尝西至空桐，北过涿鹿，东渐于海，南浮江淮矣，至长老皆各往往称黄帝、尧、舜之处"。在当代，陕西黄陵、浙江缙云、河南新郑、甘肃清水等地都长期保持祭祀黄帝的传统，产生了积极的社会影响，不仅表达了中华民族缅怀先祖、慎终追远的传统，而且增强了中华民族自信心、自豪感和凝聚力。

黄帝传说在历史长河中不断积淀、强化，构成中华民族共同记忆的重要组成部分，黄帝时代与中华文明的起源息息相关，梳理和考察黄帝文化的内涵、形成、发展，丰富始祖文化的研究，具有重要的学术价值和现实意义。自2003年以来，笔者多次前往陕西黄陵、浙江缙云、甘肃清水等地参加黄帝文化论坛，其中曾经多次从山东前往甘肃参加黄帝文化活动，并且自2019年起开始担任甘肃省轩辕文化研究会名誉会长，这期间与天水师范学院的赵世明教授，从认识到熟识，他的谦虚、勤于治学给我留下了深刻印象，尤其是看到他完成了这部厚重的黄帝文化研究专著，由衷向他表示祝贺！在黄帝文化研究日益成为一门显学、黄帝祭祀逐渐走向国际化之际，相信这部书的出版，将会进一步促进黄帝文化研究的发展，嘉惠学林。

是为序。

李桂民

2023 年 9 月 21 日

前　　言

　　轩辕黄帝自古以来就在人性化和神仙化中并行发展，人性和神性集于一身。

　　无论春秋战国时期"百家言黄帝"，还是汉代司马迁择其"尤雅"言，无论魏晋以来轩辕故里之争，还是当代轩辕文化认同意义的揭示、轩辕黄帝的祭祀，黄帝成为中华文明绕不开的话题。按照司马迁的逻辑，春秋战国时期百家著述黄帝，"其文不雅驯"，故而"择其言尤雅者"写下《五帝本纪》，是对春秋战国时期黄帝神性的一次较为彻底的剥离。《山海经》以及庄子、方士等的黄帝叙事，大有所谓"造神运动"的意味。这也不难理解司马迁为黄帝作纪时，何以如此审慎地择言"尤雅"者。战国时期黄帝神化的趋势并没有因为司马迁的《五帝本纪》而停滞，相反，在道教产生以后变本加厉。黄老并存，黄帝被推上了人间神仙的最高位，仙化黄帝便成为道教和方士的重要任务。感光而生、玄女授法战胜蚩尤、乘龙升仙等仙化故事被一再言说。当然，我们看到，在中国仙化故事里的神仙，几乎无不例外来自人间。所以，无论道教或方士如何仙化黄帝，在塑造黄帝神仙形象的同时，客观显现着黄帝人性的本质。仙化黄帝并未减弱黄帝的人性特质。

　　在黄帝叙事里，黄帝的文明开创不断地叠加，从"置左右大监""修德振兵，治五气，艺五种""淳化鸟兽虫蛾"到全面的文明溯源黄帝现象，在建构黄帝开创中华文明的人文先祖认同时，反倒使黄帝神性大增，人性削弱。在动荡和民族融合的背景下，魏晋时期政权对黄帝的追祖溯源；在道教兴盛背景下，唐宋时期对黄帝的推崇，尤其宋代对黄帝纪传的热衷，人性黄帝和神性黄帝都或多或少地得到了强化，黄帝"真君""神君""神王"等名号也是接踵而来。当然，我们仍需肯定崇祀黄帝在大一统王朝的建立和强化巩固中的积极意义。

人化、神化、仙化，治统亦是，道统亦是。黄帝承载了中华民族历史时期王朝对于祖先认同、文化认同、民族认同、王朝认同等诸多使命和理想。当清王朝这个封建社会的最后王朝依然承继前代，通过庙祭黄帝、陵祭黄帝，将自身纳入日益牢固的黄帝谱系论的叙事里时，亦是看到了黄帝在消弭满汉畛域，强化自身统治合法性认识和清王朝认同中的积极作用。但文明同源、文化同源、族群同源性在清王朝的叙事中并未得到重视或者足够的重视，而将重点置于治统叙事上，似不得已而为之，有被迫的味道。当然，崇祀三皇五帝的内涵也许本就宽泛。

我们还需注意到宋代对轩辕黄帝文化的重大发展。除了丛书中可以一目了然地看到黄帝传记之空前兴盛之外，以黄帝命名的医著也得到了大发展，多达三十余部，这无形中大大强化了黄帝的另外一个形象——"医学先圣"。方士和方术在先秦时期已经有之，汉代方士也相当活跃。道教产生，对其推波助澜，蛊惑皇帝炼丹追求长生不老的方士大行其道，这也成为整个封建社会后期非常典型的一大政治特色。道教和方士得到统治者的推崇，道教炼丹术在推动中国古代传统医学发展的同时，也造就了中国封建社会比较独特的政治现象——皇帝追求长生，但皇帝往往荒诞而短命。

"黄帝医学"的发展和丰富，催生了元代政府对黄帝另一身份——医师的祭祀。如书中所言，"黄帝臣俞跗以下十人，姓名载于医书者，从祀两庑。有司岁春秋二季行事，而以医师主之"。到了明代，因黄帝作为医师祭祀显然降低了黄帝的地位，便取消了此类祭祀的安排，而向着"帝祖"角色祭祀方向发展，历代帝王庙出现了。但遗憾的是，明中后期帝王大都没能逃脱道教和方士营造的根深蒂固的不死神话，他们一个一个在炼丹中走向荒怠和生命终结。清因明制，清朝历代帝王庙祭祀制度也很快确立，但随着时间的推移，历代帝王庙中祭祀帝王数量迅速扩张，治统建构意图日益明显。

就这样，在王朝及文化认同建构中，黄帝成了民族先祖、帝祖、人文初祖、医师、先师，集多种身份于一身。民国以后，人文初祖角色被一再强化。

今天，全国有十多个地方进行一年一度的黄帝祭祀，或故里，或故都，或陵寝，或祠庙，但无一不表达着同样的目的和意义——缅怀中华人文初祖轩辕黄帝，祈求五谷丰登，国泰民安，中华一统，强化中华民族的民族认同、文化认同、国家认同。群臣葬衣冠，不必纠结其真假，其反向告诉我们先秦时期对逝者、对祖先祭祀的真实，且形成一种文化传统。黄帝故里故都，亦是我们可以追寻的主题，但也不是核心。"余尝西至空桐，北过涿鹿，东渐于海，南浮江淮矣，至长老皆各往往称黄帝、尧、舜之处，风教固殊焉，总之不离古文者近是。"超越地域之争，是否如学者所言"中华共祭"，并非全然不可行。

在历史长河中，轩辕文化不断丰富发展，其推动力有以下几个方面：

黄帝谱系论：三皇五帝传承天下，华夏祖先叙事。

黄帝文明论：黄帝时期的器物创造叙事。

仙化黄帝：将黄帝纳入神仙谱系，并创造黄帝仙化故事。

纪传黄帝：为黄帝立纪立传。

祭祀黄帝：祭天配祀、庙祭、陵祭。

追祖黄帝：将本族本姓接入黄帝谱系。

以上表明，对于今天而言，黄帝是神是人已经显得并不重要。尽管因为时代和社会原因，疑古、信古之争曾经非常激烈，但今天我们所需进一步审视的是轩辕黄帝以及承载的轩辕文化，这是文化的，也是历史的、真实的。轩辕文化包含了丰富的中国传统文化，也承载着中华民族的一统思想和民族自信、文化认同。站在21世纪的时代前沿研究轩辕文化，自然有其重要的历史和文化意义。

目　　录

第一章　绪论 (1)
第一节　轩辕黄帝研究概述 (1)
第二节　轩辕黄帝文化研究价值论 (25)

第二章　轩辕黄帝文化的基本内涵 (28)
第一节　轩辕黄帝标识 (28)
第二节　轩辕黄帝历史神话化和神话历史化 (37)
第三节　轩辕黄帝传说谱系 (42)
第四节　先秦秦汉时期的轩辕黄帝神话叙事与历史 (44)

第三章　先秦秦汉时期的轩辕黄帝与国家认同 (54)
第一节　尊祖敬宗现象 (55)
第二节　华夏谱系论 (63)
第三节　道器文明论 (67)

第四章　魏晋隋唐时期轩辕黄帝信仰探微 (82)
第一节　魏晋时期轩辕黄帝之纪传 (83)
第二节　黄帝祭祖、寻祖现象与黄帝文明记忆的丰富累积 (91)

第五章　宋明时期轩辕黄帝文化的新发展 (109)
第一节　宋代轩辕黄帝传纪之兴盛 (109)
第二节　明代黄帝叙事 (128)

第三节　宋明时期轩辕黄帝祭祀 …………………………………… （131）

第六章　清季以黄帝为中心的国家认同构建及晚清王朝认同的崩塌 ……………………………………………………………… （141）
　　第一节　清王朝以轩辕黄帝祭祀为中心的国家认同建构 ………… （141）
　　第二节　黄帝的民族记忆 …………………………………………… （157）
　　第三节　晚清轩辕文化认同构建及王朝崩塌 ……………………… （158）

第七章　轩辕黄帝故里故都之争 ……………………………………… （167）
　　第一节　主要观点概说 ……………………………………………… （167）
　　第二节　先秦至隋唐时期轩辕故里之争及演进 …………………… （173）
　　第三节　宋元明清时期轩辕故里故都问题论争的新趋势 ………… （189）

第八章　轩辕故里清水轩辕黄帝祭祀 ………………………………… （196）
　　第一节　清水轩辕故里的由来及其轩辕文化建设 ………………… （196）
　　第二节　清水轩辕黄帝祭祀活动 …………………………………… （203）
　　第三节　清水轩辕黄帝祭祀祭文 …………………………………… （210）

第九章　新郑、黄陵、缙云等地轩辕黄帝祭祀 ……………………… （214）
　　第一节　河南新郑"黄帝故里拜祖大典" ………………………… （214）
　　第二节　陕西黄陵"黄帝陵祭典" ………………………………… （221）
　　第三节　浙江缙云"缙云轩辕祭典" ……………………………… （231）
　　第四节　桥山之争下的涿鹿、正宁和曲沃黄帝祭祀 ……………… （234）
　　第五节　其他地区黄帝祭祀 ………………………………………… （242）

第十章　当代轩辕黄帝祭祀地图及其影响力比较分析 ……………… （254）

参考文献 ………………………………………………………………… （268）

后　记 …………………………………………………………………… （272）

第一章

绪　　论

现代研究表明，文化是国家最可依靠的力量和资源，国家"软治理"最终依赖国家的文化认同。"在这个新的世界里，最普遍的、重要的和危险的冲突……属于不同文化实体的人民之间的冲突。"（塞缪尔·亨廷顿）文化认同是民族凝聚力和国家向心力的动力之源，是国家认同最深厚的基础。国家认同内涵的民族意识、文化传统、历史记忆、宗教信仰等都是在长期的历史脉络中缓慢生成的。一个民族失去了文化特性，民族独立性也就失去了精神和心理依托。全球化时代西方主流价值观的传播使得发展民族文化、加强国家的价值整合尤为必要。

第一节　轩辕黄帝研究概述

始祖文化——轩辕黄帝文化有历史的积淀、传承和现实的心理归属基础。春秋战国时期，是轩辕黄帝作为华夏始祖建构且得到较为广泛认同的重要时期，黄帝神化、仙化、先祖化、历史化等塑造交织发展。汉代司马迁依据先秦历史文献和神话，对黄帝形象进行整合和形塑，黄帝初帝化、文明源头化、始祖化，黄帝谱系成为后世王朝统治合法性的一个重要背书；同时，汉代谶纬盛行，黄帝仙化特征明显。魏晋时期，中国历史又一次进入大分裂、大动荡时期，与战国大分裂相似，无论是华夏还是所谓四夷政权，始祖化黄帝有利于其统治的合法性，也在民族融合中意义重大；道教的流行，使黄帝仙化并行发展。唐代作为大分裂后的统一王朝，开启了黄帝传记的先河，也表明了黄帝历史化的发展成就。

可以说，唐代是黄帝历史化的重要里程碑。继唐遗风，宋代为黄帝立传立纪毫不新鲜，频见史端。至此，黄帝的人、帝等特征一览无余，从而完成了中国古代始祖黄帝的形象和地位的建构。但即便如此，黄帝的始祖形象仍没有完全超越以"血统"为主要特征的内涵意义，正因为此，清王朝尽管在始祖黄帝的建构上不遗余力，但晚清时期，在全球民族国家建构背景下，黄帝与民族国家建构联系起来，从而导致两百余年的建构努力很快化为乌有，王朝崩塌。辛亥革命以后，一改前说，以图一统巩固。但从此以后，黄帝始祖的"血统"内涵之外，还包含有"人文"内涵，轩辕黄帝中华始祖建构最终得以完成。时至今日，对黄帝的尊祀、研究、争鸣等依然兴盛不衰。轩辕文化通过一代代层累，已形成内涵丰富的传统文化要素之一，具有文化崇拜、文化信仰与认同、国家民族认同等多重文化价值和意义。由此，从文化认同视角系统审视始祖黄帝的建构历史，并从中探究其在大一统王朝统治的巩固、从分裂走向统一的因素、民族文化认同、中华民族"共同体"形成，以至于今天域内外的认同等方面的贡献和意义。

英国文化人类学代表人拉德克利夫·布朗认为，在原始社会，任何对社会生活有主要影响的事物，都必然会成为仪式庆典的对象，这种仪式的功能，就是使对仪式所祭祀的物体的社会价值的认识永恒化。中国传统丧葬仪式既包括执行仪式，也包括仪式背后的意识形态。祭祀仪式只是一种形式，更重要的是祭祀仪式所承载的文化价值。虞夏时代，黄帝已被人们当作祖先祭祀，之后受到历代统治者的敬仰和祭祀，特别是当代各地拜祖黄帝大典方兴未艾，黄帝祭典已经成为具有广泛影响的文化盛典。与此同时，黄帝祭祀的学术争论、社会争论也频见报端。黄帝祭祀有深厚的历史社会原因，蕴含着丰富的文化内涵和政治寓意，传承了文化传统、民族精神，传递了重要的文化、政治价值构建。因此，黄帝祭祀仍是一个值得深入研究的具有很强学术和现实意义的问题。

相关的黄帝文化的研究成果大体可以归为四类：一类是黄帝是历史人物还是传说人物的争论，大致经过疑古派和信古派争论到"走出疑古时代"的认识的历程。二是关于黄帝故里、故都和陵地的争论，有文献、传说依据、有合理想象和推测，甚至用考古学加以印证，争论不休。梳理这些观点可以形成一条完整的链条——轩辕黄帝出生于甘肃清水，向西至陕西，走向强盛，后一支南徙，在河南建功立业，卒后葬黄陵。三是黄帝的历史功绩，大致论及黄帝制衣冠、造舟车、立法纪、设兵营、播五谷、建屋宇、制器乐、创文字，以道义为本，一统天下，成为中华民族的文化文明象征。四是探讨黄帝文化的价值，主要与文化认同、国家政治认同、文化传承、民族精神等相联系。所有这些研究，不仅大陆学者的研究成果相当庞杂，而且中国台湾以及日本也有一批有价值的研究。所以，这里只简要概述有关黄帝祭祀的专门研究。

黄帝文化是中国传统文化的内容之一。它产生于中华文明起源时期，后来连绵不绝，广泛而深远地影响了中国文化的历史进程。认清黄帝文化的内涵和特征，无疑有助于我们从一个侧面认识中国传统文化，推进民族文化自觉。

轩辕文化与国家认同的研究现状可以从两个层面来说。一个层面，即轩辕黄帝及文化研究成果颇丰，视角、方法、主题等不一；另一个层面，轩辕文化在中国历史上对国家认同构建的路径、方法和意义，以及现代中国以轩辕文化聚合人心、构建民族国家认同等问题的研究却薄弱得多。现就相关研究做一简要梳理。

一 信古、疑古之争

中国古代自司马迁《五帝本纪》伊始将黄帝塑造成中华正史第一人之后，历代王朝将黄帝尊奉为华夏始祖，信奉不疑。但晚清以后，自法国人拉克伯里（Terriende Lacouperie）在《古代中国文化西源考》一书中提出黄河流域部落联盟酋长黄帝西来说之后，围绕黄帝西来说抑或本土说展开论争，并由此衍生出关于黄帝的信古和疑古的论争。

黄帝西来说论争。法国人拉克伯里此说提出之后，非但德（夏德《中国上古史》）、法（考狄《中国通史》）批判其穿凿附会、不足为信，中国学者也批驳甚众。清代人丁谦《中国人种所从来考》（"穆天子传地理考证"六卷"纪日干支表"一卷）、陈汉章《中国通史》、何炳松《中华民族起源之新神话》①、谬凤林《中国民族西来辨》②、柳诒徵《中国文化史》等从人种、时间上予以批驳，认为黄帝时代要比拉克伯里所言公元前2282年早很多，而且如拉克伯里所言巴克民族东来，则东来者乃是白种，非黄种。当然，正如陈星灿《中国史前考古学史研究（1895—1949）》③一书所言："实际上，中国文化西来说与本土说在学术上差不多一样浅薄，都没有可靠的考古学上的证据。"

信古、疑古之争。晚清以来，出于革命的需要，革命报纸杂志甚至采用黄帝纪年，大致采用黄帝已有四千六百多年历史，革命者也曾撰写黄帝祭文，前往黄帝陵拜祭。中华人民共和国成立以后，特别是近几十年，陕西黄陵、河南新郑、甘肃清水等地对轩辕黄帝的政府或民间大型祭祀活动未曾间断，学术研讨会也历届召开，促进了轩辕黄帝的研究和文化开发。在此期间，夏曾佑、顾颉刚、吕思勉、蒙文通、谬凤林、齐思和、杨宽、童书业、杨向奎、丁山等学者将三皇五帝时代确定为"传疑时代"，并形成"疑古派"。顾颉刚撰有《黄帝》④一文，考究了黄帝之演变，云："夫黄帝本为卜居昆仑之上帝，藉传播之力，为十二姓之共祖，为中国历史之首一王，人矣；而至汉武之世，又以修仙、封禅，骑龙而去。初则由神化人，继则由人复归于神，谓非古史上之瑰观耶！"杨宽是"顾颉刚先生以后，集'疑古'的古史学大成的人"，他说："黄帝之传说出于'皇帝'之字变，初为上帝之通名，故东西民族之上帝——帝俊、帝喾、颛顼、尧、舜——神话，无不渗入于其间。黄帝传说其出较晚，故古书所载黄帝尚不脱神话性。"⑤

与此相对应，于右任、王献唐、徐旭生、钱穆等著名学者形成了所谓"信古派"，从考古学、古音韵学、古文字学、古地理学、古民俗学等多个角度探讨，认为："黄帝不惟为中华民族之始祖，亦又为中国文化之创造

---

① 何炳松：《中华民族起源之新神话》《东方杂志》1929年第2号，第79—95页。
② 谬凤林：《中国民族西来辨》，《学衡》1925年第37期，第4—38页。
③ 陈星灿：《中国史前考古学史研究（1895—1949）》，生活·读书·新知三联书店1997年版。
④ 顾颉刚：《史林杂识初编》，中华书局1963年版，第183页。
⑤ 吕思勉、童书业：《古史辨》第七册，上海古籍出版社1982年版，第198—199页。

者也"①,"黄族入据黄河流域,文明未启,诸物不备,凡炎族所有,泰半为黄族所无,取而用之,效而制之。"② 更是认为黄帝氏族的发祥地大约在今陕西的北部,他们大约顺北洛水南下,到今大荔、朝邑一带,东渡黄河,跟着中条及太行山边逐渐向东北走。

中华人民共和国成立特别是改革开放以来,疑古信古的争论渐趋平静,但并未消失。曲辰《轩辕黄帝史迹之谜》③认为,黄帝建都于今河北涿鹿县的矾山镇三堡村北,死后葬于该县的温泉乡里虎沟村的桥山。何光岳《炎黄源流史》④从地名学的角度,根据远古时代土地名、氏族名、个人名常相合一及族迁名随的规则,探究了黄帝主族及其裔族、还有四妃所在氏族的来源及其迁徙之迹。段宝林《论轩辕黄帝的出生及其历史内涵》⑤、胡远鹏《中华民族的"人文初祖"黄帝史迹钩沉》⑥、刘文学《黄帝所居"姬水"新观察》⑦等是以黄帝为信史为基础的研究成果。但也有很多是基于神话的研究(后文详述)。

二 轩辕黄帝故里、故都、墓陵之争

中华人民共和国成立特别是改革开放以来,随着疑古信古的争论渐趋平静,故里、故都、墓陵之争却日趋白热化。当然,其研究是以黄帝作为信史进行的学术探讨争鸣。故里之争形成涿鹿说、新郑说、陕西说、清水说等主要观点。故里之争主要依据历史文献,但由于历史文献记载的模糊性和历史地名的变迁,故以文献记载为依托,对古地名的考证成为最主要的着力点,基本围绕轩辕之丘、寿丘、姬水、天水等展开。李学勤《拥彗集·刘文学〈黄帝故里文献录〉序》说:"黄帝生于轩辕之丘,所居在新

---

① 于右任:《黄帝功德记》,陕西人民出版社1987年版。
② 王献唐:《炎黄氏族文化考》,齐鲁书社1985年版;徐旭生:《中国古史的传说时代》,文物出版社1985年版,第43—44页。
③ 曲辰:《轩辕黄帝史迹之谜》,中国社会科学出版社1992年版。
④ 何光岳:《炎黄源流史》,江西教育出版社1992年版。
⑤ 段宝林:《论轩辕黄帝的出生及其历史内涵》,《中国文化研究》1994年第1期。
⑥ 胡远鹏:《中华民族的"人文初祖"黄帝史迹钩沉》,《北方论丛》1995年第2期。
⑦ 刘文学:《黄帝所居"姬水"新观察》,《黄河科技大学学报》2012年第4期。

郑,其说渊源有自,凿然可据。"史念海为新郑黄帝故里题"中华第一古都"。臧励和《中国古今地名大辞典》:"有熊,黄帝之都,即今河南新郑县。"顾颉刚《中国历史地图集》:新郑县为有熊国,黄帝建都于此。许顺湛为《始祖山八千年文化史志》作《序》说:"在这个国际会议上,学者们一致认为'黄帝故里在新郑'。"

故都主要围绕涿鹿、黄帝"有熊氏"名号为核心进行研究考证,形成涿鹿和新郑两种说法。关于黄帝陵寝,有陕西黄陵说、甘肃正宁说、新郑黄陵说等说法。

三 考古学方法的印证研究

运用考古学成果和黄帝神话传说相互印证的方法,学者们基本确定了黄帝时代的信史特点,"认为黄帝时代处于仰韶文化时期占主流"。清末、辛亥革命时期《民报》《黄帝魂》等提出黄帝距今4700多年。周庆基《黄帝的传说与仰韶文化》[①]首次比较全面而系统地利用仰韶文化遗址出土的文物材料以证黄帝的传说,认为黄帝时代处于仰韶文化阶段。潜明兹《中国神源》[②]亦认为仰韶文化应是黄帝中期的文化遗址,也是当时较高的文化,属于新石器时期的中晚期。李学勤、张岂之总主编《炎黄汇典·考古卷》将黄帝时代的考古学文化确认为"黄帝时期,相当于考古学上的仰韶文化晚期,距今约5000年左右"。范文澜、周谷城、李学勤、唐兰、苏秉琦、张岂之、戴逸、严文明、王贵民、许顺湛、郑杰祥、马世之、李友谋、陈旭等皆主此说。范文澜《中国通史》说:"这些传说,在仰韶文化遗址中大致有迹象可寻,因之推想仰韶文化当是黄帝族的文化。"李学勤在《拥篲集·刘文学〈黄帝故里文献录〉序》中说:新郑"有关黄帝的古迹,比比皆是,引人入胜。与黄帝时代大体相当的郑州大河村仰韶文化遗址,内涵十分丰富,同最近发现的郑州西山城址相印证,说明当时文化已有相当程度的发达"。许顺湛为《新郑县文物志》作《序》说:"距今

---

① 周庆基:《黄帝的传说与仰韶文化》,《天津师范大学学报》(社会科学版)1959年第1期。

② 潜明兹:《中国神源》,重庆出版社1999年版。

5000年至7000年的仰韶文化遗址，是黄帝族阶段的遗留。"中国台湾著名考古学家、金石学家张光远在《从考古展现黄帝时代的中国文明》中提出黄帝时代距今约4800年。刘超《考古发现与民族认同——以民国时期中国历史教科书为中心》① 认为，考古使黄帝等上古人事处于无法证实的"悬疑"状态，与国家确立的民族与建国始祖黄帝叙述相背离，实际上宣告了"黄金时代"观念的破灭，从而冲击甚至动摇民族认同。从考古学证史的实际效用来看，国家在利用考古学建立民族认同时，需要关注其双重影响。

四 轩辕黄帝文化的国家认同（民族、文化、王朝认同）研究

轩辕黄帝是中华文明的开创者、奠基者，是中华民族的精神标识和核心文化符号。顾颉刚《史林杂识初编·黄帝》② 指出，共同的始祖、共同的地域，以及共同的文化基础，促进了各族属在心理方面的相互认同，保障了华夏民族共同体的形成。作为始祖之一的炎黄二帝，是中华民族的文化认同源泉。古代的王朝认同只是表象，而文明认同则是内核。许纪霖《国家认同与家国天下》③ 一文认为，在古代中国，对于"中国"的国家认同，是通过文明的认同和王朝的认同实现的。王朝认同是表象，文明认同是内核。葛祥邻《炎黄文化的十大文化认同表现》④ 认为，以历史记忆来激发全体国人的国家认同意识，是可取路径之一。该文列举了始祖文化的始祖认同、后裔认同、国家认同等十大认同功能。李桂民《黄帝史实与崇拜研究》⑤ 一书对先秦到当代不同时期的黄帝崇拜观念进行了全景论述。

李凭《黄帝历史形象塑造》⑥ 认为，《史记》将黄帝塑造成中华正史第一人物，凝炼成虚实之间形象，尊崇为帝王样板，供奉为华夏始祖，从

---

① 刘超：《考古发现与民族认同——以民国时期中国历史教科书为中心》，《复旦学报》（社会科学版）2016年第3期。
② 顾颉刚：《史林杂识初编·黄帝》，中华书局1963年版。
③ 许纪霖：《国家认同与家国天下》，《华东师范大学学报》2014年第4期。
④ 葛祥邻：《炎黄文化的十大文化认同表现》，《炎帝·姜炎文化与民生》，2009年。
⑤ 李桂民：《黄帝史实与崇拜研究》，中国社会科学出版社2014年版。
⑥ 李凭：《黄帝历史形象塑造》，《中国社会科学》2012年第3期。

而适应了汉武帝构建大一统宏图和巩固家天下专制局面的时代需要。许兆昌等《〈史记·五帝本纪〉中黄帝形象的知识考古》①亦探讨了《史记》对黄帝形象的塑造，包括政治统一、经济（农业）发展、宗教神与远古帝王合体等。黄悦《汉代神话历史管窥——以黄帝为例》②一文指出，轩辕黄帝作为中华民族自我认同、自我凝聚的一个重要符号，神话历史化、历史神话化，进而使黄帝进入中华民族的集体记忆。牛锐③指出，特别是在出现重大民族危机之时，以黄帝崇拜为基础的民族认同更是激发出强大的辐射力和凝聚力。杨东晨认为，黄帝本源文化最为重要的是开拓创新、族团凝聚两种精神。黄帝文化是五千年民族血脉的起点，是中国传统文化主线之一④。

清朝诸帝在祭祀黄帝、炎帝的祭文中所一贯称颂的"治统"和"道统"，则反映出更加自觉的历史文化认同意识。瞿林东认为，黄帝文化是中华文明的源头，其历史认同与文化认同源远流长。⑤至近代又有新的发展，表现为民族认同及其推动民族救亡。沈松侨认为，以黄帝符号为中心所塑造出来的中国"国族"，却囿于晚清革命的政治现实，而只能是一个以血缘之根基性联系为本质，并具有高度排拒性的族群团体。⑥孙隆基认为，近代的"民族主义"思潮推动了为"构建民族"而对所谓"民族起源"和"民族初祖"进行的追溯，自王夫之奉黄帝为华夏畛域之奠立者，清代汉族民族主义分子遂将黄帝转化为民族始祖。⑦罗志田只承认黄帝身份的虚悬性，认为黄帝绝非近代才创造出的民族始祖，他的创造远早于清

---

① 许兆昌等：《〈史记·五帝本纪〉中黄帝形象的知识考古》，《史学集刊》2012年第5期。
② 黄悦：《汉代神话历史管窥——以黄帝为例》，《中国文化研究》2011年第1期。
③ 牛锐：《国家政治认同下的黄帝崇拜》，《中国民族报》2009年4月3日。
④ 杨东晨：《弘扬黄帝文化建设富民强国——论黄帝与中华民族五千年血脉文化的关系》，《轩辕文化研究论文集》，甘肃科学技术出版社2017年版。
⑤ 瞿林东：《黄帝文化精神与统一多民族国家的历史》，《光明日报》2013年4月4日。
⑥ 沈松侨：《我以我血荐轩辕——黄帝神话与晚清的国族建构》，《台湾社会研究季刊》1977年第28期。
⑦ 孙隆基：《清季民族主义与黄帝崇拜之发明》，《中国文化的深层结构》，广西师范大学出版社2004年版。

代。① 梁景和、赖生亮《清末"尊黄"思潮与民族主义——以〈黄帝魂〉为中心》一文认为，20世纪初年国内尊黄思潮唤起了汉族民族意识的觉醒，推动了革命运动的发展，但也不可避免地显露出大汉族主义的思想趋向。甘会斌《历史与想象：晚清中国民族认同的建构》也涉及晚清国人运用黄帝符号与国家认同构建，但此文认为黄帝符号从一开始即包摄了断裂和矛盾。马戎赞同"黄帝崇拜"只是晚清汉人民族主义的发明，同时指出祭祀黄帝、尊黄等对于民族团结具有积极意义，但要注意黄帝始祖中汉民族内涵的狭隘性。②

　　牟钟鉴《文化学的视野：黄帝信仰与中华民族》③认为，黄帝是中华民族的人文初祖，已经成为中华文化之根的象征，深入认识黄帝信仰在中华民族多元一体格局中的地位和作用，正确解读黄帝文化的内涵和精神，并发挥黄帝文化在团结各族人民、振奋民族精神、推动文明建设中的积极作用，就成为一项需要全社会共同关心和参与的重要工作。王世光认为，近百年中小学教科书中，黄帝的形象在不断变化。④ 不同时期、不同种类教科书对黄帝形象的描述有明显的差异，甚至相互矛盾。但是，众多形象背后隐含着一些共通的叙事模式——政治统一、民族团结和文化溯源，这些叙事模式最终都指向国家认同。因此，教科书中的黄帝，不仅是传说时代的一个英雄人物，更是国家、民族和文化的一个符号或象征。黄帝形象的不断解构和重构，折射出近百年来一代代教科书编写者不断重塑共同历史记忆的探索历程。庞朴认为，在司马迁以前，至少有两位黄帝：一位是人帝，一位是天帝。相信我们民族的历史上，曾经有过一个黄帝时代，那样一个中华文明开端的时代。⑤ 黄帝作为这个时代的象征，具有不可动摇、不容替代的地位。他过去以其影响凝聚了偌大的中华民族，今后他仍将成

---

① 罗志田：《包容儒学、诸子与黄帝的国学：清季士人寻求民族认同象征的努力》，《台大历史学报》2002年第29期。
② 马戎：《中华民族的共同文化与"黄帝崇拜"的族群狭隘性》，《西北民族研究》2010年第2期。
③ 牟钟鉴：《文化学的视野：黄帝信仰与中华民族》，《华夏文化》2008年第3期。
④ 王世光：《论近百年中小学教科书中的黄帝形象》，《教育学报》2012年第1期。
⑤ 庞朴：《黄帝考源》，《传统文化与现代化》1993年第2期。

为我们民族团结的力量源泉。

2018年4月17日下午，被誉为"拜祖大典灵魂工程"的第十二届黄帝文化国际论坛上，张其成说："黄帝故里新郑是所有中国人和来自全球所有华人的共有故乡。"张其成旗帜鲜明地提出，轩辕黄帝应塑造为中华民族的精神标识，"在所有的文化标识符号中，轩辕黄帝是共识度最高的，可以画出中华民族的最大同心圆"。

五 轩辕黄帝文化研究

轩辕黄帝文化研究是最为着力的一个方面。如前文所言，以故里、故都、墓陵争论为主题的黄帝出生地、建都地和陵墓所在地的考证性研究是轩辕文化研究的最丰富的重要成果之一；其次是围绕黄帝生平事迹展开的研究，成果亦颇丰。

张振犁《中原古典神话流变论考》[①] 之"黄帝神话的传说和历史化"一章中探讨了黄帝神话在今河南地区的传说化和历史化，研究了有关黄帝的涿鹿之战、建都有熊、具茨山访贤求道、祭祀河洛及黄帝神话的道教化诸多问题。何新《诸神的起源——中国远古神话与历史》[②] 一书以文字训诂为基础，考证追迹诸神系的起源和演变。[③] 之第七章"中国古神谱"从古代宗教的角度分析了黄帝的神性，认为黄帝的神性具有祖神及创造事物之神的二重性。叶林生《古帝传说与华夏文明》[④] 之第六章"黄帝与生殖崇拜"以较早的传说资料为依据，结合考古资料探讨了黄帝的真相及其氏族渊源。林河《中国巫傩史》[⑤] 第六章"黄帝时代的傩文化"中认为黄帝氏族兼有巫文化与傩文化两种意识形态。韶华宝忠双、欧阳如水明《中华祖先拓荒美洲》采用反向思维和全息研究方法研究得出中华祖先拓荒美洲的观点。[⑥] 叶舒宪在

[①] 张振犁：《中原古典神话流变论考》，上海文艺出版社1991年版。
[②] 何新：《诸神的起源——中国远古神话与历史》，生活·读书·新知三联书店1986年版。
[③] 朱天顺：《中国古代宗教初探》，上海人民出版社1982年版。
[④] 叶林生：《古帝传说与华夏文明》，黑龙江教育出版社1999年版。
[⑤] 林河：《中国巫傩史》，花城出版社2001年版。
[⑥] 韶华宝忠双、欧阳如水明：《中华祖先拓荒美洲》，黑龙江人民出版社1992年版。

《中国神话哲学》① 第六章"黄帝四面"中运用模式分析法探讨"黄帝四面"的问题。曲辰的《轩辕黄帝史迹之谜》② 运用历史、地理、考古、文字、气象、民俗等学科知识，对黄帝史事用解谜的写作方式，对五十多个史谜作了探索性的回答。李清凌《华夏文明的曙光》③ 综合文献记载、民间传说、考古佐证和今人著述，考证还原了轩辕的族谱世系、主要事迹和历史贡献、影响等。鲁谆、高强《炎黄文化读本》④ 论述了黄帝的伟大功德，炎黄文化与中华民族、中华文化，炎黄子孙称呼的来历与含义，黄帝祭祀、黄帝旗帜与辛亥革命等。高强先生另著《炎黄子孙称谓的源流与意蕴》⑤ 对炎黄子孙的称谓进行了深入探究。李学勤《古史、考古学与炎黄二帝》⑥ 认为炎黄二帝传说作为中华文明，古已有之，不是现代人创造的。以上研究只有《轩辕黄帝史迹之谜》《炎黄文化读本》是黄帝研究的专著，其余均为著作的一部分。雍际春等主编《轩辕文化研究论文集》⑦ 是近五年来以甘肃省轩辕文化研究会为依托的年会论文的集结，是最新的研究成果之一。收录论文对轩辕故里、轩辕黄帝活动范围，轩辕文化的形成与发展、精神实质与深厚内涵、精神价值与社会价值、研究发展趋势、影响，以及开发轩辕文化对旅游经济的现实意义等作了深入透彻的研究。

研究文章颇多，王忠伟等《轩辕黄帝的管理思想》⑧ 一文论述了黄帝创立国家、成命百物、教化百姓、文化建设和军事斗争等方面的思想。张开众《轩辕之谜》⑨ 一文运用训诂学、文献学、文化人类学、民俗学方面的相关知识对轩辕含义进行考察，认为"轩辕"本义即"旋圆"，它是先人对龙蛇形状的指称，蛇乃轩辕族人的图腾，不直呼乃是图腾禁忌的表

---

① 叶舒宪：《中国神话哲学》，中国社会科学出版社1992年版。
② 曲辰：《轩辕黄帝史迹之谜》，中国社会科学出版社1992年版。
③ 李清凌：《华夏文明的曙光》，中国社会科学出版社2013年版。
④ 鲁谆、高强：《炎黄文化读本》，人民出版社2014年版。
⑤ 高强先生：《炎黄子孙称谓的源流与意蕴》，三秦出版社2006年版。
⑥ 李学勤：《古史、考古学与炎黄二帝》，《当代学者自选文库》，李学勤卷，安徽教育出版社1998年版。
⑦ 雍际春等主编：《轩辕文化研究论文集》，甘肃科学技术出版社2017年版。
⑧ 王忠伟等：《轩辕黄帝的管理思想》，《辽宁科技大学学报》2008年第5期。
⑨ 张开众：《轩辕之谜》，《广东民族学院学报》1996年第3期。

现。夏绍熙《略论〈汉书·艺文志〉中的"黄帝书"及其思想文化史意义》①认为，中国古人将宗法世系一脉相承的观念引入技术文明的传统，为各种实用的技术寻根，追溯某位先王为思想或技艺的发源，"黄帝书"采取黄帝立言的形式，反映了血缘宗法制对中华文明发展与古代社会特殊发展路径的密切关系，《诸子略·道家》著录"黄帝书"5种100篇，其治国用兵、修身养性、哲理玄思的内涵与"黄帝书"为代表的实用知识和技术中的身体技术、社会技术、自然技术有内在联系，这种联系是道法玄之又玄的哲学理论的基础，也为理解古代知识系统的内在联系提供了范例，中国传统技术知识注重通过言传身教和体悟来进行传承，比较缺乏命题性知识理论的建构，这与现代科学技术知识相比有较大不同，需要我们多方位系统化地进一步认识中国传统技术的特点。江忠宝《黄帝——中华民族的人文初祖》②一文认为，黄帝是中华民族的缔造者和中华早期文明的集大成者，在他身上凝聚着整个民族的智慧和创造，他是族群的化身。江忠宝先生连发三文对先秦两汉黄帝文献进行考察，分别论述了历史和神话意义的黄帝。③

苟波《中国古代神话中黄帝的形象和图腾演变》④一文通过研究与黄帝信仰相关的图腾在古代神话和仪式中的表现和演变，可以较为清晰地解读出黄帝作为部落领袖和巫师在古代巫术仪式中的活动情况，以及黄帝从古代部落领袖、巫师演变为部落最高神、古代神祇被纳入到早期神仙群体的完整过程。同时，这样的研究也将为古代黄帝神话的诠释、整理和重构提供一种新的思路。高光晶《神农、炎帝和黄帝考辨——兼谈"炎、黄成为中国人祖先"的原因》⑤认为，炎帝、黄帝是后人心目中明君圣王的形

---

① 夏绍熙：《略论〈汉书·艺文志〉中的"黄帝书"及其思想文化史意义》，《长安大学学报》（社会科学版）2017年第2期。
② 江忠宝：《黄帝——中华民族的人文初祖》，《徽州社会科学》2016年第3期。
③ 江忠宝：《先秦两汉黄帝文献考察之一——先秦两汉黄帝文献概况》，《徽州社会科学》2016年第5期；《先秦两汉黄帝文献考察之二》，《徽州社会科学》2016年第6期；《先秦两汉黄帝文献考察之三》，《徽州社会科学》2016年第7期。
④ 苟波：《中国古代神话中黄帝的形象和图腾演变》，《宗教学研究》2017年第2期。
⑤ 高光晶：《神农、炎帝和黄帝考辨——兼谈"炎、黄成为中国人祖先"的原因》，《湖北师范大学社会科学学报》1995年第2期。

象，以形容与称呼中国农耕时代众多部落中的两大部族。二者不是人名，也不是帝王或部落首长名号。田成浩《先秦秦汉时期黄帝传说演变研究》①从历史演进的角度，对传世文献与出土文献中的相关资料进行整理，从而分析出黄帝的名号、世系、传说事迹及崇拜现象的演变轨迹，认为先秦秦汉是黄帝传说演变的关键时期。龚维英《由女阴崇拜探溯黄帝的原型》②一文认为，黄帝的本来面目不仅仅是女性，实乃女阴的人格化或神化而已，其原因是黄帝产生于原始社会女性生殖器崇拜的时代。

李艳《关陇文化背景下的黄帝文化研究》③在田野调查与历史史料的基础上，结合人类学、民俗学研究的比较方法，对关陇地区的黄帝文化进行分析，认为关陇地区是黄帝文化的发祥地和生息地，因此数千年来关陇地区沉淀着悠久的黄帝文化内涵，后因客观和主观方面的双重因素，黄帝氏族逐渐东迁；黄帝足迹遍布大江南北，促进了民族融合和发展，发明创造了中华文明；黄帝成为中华民族的先祖和人文始祖，得到海内外华人以及全国人民的缅怀和祭奠。叶修成、梁葆莉《黄帝族的发祥地及其时代》④认为，黄帝族发祥于今西北陕甘黄土高原，其时代约相当于考古学上的仰韶文化中晚期，年代大致为公元前4000—前3000年之间。周生春、孔祥来《田齐"高祖黄帝"考辨》⑤指出，《陈侯因齐敦铭》中"高祖黄帝"之语，实是田齐国家战略的宣示，关涉着田齐及战国中期的政治发展，认为"祖"为祖述之义，并进一步考明田齐祖述黄帝之旨趣乃在于以征伐王天下，"高祖黄帝"正是田齐王天下的战略。蒋南华《伏羲炎黄生平事略考》⑥一文认为，黄帝生于洞庭君山的"寿丘"，葬于"荆山之阳（南）"的湘阴"桥山"，颇有新意。

---

① 田成浩：《先秦秦汉时期黄帝传说演变研究》，硕士学位论文，兰州大学，2015年。
② 龚维英：《由女阴崇拜探溯黄帝的原型》，《江汉论坛》1988年第12期。
③ 李艳：《关陇文化背景下的黄帝文化研究》，硕士学位论文，西北师范大学，2014年。
④ 叶修成、梁葆莉：《黄帝族的发祥地及其时代》，《贵州文史丛刊》2006年第2期。
⑤ 周生春、孔祥来：《田齐"高祖黄帝"考辨》，《浙江社会科学》2012年第12期。
⑥ 蒋南华：《伏羲炎黄生平事略考》，《重庆文理学院学报》2012年第2期。

关于黄帝的创造发明和功绩研究方面，齐思和《黄帝之制器故事》①详细梳理了黄帝时代的发明创造。

其他如杨福华《论轩辕黄帝的历史功绩》②、胡远鹏《中华民族的"人文初祖"轩辕黄帝史迹钩沉》③、张翀《略说黄帝铸鼎与炎帝造琴》④、金宇飞《涿鹿之战的考古学研究》⑤、汤淑君《轩辕黄帝与铸鼎原》⑥、吴广平《轩辕黄帝的原型破译》⑦、王宁《"黄帝"考源》⑧、张固也《〈轩辕黄帝传〉考》⑨、连雯《黄帝崆峒地望考辨》⑩、李绍连《炎黄文化与炎黄子孙》⑪、陈靖等《蚩尤应和炎黄同为中华民族的三先人》⑫、石朝江《解读"涿鹿大战"》⑬、叶修成《黄帝族的迁徙及其神话传说的区域性》⑭、霍彦儒《黄帝祭祀的文化意蕴》⑮、李学勤《炎黄文化与中华民族》⑯等。

轩辕黄帝文化的开发研究寥寥无几。平楠《中原黄帝神话传说及旅游价值研究》⑰提出将中原黄帝文化旅游进行综合规划开发、构建品牌传播、推行旅游业市场化运作等对策建议。李娟《浅析黄帝故里寻根拜祖游的开发现状及发展策略》⑱为新郑提出开发旅游产品、申遗、加强配套设施等

---

① 齐思和：《黄帝之制器故事》，《史学年报》1934年第2卷第1期，《古史辨》第7册，第381—415页。
② 杨福华：《论轩辕黄帝的历史功绩》，《唐都学刊》1996年第3期。
③ 胡远鹏：《中华民族的"人文初祖"轩辕黄帝史迹钩沉》，《北方论丛》1995年第2期。
④ 张翀：《略说黄帝铸鼎与炎帝造琴》，中国炎帝·姜炎文化与民生高层学术论坛，2009年。
⑤ 金宇飞：《涿鹿之战的考古学研究》，《重庆文理学院学报》2011年第4期。
⑥ 汤淑君：《轩辕黄帝与铸鼎原》，《中原文物》2002年第2期。
⑦ 吴广平：《轩辕黄帝的原型破译》，《青海师范大学学报》1995年第1期。
⑧ 王宁：《"黄帝"考源》，《重庆文理学院学报》2012年第2期。
⑨ 张固也：《〈轩辕黄帝传〉考》，《社会科学战线》2008年第5期。
⑩ 连雯：《黄帝崆峒地望考辨》，《南通大学学报·社会科学版》2012年第3期。
⑪ 李绍连：《炎黄文化与炎黄子孙》，《中州学刊》1992年第5期。
⑫ 陈靖等：《蚩尤应和炎黄同为中华民族的三先人》，《江苏社会科学》1996年第4期。
⑬ 石朝江：《解读"涿鹿大战"》，《贵州社会科学》2006年第6期。
⑭ 叶修成：《黄帝族的迁徙及其神话传说的区域性》，《贵州文史丛刊》2004年第3期。
⑮ 霍彦儒：《黄帝祭祀的文化意蕴》，《华夏文化》2004年第2期。
⑯ 李学勤：《炎黄文化与中华民族》，《炎黄春秋》1992年第5期。
⑰ 平楠：《中原黄帝神话传说及旅游价值研究》，硕士学位论文，重庆大学，2011年。
⑱ 李娟：《浅析黄帝故里寻根拜祖游的开发现状及发展策略》，《文学界·理论版》2012年第6期。

开发对策。李达伟等《轩辕车会的文化生态变迁和价值开发——安徽仙源镇和甘棠镇的田野调查报告》[①]指出，轩辕车会由祭祀轩辕黄帝——中华民族的共同始祖，逐步发展成为当地文化内涵丰富的一项大型喜庆集会。

六 轩辕黄帝神话化与历史化问题

常金仓《〈山海经〉与战国时期的造神运动》[②]一文认为，战国诸侯在享乐腐化方面超过春秋，他们注重养生，追求长生。这样，方术之士为取信诸侯而为历史人物制造神圣故事使战国发生了一场造神运动。常金仓《中国神话学的基本问题：神话的历史化还是历史的神话化？》[③]指出，中国神话的重心在英雄崇拜上，根本不存在所谓"神话历史化"。中国现代神话学至今仍维持着一个基本的假定，即中国上古时代像西方一样也曾创造过丰富多彩的神话，至商周之际大部分神话被历史学家改造为历史传说而发生了一次神话的历史化，因而神话学的首要任务便是将历史"还原"为神话。龙仙艳《〈史记·黄帝本纪〉中的神话叙事》[④]一文借用新历史主义理论，以《史记·黄帝本纪》为个案，揭示单一史观对多元史观、史书实录对文学神话、男性叙事对女性叙事的三重遮蔽。高秋宇《关于中国早期文明国家的形成与轩辕黄帝神话传说问题》[⑤]认为，中国国家形成于神话传说时代，最早以"三皇五帝"的名目出现，成为相当普遍的民族记忆。司马迁的《史记》、皇甫谧的《帝王世纪》、罗泌的《路史》等史籍最为典型地体现出这种记忆的变迁与认同。与《苏美尔王表》相似，中国国家的早期历史具有神话传说的表达方式。与之不同的是，这个最早出现繁荣昌盛的文明，早在公元前2000年就消失了，而以轩辕黄帝为开端的中

[①] 李达伟等：《轩辕车会的文化生态变迁和价值开发——安徽仙源镇和甘棠镇的田野调查报告》，《沈阳体育学院学报》2010年第6期。

[②] 常金仓：《〈山海经〉与战国时期的造神运动》，《中国社会科学》2000年第6期。

[③] 常金仓：《中国神话学的基本问题：神话的历史化还是历史的神话化？》，《陕西师范大学学报》2000年第3期。

[④] 龙仙艳：《〈史记·黄帝本纪〉中的神话叙事》，《三峡论坛》2014年第2期。

[⑤] 高秋宇：《关于中国早期文明国家的形成与轩辕黄帝神话传说问题》，《焦作大学学报》2017年第1期。

国文明仍然延续着，并且伴随着神话传说，保持着旺盛的生机。

程秀莉《由黄帝神话的演变看神话历史化》[①]一文论述了黄帝神话历史化的诸种原因。田兆元《黄帝的神话与历史真实》[②]以黄帝神话的演进过程，鲜明地体现出古代社会由部落制走向国家制的这一重大历史事变。叶林生《黄帝考》[③]一文论述了黄帝由生殖神到中华民族祖先的演进。[④]认为黄帝神话产生于父系氏族社会。在漫长的流传、演变过程中，黄帝最终历史化为中华民族的祖先和象征。黄帝的形象，是中华民族美好理想和不懈追求精神的化身。黄帝神话告诉世人，中华民族自远古以来就是热爱和平，并且孜孜不倦地致力于物质文明和精神文明建设的民族。潜明兹《中国神源》[⑤]之第四章"从历史到神话"探讨了黄帝的名号、时代及其形象演变，有关黄帝族的历史，由氏族名、部落联盟之名到大酋长之名，于是黄帝又成为祖先英雄。由"黄帝族"变成了"黄帝"，成为中华民族祖先，完成了由远古历史传说到神话，又还原于历史的过程。冷德熙《超越神话——纬书政治神话研究》[⑥]从文化哲学角度利用纬书神话材料探讨了"三皇五帝"的感生、异貌、受命、禅让与文明业绩等，并与一般民族神话作比较研究。陈建宪以现代文化人类学的视角，在《神祇与英雄——中国古代神话的母题》[⑦]之第九章"战争的洗礼"中分析研究了黄帝神话及其"神的战争"。

叶修成《黄帝族及其神话传说考》[⑧]一文运用多学科交叉的整体研究方法，对黄帝研究中诸多颇有争议性的问题作了进一步的探讨与研究。认为，黄帝族发祥于今西北陕甘黄土高原，其时代约相当于考古学上的仰韶文化中、晚期，年代大致为公元前4000—前3000年之间。黄帝族本是文

---

① 程秀莉：《由黄帝神话的演变看神话历史化》，《中南民族学院学报》2001年第3期。
② 田兆元：《黄帝的神话与历史真实》，《河北学刊》1994年第3期。
③ 叶林生：《黄帝考》，《江海学刊》1994年第2期。
④ 田慧霞：《黄帝神话新考》，《中州学刊》2004年第3期。
⑤ 潜明兹：《中国神源》，上海人民出版社1982年版。
⑥ 冷德熙：《超越神话——纬书政治神话研究》，东方出版社1996年版。
⑦ 陈建宪：《神祇与英雄——中国古代神话的母题》，生活·读书·新知三联书店1994年版。
⑧ 叶修成：《黄帝族及其神话传说考》，硕士学位论文，贵州大学，2005年。

化相对较为落后的游牧民族，然涿鹿、阪泉之战后，其兼容与同化了周边诸多氏族，在多维和合中，吸收了他族的先进文化，促进了游牧文化向农耕文化的转型，并与他族共同创造了中华民族灿烂文化之首章。叶修成、梁葆莉《黄帝神话传说与东夷文化》[1]经过考证认为，黄蚩大战并非仅是黄帝族与蚩尤族之战，乃是炎黄联盟与整个东夷族之间的大战，即华夏文化与东夷文化的大碰撞大冲突。东夷族虽以兵败告终，但东夷族中有相当多的氏族后来归附、混同、融合于黄帝族中，两种风格殊异的文化亦随之大交流大融合，故而黄帝神话传说中便呈现出诸多东夷文化色彩。

陈成杰、刘宝康《黄帝神话来源考略》[2]一文认为，黄帝来源与古代的神仙思想、道家和海市蜃楼有关。贾雯鹤《黄帝与嫘祖神话及其相关问题研究》[3]一文指出，从《山海经》等文献记载来看，黄帝与嫘祖所在的轩辕之国和轩辕之丘与岷山关系密切。嫘祖作为蚕神，后来又兼为道路之神，是由于她的名字中含有"祖"字的原因所致。蚕女神话最初不是产生在蜀地，后来蚕女神话和蜀地发生了粘连，并传播到了蜀地而为蜀人所接受。陈洪涓《黄帝神话与檀君神话的神话观比较研究》[4]一文对黄帝神话和檀君神话进行了宇宙观、伦理观、宗教观、历史观等方面的归纳分析，对比研究将会映射出两国地源文化和民族文化、思维方式的相同点和异同点，对研究两国始祖神话的特点、神话的历史文化构成、文化素养的形成有重要价值。

七 轩辕黄帝祭祀研究

1. 黄帝祭祀活动的性质及价值功能方面

葛剑雄先生《炎黄子孙不是中华民族、中国人民的同义语》《"国家级"公祭黄帝质疑》等文从中华民族概念内涵、黄帝历史真实性等反对将黄帝祭祀泛化，质疑黄帝祭祀活动属于宗教活动。葛文引发了有关黄帝祭

---

[1] 叶修成、梁葆莉：《黄帝神话传说与东夷文化》，《湖北民族学院学报》2007年第1期。
[2] 陈成杰、刘宝康：《黄帝神话来源考略》，《湖北大学学报》1995年第6期。
[3] 贾雯鹤：《黄帝与嫘祖神话及其相关问题研究》，《求索》2015年第3期。
[4] 陈洪涓：《黄帝神话与檀君神话的神话观比较研究》，硕士学位论文，吉林大学，2014年。

祀的文化内涵和性质问题的讨论。前有邓乐群先生《"炎黄子孙"称谓的文化意蕴——评〈炎黄子孙不是中华民族中国人民的同义词〉》一文的商榷,后有蒋南华《略论黄帝其人其事》等对葛论的批评。2005年4月在西安和延安举办了"黄帝祭祀与中华传统文化学术研讨会",王俊义、李桂民、陈平、刘宝才、何炳武、韩星等一批学者,阐释了黄帝祭祀的精神内涵、文化政治意义等,均认为黄帝祭祀不是宗教活动。此后,何源《黄帝祭祀的文化意蕴》、霍彦儒《炎黄公祭的价值解读》、The Revered Yellow Emperor: Grandest Sacrificial Ceremony 等进一步指出祭祀所表达的对或祖先或古帝或初祖尊、孝、缅怀等意义,并非宗教活动。瞿林东《黄帝祭祀与历史文化认同》、黄爱平《清代的帝王庙祭与国家政治认同》等文则将黄帝祭祀的价值功能上升到文化、国家认同的高度。这一时期,何炳武主编的《黄帝祭祀研究》[①]第一次系统梳理了黄帝祭祀的历史和现状,并整理了2006年以前黄陵祭祀黄帝的祭文,也从传统祭祀文化、民族形成与复兴等视角阐述了黄帝祭祀的重要价值和意义,是目前唯一的系统性研究成果。

此外,对黄帝祭祀活动的性质及价值功能方面进行研究的成果还有:田卫丽《浅谈黄帝祭祀与中华民族的礼仪文化》[②]、刘宝才《黄帝祭祀与中华民族传统祭祀文化》[③]、赵冬《黄帝祭祀文本中的身份认同话语建构》[④]、陈志鹏《黄帝祭祀文化与黄帝陵研究》[⑤]等。

2. 黄陵黄帝祭祀的地位问题

黄陵祭祀地位问题的学术讨论由2015年9月7日《光明日报》发表的《把拜祭黄帝上升为国家级拜祭》(许嘉璐)、《黄帝故里拜祖大典的特点》(李学勤)等文引起,他们提出把河南新郑黄帝故里拜祖大典升格为国家级祭祀。这也可以说是前一主题讨论的延伸。霍彦儒先生《对建议把

[①] 何炳武主编:《黄帝祭祀研究》,陕西人民出版社2009年版。
[②] 田卫丽:《浅谈黄帝祭祀与中华民族的礼仪文化》,《社科纵横》2015年第4期。
[③] 刘宝才:《黄帝祭祀与中华民族传统祭祀文化》,《协商论坛》2008年第4期。
[④] 赵冬:《黄帝祭祀文本中的身份认同话语建构》,硕士学位论文,浙江师范大学,2012年。
[⑤] 陈志鹏:《黄帝祭祀文化与黄帝陵研究》,硕士学位论文,西安建筑科技大学,2008年。

新郑黄帝故里拜祖大典升格为"国祭"的质疑——与许嘉璐先生商榷》《黄帝陵是中华文明的精神标识——兼谈黄帝祭祀"拜庙不拜陵"》《黄帝陵祭祀与中华文化自信》等文，以"陕西黄帝陵'国祭'地位是经过数千年历史所形成的，陕西黄帝陵自古以来就是国家唯一的祭祀黄帝之地"为依据，予以批驳。方光华《对黄帝的国家祭典到底应该在哪里？》《黄帝陵祭典千年回顾》进一步支持霍彦儒先生。2015年"乙未重阳'黄帝陵是中华文明的精神标识'重要论述"研讨会上，赵世超、霍彦儒、任大援等数位学者认为新郑非黄帝故里，桥山祭黄具有唯一性。此外，李桂民《黄陵、新郑和缙云黄帝公祭再探讨》《黄帝史实与崇拜研究》（专著）、张跣《公祭黄帝须有现实依托和制度承传》、胡义成《西安杨官寨遗址是应确定黄陵祭祀为"国家公祭"的考古学主证——论黄陵墓主即西安"黄帝都邑"杨官寨遗址族群盛期的首领》等均找出了黄陵"国祭"地位的历史、现实或考古印证，其主旨仍是论证黄陵祭祀黄帝的合理性。

3. 黄帝祭祀历史、活动、仪式

王安稳等《黄帝祭祀的五个阶段和三大类型》[①]、李笔浪《黄帝祭祀的历史回顾》[②]、周小岩《黄帝祭典的传播与发展》等分阶段考察了黄帝祭祀从古至今的历史发展概况。王旭瑞《黄陵祭祀：公祭与民祭》[③]和《历史之为记忆：黄帝祭祀的流变》[④]等文主要分析了祭祀仪式中黄帝角色的转变，认为祭祀黄帝重在"人们赋予'黄帝'的意义是什么"。方明《元代中国的三皇祭祀》[⑤]以三皇祭祀为切入点，探讨儒生在元代政治中维护儒学地位的努力。

李俊领《抗战时期的黄陵祭祀典礼》[⑥]一文记述了民国时期国共合祭黄帝的仪式，认为祭祀典礼在传统文化的现代转型和"党国"构建"党

---

① 王安稳等：《黄帝祭祀的五个阶段和三大类型》，《华夏文化》1998年第1期。
② 李笔浪：《黄帝祭祀的历史回顾》，《光明日报》2016年7月11日。
③ 王旭瑞：《黄陵祭祀：公祭与民祭》，硕士学位论文，中央民族大学，2006年。
④ 王旭瑞：《历史之为记忆：黄帝祭祀的流变》，《社会科学评论》2007年第2期。
⑤ 方明：《元代中国的三皇祭祀》，硕士学位论文，复旦大学，2005年。
⑥ 李俊领：《抗战时期的黄陵祭祀典礼》，《扬州大学学报》（人文社会科学版）2009年第5期。

治"与"礼治"融通的新权威主义政治模式上具有重要作用。鲁谆《1937：国共两党同祭黄帝陵》①、齐鲁等《黄帝祭祀背后的国共博弈》②等文都从国共合祭这一特殊仪式出发，分析了祭祀的政治意义。吉成名等《毛泽东与黄帝祭祀》③一文认为毛泽东是肯定黄帝祭祀的。

何炳武《论黄帝陵的祭祀仪式》、王洁《浅析轩辕黄帝祭祀活动仪式的变迁》④等文亦考察了黄帝祭祀仪式的历史变迁。何源《经验功能主义理论视角下的黄帝祭祀仪式研究》⑤一文从发展和功能两方面重点研究了黄帝祭祀仪式的内涵和本质，阐述了其在当今社会的新意义，分析了其经久不衰的原因。通过考证和调研从古至今黄帝祭祀仪式的发展历程，分析了在不同时期的黄帝祭祀仪式，论述祭祀的缘起和发展以及黄帝祭祀的地位和意义，指出黄帝祭祀在增强和增加民族文化的认同感，以及弘扬和推动中华民族优秀的价值观方面具有无可取代的价值。张香香《河南新郑黄帝故里拜祖大典研究》⑥、王喆《黄帝祭祀的传统与现代发明：以河南新郑拜祖大典为例》、李敏《黄帝故里拜祖大典对河南形象的传播研究》⑦、Xiaowei Su 的 Researching the Image of the Yellow Emperor in China's Early Textual Sources and Archaeological Materials 等文章，涉及仪式变迁、内容、参与主体等方面的分析，部分文章还提出了黄帝祭祀仪式的意见建议。

4. 黄帝祭文研究

黄帝祭文的研究刚刚起步，仅有零散的几篇文章。赵冬《黄帝祭祀文本中的身份认同话语建构：以1723年、1912年和2011年祭文为例》⑧一

---

① 鲁谆：《1937：国共两党同祭黄帝陵》，《炎黄春秋》1995年第6期。
② 齐鲁等：《黄帝祭祀背后的国共博弈》，《党史博览》2017年第4期。
③ 吉成名等：《毛泽东与黄帝祭祀》，《湖南社会科学》2016年第2期。
④ 王洁：《浅析轩辕黄帝祭祀活动仪式的变迁》，《音乐大观》2013年第2期。
⑤ 何源：《经验功能主义理论视角下的黄帝祭祀仪式研究》，硕士学位论文，西北大学，2015年。
⑥ 张香香：《河南新郑黄帝故里拜祖大典研究》，硕士学位论文，中山大学，2010年。
⑦ 李敏：《黄帝故里拜祖大典对河南形象的传播研究》，硕士学位论文，陕西师范大学，2017年。
⑧ 赵冬：《黄帝祭祀文本中的身份认同话语建构：以1723年、1912年和2011年祭文为例》，硕士学位论文，浙江师范大学，2012年。

文以身份认同为视角,分析了三篇黄帝祭文,认为黄帝祭祀话语的变迁反映了中国社会变迁中的民族和社会身份认同的变迁。任贵祥《海外华侨华人的中华文化情结——以改革开放以来海外华侨华人祭祀黄帝陵为视角》[①]一文认为,海外华侨华人祭拜黄帝陵祭文表达了中华文化情结。刘淑珍《1937年清明节毛泽东撰写祭黄帝陵文》[②] 分析了毛泽东撰写的祭文的三层内容,指出祭文表达了团结抗日的主张。曹津源《一曲浩然正气歌——毛泽东〈祭黄帝陵〉赏读》[③]一文分析了祭文的三部分内容以及震撼人心的原因。秦开凤《论黄帝祭祀的政治文化功能——以现存公祭黄帝陵之祭文为分析基础》[④] 一文认为,黄帝祭文内容所表述的政治文化内涵与各时代的实际政治状况紧密关联,具有历史动态性和较强的现实性。黄帝陵管理局编《黄帝祭文集》[⑤] 收录了明代至2014年清明黄帝陵的祭文,并做了点校和注释。

八 综述及文献整理

关于轩辕文化的研究综述以会议综述形式为多。李春龙《五千年民族血脉与文化自觉自信——2012年黄帝文化学术研讨会综述》、江林昌《中国首届黄帝文化学术研讨会综述》[⑥]、赵强《近十年来关于黄帝等人性别研讨综述》[⑦]、陈战峰《"黄帝与民族复兴学术研讨会"综述》[⑧]、唐媛媛等《"黄帝陵与文化自信"学术交流会综述》[⑨]、田成浩《"轩辕"名号研究概

[①] 任贵祥:《海外华侨华人的中华文化情结——以改革开放以来海外华侨华人祭祀黄帝陵为视角》,《长白学刊》2016年第2期。
[②] 刘淑珍:《1937年清明节毛泽东撰写祭黄帝陵文》,《中国档案》2009年第11期。
[③] 曹津源:《一曲浩然正气歌——毛泽东〈祭黄帝陵〉赏读》,《阅读与写作》2003年第7期。
[④] 秦开凤:《论黄帝祭祀的政治文化功能——以现存公祭黄帝陵之祭文为分析基础》,《安康学院学报》2010年第6期。
[⑤] 黄帝陵管理局编:《黄帝祭文集》,西北大学出版社2014年版。
[⑥] 江林昌:《中国首届黄帝文化学术研讨会综述》,《学术月刊》2001年第4期。
[⑦] 赵强:《近十年来关于黄帝等人性别研讨综述》,《烟台大学学报·哲学社会科学版》1996年第1期。
[⑧] 陈战峰:《"黄帝与民族复兴学术研讨会"综述》,《华夏文化》2004年第1期。
[⑨] 唐媛媛等:《"黄帝陵与文化自信"学术交流会综述》,《华夏文化》2017年第2期。

述》①、郭海涛等《"黄帝陵是中华文明的精神标识"学术交流会综述》②、宋镇豪《全国首届涿鹿黄帝、炎帝、蚩尤三祖文化学术研讨会综述》③、李桂民《黄帝祭祀和中华传统文化学术研讨会综述》④ 等文章对相关会议提交论文进行了分类综述，主要涉及黄帝与文化自信、民族凝聚力、民族认同、文化认同等。

叶修成《黄帝百年研究综述》⑤ 全面梳理了2010年以前信古与疑古之辩及中华人民共和国成立后对黄帝神话传说进行的多学科、多角度、多层面的研究与探讨。该文还梳理了港台地区和国外学者的研究，综述了日本京都女子大学教授森安太郎论文集《黄帝传说——中国古代神话之研究》、广岛大学教授御手洗胜《关于黄帝之传说》⑥、池田不二男《黄帝、华胥氏之梦的故事》⑦、铁井庆纪《黄帝传说》⑧ 和《黄帝与蚩尤的斗争故事》⑨、御手洗胜《颛顼与乾荒、昌意、清阳、夷鼓、黄帝——关于嬴姓族的祖神系谱》⑩ 和森安太郎《重华的异相与黄帝》⑪ 等日本学者的研究；另有苏联科学院东方研究所研究员李谢维奇《古代黄帝神话与外星人假说》⑫ 把黄帝等神话英雄解释为外星人形象；还综述了中国台湾与香港学者关于黄

---

① 田成浩：《"轩辕"名号研究概述》，《重庆文理学院学报》（社会科学版）2014年第6期。
② 郭海涛等：《"黄帝陵是中华文明的精神标识"学术交流会综述》，《华夏文化》2016年第2期。
③ 宋镇豪：《全国首届涿鹿黄帝、炎帝、蚩尤三祖文化学术研讨会综述》，《中国史研究动态》1995年第12期。
④ 李桂民：《黄帝祭祀和中华传统文化学术研讨会综述》，《中国史研究动态》2005年第8期。
⑤ 叶修成：《黄帝百年研究综述》，《新亚论丛》2006年第1期。
⑥ 王孝廉：《日本学者的中国古代神话研究》，载《大陆杂志》第45卷第1期，1972年。
⑦ 池田不二男：《黄帝、华胥氏之梦的故事》，《中国古代史研究》第3卷，1969年。
⑧ 铁井庆纪：《黄帝传说》，《支那学研究》第34卷，1969年。
⑨ 铁井庆纪：《黄帝与蚩尤的斗争故事》，《东方宗教》第39卷，1972年。
⑩ 御手洗胜：《颛顼与乾荒、昌意、清阳、夷鼓、黄帝——关于嬴姓族的祖神系谱》，《广岛大学文学部纪要》第32卷1号，1973年。
⑪ 森安太郎：《重华的异相与黄帝》，《京都女子大学人文论丛》第25卷，1976年。
⑫ 李谢维奇：《古代黄帝神话与外星人假说》，《今日亚非》1974年第11期。

帝的研究，如：成惕轩《黄帝的开国精神》[①]、徐芳炉《黄帝创业开国的艰辛》[②]、林治平《战胜蚩尤奠定国基的黄帝》[③]、张其昀《最伟大的发明家——黄帝》[④] 和《"黄帝子孙"的源流——三皇五帝》[⑤]、稽古《从黄帝、炎帝谈到阪泉之战》[⑥]、彭友生《论黄帝伐蚩尤不是"民族御侮"战》[⑦]、李宗侗《炎帝与黄帝的新解释》[⑧]、王恢《黄帝都邑考》[⑨]、张光远《有熊氏黄帝——从考古发掘与经籍古史的印证论》[⑩]、王仲孚《黄帝制器传说试释》[⑪] 和李甲孚《黄帝其人与黄帝时代的书》[⑫] 等。

文献整理方面：李学勤、张岂之等《炎黄汇典》[⑬] 是在中华炎黄文化研究会倡仪和组织下，由国学大师张岱年先生任顾问，著名学者李学勤、张岂之任总主编，并有十余名专家学者参与，经过近八年的努力，共同完成的。是一部有关炎帝、黄帝及其时代的大型历史文化资料丛书，共八卷，该书精选了上起《尚书》中的相关内容，下迄清代《上古考信录》中的相关篇章等古代典籍、传世文献中有关炎黄二帝及其相关的历史资料。共分《史籍卷》《方志卷》《祭祀卷》《文论卷》《考古卷》《诗歌卷》《民间传说卷》和《图像卷》。收入该书的作品，上起先秦，下迄1998年，共计六百余首。在题材上，首选直接颂炎帝、黄帝功德，以及记述与炎黄二帝关系密切的历史人物与历史事件的；其次，选取历朝历代朝野人物对炎黄二帝恭祭、追念的佳作；选取部分描写炎黄故里、炎黄陵园周围名胜古

---

① 成惕轩：《黄帝的开国精神》，《幼狮月刊》第4卷第2期，1956年。
② 徐芳炉：《黄帝创业开国的艰辛》，《国魂》第161卷。
③ 林治平：《战胜蚩尤奠定国基的黄帝》，《民主宪政》第15卷第12期。
④ 张其昀：《最伟大的发明家——黄帝》，《中国一周》第562卷。
⑤ 张其昀：《"黄帝子孙"的源流——三皇五帝》，《中国一周》第565卷。
⑥ 稽古：《从黄帝、炎帝谈到阪泉之战》，《畅流》第28卷第7期。
⑦ 彭友生：《论黄帝伐蚩尤不是"民族御侮"战》，《新天地》第5卷第3期。
⑧ 李宗侗：《炎帝与黄帝的新解释》，《中央研究院历史语言研究所集刊》第39卷第1期。
⑨ 王恢：《黄帝都邑考》，《文艺复兴》第1卷第5期。
⑩ 张光远：《有熊氏黄帝——从考古发掘与经籍古史的印证论》，《故宫季刊》第10卷第1期。
⑪ 王仲孚：《黄帝制器传说试释》，《历史学报》1976年第4期。
⑫ 李甲孚：《黄帝其人与黄帝时代的书》，《幼狮月刊》第61卷第6期。
⑬ 李学勤、张岂之等：《炎黄汇典》，吉林文史出版社2002年版。

迹的佳作，以引发人们对相关炎黄时代历史环境的艺术联想与审美情思。在体裁上，该书以诗为主，也选入部分词、赋，书后还附录若干楹联。这是一套迄今为止比较全面、比较系统、图文并茂的有关炎黄二帝及其时代历史文化的工具书。

《黄陵文典》① 是一套记录轩辕黄帝、黄帝陵有关内容的大型系列文化丛书，计分《黄帝研究卷》《黄帝故事卷》《黄帝祭祀卷》《历史文献卷》《政论卷》《文论卷》《人物卷》《小说卷》《散文卷》《诗歌卷》《戏剧卷》《纪实卷》《书法绘画摄影卷》《民俗卷》《民间艺术卷》《人物卷》共16卷，800多万字。汇集了黄帝文化研究最新成果，全面、客观、详实地反映了黄陵经济社会发展取得的新成就，是黄陵县有史以来投资最大、内容最全、参与编辑人数最多的一项文化工程。

《黄帝文化志》编纂组《黄帝文化志》② 是一部有关黄帝族姓里居、文治武功、发明创造和黄帝与中华民族、黄帝与中华文化、黄帝陵庙祭祀及历史沿革、传说轶闻等方面较为完整的文献汇编，内容丰富、资料翔实、体例精当、条理清晰，对了解黄帝文化、认识黄帝文化乃至深入研究黄帝文化，具有重要的参考价值和历史文献价值。

温湘江《轩辕故里民间故事集》（天水新华印刷厂2006年印制）以清水为轩辕故里为基础，收录了清水民间传说和故事。朱士光《黄帝故里故都历代文献汇典》③ 为佐证新郑为黄帝故里故都，整理了历代黄帝文献。另外还有袁珂和周明合编《中国神话资料萃编》④、刘城淮《中国上古神话》⑤、中国民间文艺研究会河南分会和河南大学中文系编《河南民间故事集》⑥ 有关黄帝神话故事、传说的整理。

---

① 《黄陵文典》，陕西人民出版社2008年版。
② 《黄帝文化志》编纂组：《黄帝文化志》，陕西人民出版社2008年版。
③ 朱士光：《黄帝故里故都历代文献汇典》，中国文联出版社2005年版。
④ 袁珂、周明合编：《中国神话资料萃编》，四川省社会科学院出版社1985年版。
⑤ 刘城淮：《中国上古神话》，上海文艺出版社1988年版。
⑥ 中国民间文艺研究会河南分会和河南大学中文系编：《河南民间故事集》，中国民间文艺出版社1985年版。

第一章 绪论

第二节 轩辕黄帝文化研究价值论

一 深化轩辕文化研究

从以上梳理可知,轩辕黄帝的研究可谓汗牛充栋、成果丰硕。无论是轩辕黄帝谱系,还是轩辕黄帝文化开创;无论是轩辕故里故都问题,还是黄帝尊崇祭祀,以及轩辕黄帝在中华民族多元一体格局的形成、大一统的凝聚、文化认同、国家认同等方面,都有深入的研究,为进一步开展研究提供了重要的思路、方法、方向,成为进一步研究的深厚基础。同时,我们也应该看到其不足和薄弱之处。

第一,轩辕黄帝神话、历史文献、考古的有效结合。神话是民族起源的最初形式,中华民族的起源就与三皇五帝神话紧密联系。文字晚于神话,因而历史文献记载滞后于传说,但考古学可以弥补这一缺陷。因此,运用神话学、历史文献学、考古学等研究手段,整理研究轩辕黄帝神话传说,以历史文献考证,以考古加以印证,有利于轩辕黄帝研究的深化,也有利于中华文明起源的研究。

第二,以轩辕黄帝为中心的多重认同及其建构,其内涵、背后的历史文化动因、具体方式等值得深入考察。轩辕黄帝的认同内涵丰富,建构轩辕黄帝认同的方式也很多。轩辕黄帝在祖先认同、族源认同、王朝认同、文化认同、民族认同、国家认同,以及治统、道统等方面都发挥了重要的作用。这些问题的揭示阐发有很强的现实意义。

第三,黄帝故里、故都及陵寝等问题缺少系统的梳理考察。轩辕黄帝故里、故都及陵寝的争论由来已久,今天依然争论不休。这些争论从何而来,如何演进?与之相联系的祭祀,其时代变迁、历史动因、现实考量、价值功能又是什么,有何历史意义?黄帝祭文有何历史价值,传递了什么重要信息?

更深层次的问题,比如,轩辕黄帝文化与中华文化的早熟,二者之间的因果关系,是否可以解读中华文明的某些特质;道教尊黄帝为道宗始祖,与司马迁尊黄帝为五帝之首异曲同工,由此似乎存在黄帝—道教哲学系统和黄帝—儒家哲学系统并行演绎而相互影响，错综复杂。如此等等。

二　传承民族记忆，铸牢中华民族共同体意识

在中华民族数千年的演进发展中，黄帝是神一样的存在，也是人一样的存在。黄帝"生而神灵，弱而能言，幼而徇齐，长而敦敏，成而聪明"，玄女授法战蚩尤、炎帝，一统天下；黄帝"提纲挈领、发凡起例、开物成务、率先垂范、作始成统"；黄帝问道广成子，修炼成仙，乘龙飞天。司马迁说黄帝是五帝之首，道教尊奉黄帝为道宗始祖，明清统治者视黄帝为帝王之祖。显然，黄帝为神人共体，神话、文化、文明合体。在古代中国，黄帝是治统之源、道统之源、文明之源，服务于大一统，是中华大一统恒久不变的象征；近代以来，黄帝是中华民族认同的核心文化符号——民族符号、文化符号、血缘祖先，成为民族主义建构的重要基础；抗战时期，国共共祭黄陵，黄帝承载着中华民族团结奋斗、同仇敌忾的精神支柱和御外的民族象征。今天，黄帝是中华人文初祖，是民族文化符号，是民族国家认同的基础，是海内外中华儿女的心理归属，是激发民族强大凝聚力、归属感的重要文化动力，民族复兴、民族自信的动力之源。

文化认同是民族国家政治共同体得以存在和发展的基础，是民族国家政治共同体合法性的重要注脚。轩辕文化揭示了中华民族的历史悠久、文明领先和文化传承，这是民族自信心、自豪感和凝聚力的活水源头，是构建文化乃至国家认同的重要传统文化符号和精神标识。中国历代封建王朝通过尊祀、寻祖、文明形塑等，强化了国家认同（王朝认同），轩辕文化得以传承和丰富，民族文化凝聚力日益增强。系统梳理和考察轩辕文化的内涵、标识、形成发展，将丰富始祖文化的研究，为发挥国家认同建构提供重要文化养料；以史为鉴，并呼应现实问题，充分挖掘轩辕文化的认同价值和意义，形成现代国家以轩辕文化构建国家认同的方向、路径、策略和方法，为现代国家认同建构提供历史经验和历史依据，为现代国家治理、为铸牢中华民族共同体意识提供重要的参考，均为应有之义。

三　坚定文化自信，弘扬民族精神

中华民族自古以来就是一个勤劳勇敢、艰苦奋斗、开拓创新、团结统

一、仁爱诚信、自强不息的民族，这种民族特质根植于中华文化，成为中华民族的民族精神。

黄帝是一个文化符号，承载着中华民族的理想和愿景，代表着一种精神，一个民族的精神。《三民主义》半月刊载《黄帝的开国精神》一文将黄帝的开国精神内涵概括为大公和创造精神。现代学者认为黄帝文化的精神内涵的核心是开创精神和凝聚精神。也有学者将黄帝文化精神总结为兴事创业的文明创造精神、修德行仁的道德精神、德其中和的社会和谐精神、发扬蹈厉的民族振兴精神。不管如何凝练，轩辕黄帝是中华民族精神的重要代表和载体，是精神纽带和精神支柱，是强大精神动力。与优秀传统文化相结合，坚定文化自信，弘扬民族精神，坚持理论创新，是实现中华民族伟大复兴的必由之路。

第二章

轩辕黄帝文化的基本内涵

黄帝是人是神？是人名还是部落名？生于何地、葬于何处？或者黄帝的原型是什么？诸如此类的问题，在今天的讨论非常热烈。特别是关于黄帝的原型已经被"破译"出多达几十种。关于黄帝是历史还是神话，其论争因为所谓古史辨派而加剧，在中国神话学蓬勃发展之背景下，争论更加激烈。故里、故都、墓陵问题在古代已经有争论，而现代更是因为地域意识或者出于经济因素的考量而火热化。一个民族文明的起源往往和传说、神话紧密联系在一起，有关黄帝的历史也不例外。而由此延伸出来的问题便是，到底是黄帝历史神话化，还是黄帝神话历史化，抑或本就不存在黄帝历史神话化的问题？

第一节 轩辕黄帝标识

一 轩辕黄帝原型

轩辕黄帝到底是什么？梳理学界的研究，说法颇多。

先说轩辕。《史记》载："黄帝者，少典之子，姓公孙，名曰轩辕。""诸侯咸尊轩辕为天子，代神农氏，是为黄帝。""黄帝居轩辕之丘，而娶于西陵之女，是为嫘祖。"①《大戴礼记》载孔子曰："黄帝，少典之子也，曰轩辕。""少典产轩辕，是为黄帝。"② 《帝王世纪》载："黄帝有熊氏，少典之子，姬姓也。生寿丘，长于姬水。龙颜，有圣德，受国于有熊，居

---

① 司马迁：《史记》，中华书局1982年版，第1—45页。
② 王聘珍：《大戴礼记解诂》，中华书局1983年版，第126—130页。

轩辕之丘，故因以为号。"① 此后黄帝轩辕氏已经成为共识。《列仙传》《三国志》《后汉书》《魏书》已然不分名号，轩辕和黄帝通用，如《后汉书·律历志上》言："轩辕始受河图苞授，规日月星辰之象，故星官之书自黄帝始。"②

当然，个别文献是将轩辕和黄帝分开叙事的。《越绝书·越绝外传记宝剑》中记载风胡子论兵器的一段话云："轩辕、神农、赫胥之时，以石为兵，断树木为宫室，死而龙臧，夫神圣主使然。至黄帝之时，以玉为兵，以伐树木为宫室，凿地。"似乎轩辕和黄帝并非一人。《庄子·胠箧篇》云："昔者容成氏、大庭氏、伯皇氏、中央氏、栗陆氏、骊畜氏、轩辕氏、赫胥氏、尊卢氏、祝融氏、伏羲氏、神农氏……"③《山海经》中有"轩辕之国""轩辕之台"，未言黄帝。郭沫若早就认为，轩辕不必是黄帝。④ 王宁《黄帝考源》一文也认为："将'轩辕氏'列在伏羲氏、神农氏之前，则更在黄帝之前，显然是以为他是一位上古帝王，非黄帝也。""说黄帝名轩辕乃晚出之说，乃战国末期之观念。"⑤

对"轩辕"之号的解读说法种种，言"舟车"者居多。《说文解字》载："轩，曲𨍰藩车"；"辕，𨍰也"。汉代王逸认为："轩辕以往，难引攀也。轩辕，黄帝号也。始作车服，天下号之为轩辕氏也。"⑥ 近世学者多持此说，如吴国泰⑦、姜蕴刚⑧、刘起釪⑨、王子今⑩、何光岳⑪、曲辰⑫、叶

---

① 皇甫谧著，徐宗元辑：《帝王世纪辑存》，中华书局1964年版，第14页。
② 范晔：《后汉书》，中华书局1965年版，第3214页。
③ 庄周著，陈鼓应译注：《庄子》，商务印书馆2007年版，第308页。
④ 郭沫若：《殷周青铜器铭文研究》，科学出版社1961年版，第17页。
⑤ 王宁：《黄帝考源》，《重庆文理学院学报》（社会科学版）2012年第2期。
⑥ 黄灵庚：《楚辞章句疏证》，中华书局2007年版，第2837页。
⑦ 吴国泰：《史记解诂（上）》，载中华书局编辑部编《文史》1997年第42辑，第38—42页。
⑧ 姜蕴刚：《黄帝及其时代》，《东方杂志》1946年第3期。
⑨ 刘起釪：《古史词条四则》，《古史续辨》，中国社会科学出版社1991年版，第122页。
⑩ 王子今：《轩辕传说与早期交通》，载曹明周、赵辉远主编《黄陵文典·黄帝研究卷》，陕西人民出版社2008年版，第121页。
⑪ 何光岳：《炎黄源流史》，江西教育出版社1992年版，第515页。
⑫ 曲辰：《熊耳、龙门、空桑及轩辕之丘考证》，《张家口职业技术学院学报》1999年第4期。

舒宪①等。刘晓先生认为，舟车创制神话与轩辕地名神话联系起来，可以解释轩辕之丘、轩辕之台等地名的由来。轩、辕的创制是其早期神话传说的重大事件，是本族最为突出的文化记忆，将之作为本族祖先名号。②反对者则认为："有轩辕名号的时代，不大可能有车……在黄帝的诸多发明中，造车不是最早和最重要的……如果轩辕黄帝真是中华民族的人文始祖，那他的存在远要早于车的创制，以为'轩辕'与车有关系似乎很难说得通。"③

自《帝王世纪》言黄帝"居轩辕之丘，故因以为号"之后，因地名号成为主流说法。但后世仍有与此相反的因名名地的说法。④对此刘晓先生认为："殷商及其以前的时代中，有很多的身份标记和称谓符号都是从地名而来，但不能直接说明黄帝就是因为《山海经》中有关轩辕的地名而得名轩辕的，也不能直接证明轩辕之丘等是因黄帝号轩辕而得名的。"⑤

笔者以为，轩辕当与舟车有关。所以，轩辕名号当属轩辕之丘等地名的依据，而非相反。

除此之外，文化学方面的解释则显得日益复杂。郭沫若说：轩辕就是天鼋。龚维英说：轩辕就是三足鳖。庞朴说：轩辕就是牛皮筏子。吴泽顺说：轩辕就是环圆。何新说：轩辕就是玄云。何星亮说：轩辕就是龙蛇。唐善纯说："合汗也，匣罕也，可汗也，汗也，皇帝也。本是一个极其普通、常见的阿尔泰语称号。"吴广平认为"轩辕即天猿，即大猿"⑥。

近年来类似的研究，对轩辕有了新解读。轩辕既由单阏之音音转，则阏伯之名。⑦"'轩辕：辒辕'等合音又近于'卷'或'蜷'。这又使人想

---

① 叶舒宪：《山海经的文化寻踪——"想象地理学"与东西文化碰触（下）》，湖北人民出版社2004年版，第1023页。
② 刘晓：《神化先祖与黄帝神话叙述的形成》，《理论月刊》2018年第6期。
③ 张开焱：《轩辕之谜》，《广东民族学院学报》（社会科学版）1996年第3期。
④ 梁玉绳：《史记志疑》，中华书局1981年版。
⑤ 刘晓：《神化先祖与黄帝神话叙述的形成》，《理论月刊》2018年第6期。
⑥ 吴广平：《轩辕黄帝原型破译》，《青海师范大学学报》1995年第1期。
⑦ 党晴梵：《先秦思想史论略》，陕西人民出版社1959年版，第101页。

及龙蛇的蜷曲以及它在图饰上的再现。"① 轩辕当作旋圆……这物就是龙蛇。② 叶舒宪先生认为轩辕"喻指通天的神车"③。

再说"黄帝"的原型解读。司马迁说，黄帝为土德，是因"土色黄，故号黄帝"。班固说，黄帝是因黄为中和之色，"故称黄帝"。西汉刘安《淮南鸿烈解》卷二十四《说林训》称："黄帝，古天神也。"李谢维奇将中国古代神话看作是远古时代与外星文明相接触的反映，把黄帝等神话英雄解释为外星人形象。④ 陈成杰等认为与道家、道教发展有关，与海市蜃楼有关。⑤ 吴广平先生对黄帝原型解读也有较完整的梳理，转引如下：

> 何光岳说黄帝是因在黄河边战胜了炎帝、蚩尤，所以叫黄帝；杨宽说黄帝就是皇帝，萧兵说黄帝就是玉帝，何新说黄帝就是先帝，吴泽顺说黄帝就是环帝，丁山说黄帝就是黄示，马衡说黄帝就是黄地，郑慧生说黄帝就是黄花，党晴梵说黄帝就是后土，龚维英说黄帝就是女阴，唐善纯说黄帝就是兽皮，庞朴说黄帝就是牛皮筏子，顾实说黄帝就是雷神，叶林生说黄帝是生殖神，御手洗胜说黄帝是水神。但他自己认为，"黄帝即日帝，是太阳神"。⑥

至于黄帝与轩辕氏的结合问题，郭沫若认为："轩辕不必即是黄帝，盖古有此姓氏，迄周初犹存而后已消灭，故后人遂附议之以为黄帝耳。"⑦《淮南子·天文训》也说："中央土也，其帝黄帝……其兽黄龙"，是认为中央黄帝之兽为黄龙。而轩辕宿古有"黄龙"之称，《史记·天官书》曰："轩辕，黄龙体，前大星，女主象。"《正义》曰："轩辕十七星，在七星

---

① 叶舒宪：《山海经的文化寻踪——"想象地理学"与东西文化碰触（下）》，湖北人民出版社 2004 年版，第 1023 页。
② 张开焱：《轩辕之谜》，《广东民族学院学报》（社会科学版）1996 年第 3 期。
③ 叶舒宪：《黄帝名号的神话历史编码——四重证据法再释"轩辕"与"有熊"》，《百色学院学报》2012 年第 5 期。
④ ［苏］李谢维奇：《古代黄帝神话与外星人假说》，《今日亚非》1974 年第 11 期。
⑤ 陈成杰、刘宝康：《黄帝神话来源考略》，《湖北大学学报》1995 年第 6 期。
⑥ 吴广平：《轩辕黄帝原型破译》，《青海师范大学学报》1995 年第 1 期。
⑦ 郭沫若：《殷周青铜器铭文研究》，科学出版社 1961 年版，第 17 页。

北，黄龙之体，主雷雨之神，后宫之象也。"《天官书》之说多本于石氏，故《唐开元占经》卷六十六引《石氏》说轩辕宿是"黄帝之舍也"，由此推演，遂有了轩辕为黄帝之名的说法。"此必是战国末期天文星占家先有此说，后被史官所采用；到了汉代，司马迁因之，于是'黄帝轩辕氏'之名就这么确定下来。其实黄帝本为皇天上帝，与轩辕氏固不相牟也。"①

  近年来的研究，对黄帝的解读更多地偏向于文化和文明意义的标示。李季芳认为黄帝就是"中华传统文化的人格模型和精神母题"②。大多数学者目前都是以文化、民族（族群）、王朝国家认同的视角，考察轩辕黄帝的人文始祖（初祖）地位，文明初创地位，民族精神、文化标识等。刘铁梁说，黄帝是共同祖先和英雄。③ 陈子艾说，黄帝是联盟首领，男性大神到文化传世英雄和人皇。④ 田延锋说，黄帝身上，圣王、正统、神仙被有机地联系在一起。⑤ 朱天顺先生认为："黄帝的神性具有祖神及创造事物之神的二重性。黄帝被几个朝代的统治阶级奉为始祖神，后来变成了整个汉族的始祖神。"⑥ 王志鹏先生认为，轩辕黄帝集古代帝王、天神和动物图腾特征于一体，身世交织着神话、传说、历史、宗教等多种因素，颇具神秘色彩。⑦ 叶林生《黄帝考》认为，黄帝的"本相"——生殖之神。黄帝作为生殖之神，当是母权社会的产物；西周的黄帝——天神；黄帝在春秋中期之前的"法相"——祖先神。⑧

  实际上，正像有些学者所言，对黄帝原型的探讨，越弄越神秘，反倒一定程度上对黄帝研究有阻碍作用。当然，这样的考察大多基于一个前

---

① 王宁：《"黄帝"考源》，《重庆文理学院学报》（社会科学版）2012年第2期。
② 李季芳、肖云儒：《中华传统文化的精神母题和人格模型——文化学眼中的轩辕黄帝》，《西安交通大学学报》（社会科学版）1998年第3期。
③ 刘铁梁：《黄帝传说的象征意义及历史成因》，《北京师范大学学报》1993年第4期。
④ 陈子艾：《古代黄帝形象演变论析》，《北京师范大学学报》1993年第4期。
⑤ 田延锋：《圣王正统神仙——论秦汉时期黄帝传说的政治文化内涵》，《宝鸡文理学院学报》2020年第1期。
⑥ 朱天顺：《中国古代宗教初探》，上海人民出版社1982年版。
⑦ 王志鹏：《神话·传说·历史——从轩辕黄帝的史迹看古代宗祖信仰》，《西夏研究》2014年第2期。
⑧ 叶林生：《黄帝考》，《江海学刊》1994年第2期。

提：轩辕和黄帝的名号是一种图腾崇拜。换言之，黄帝是崇拜物，非人也。进一步讲，黄帝是先民想象的产物，或者是造出来的，所以，其故事实质上就是神话。这就涉及另外一个问题：轩辕黄帝历史神话化和黄帝神话历史化的问题。

二 轩辕黄帝名号的历史化解释

根据历史文献和上文的分析，轩辕黄帝的名号至少有三种含义较为可信，这一结论主要依赖于司马迁的《史记》（《五帝本纪》篇记述了黄帝、颛顼、帝喾、尧、舜的传说，主要取材于《世本》《尚书》《大戴礼记》）和班固的《汉书》。

从司马迁《史记·五帝本纪》之"学者多称五帝，尚矣""百家言黄帝"可知，在先秦秦汉时期有很多学者在谈论轩辕黄帝。司马迁亦言："余尝西至崆峒，北过涿鹿，东渐于海，南浮江、淮矣，至长老皆各往往称黄帝、尧、舜之处，风教固殊焉，总之不离古文者近是。"[①] 由此可见，轩辕黄帝传说在民间也广为流传。为什么连民间都谈论黄帝？这一局面是如何形成的？这恐怕是一个很难回答的问题。但至少我们可以作出这样的判断：至少迟至汉代，黄帝已经广为人知。那么，广为人知的轩辕黄帝名号究竟从何而来？从前文所知，关于轩辕黄帝名号的由来参与研究的学者颇多，说法各异。但从严谨的历史文献《史记》《汉书》记述来判断，其来源有三种：

第一，因轩冕之服而名。

《汉书》载："黄帝《易》曰：'神农氏没，黄帝氏作。'火生土，故为土德。与炎帝之后战于阪泉，遂王天下。始垂衣裳，有轩冕之服，故天下号曰轩辕氏。"[②]《汉书·古今人表》载张晏语曰："（轩辕）以土德王，故号曰黄帝，作轩冕之服，故谓之轩辕。"《楚辞·远游》中有"轩辕不可攀援兮"一句，汉代王逸的解释为："轩辕以往，难引攀也。轩辕，黄帝

---

① 司马迁：《史记》，中华书局1982年版，第45页。
② 班固：《汉书》卷二十一上《律历志》，中华书局1962年版，第1012页。

号也。始作车服，天下号之为轩辕氏也。"① 今世学者持此观点者甚多，如刘起釪、王子今、何光岳、曲辰等，他们认为，轩辕名号当与轩辕黄帝时代的发明创造有关，即发明舟车有关。刘起釪："所值得注意的是，不少文献如《易·系辞》《世本·作篇》等盛称黄帝时期有各种发明创造。其反映生产方面的，有穿井、作杵臼、作弓矢、服牛、乘马、作驾、作舟等，其名号轩辕即反映制作了车辆。"②

何光岳言：轩辕何意？《说文》："轩，曲辀藩车也。从车干声。"段注："谓曲辀而有藩蔽之车也。曲辀者，戴先生曰小车谓之，大车谓之辕。"轩辕即为有篷顶的大车。三国时的谯周，在《古史考》中云："黄帝作车，引重致远。其后少昊时驾牛，禹时奚仲驾马。"说明黄帝时造车，乃以人力挽行，故叫轩辕氏。轩辕氏实际比黄帝更古老，直到轩氏的后一代酋长夺取神农氏炎帝的部落联盟统治权后，才正式称黄帝。大车发明之后，为游牧迁徙提供了运输工具。这正是黄帝族的特色。以后黄帝之裔孙奚仲，因有传统的造车技术，而任夏禹车正之官。黄帝的后裔如奚、契丹、高车、铁勒、黑车子族、匈奴、蒙古等都用大车在广阔的草原上游牧迁徙，促进了部落联盟的巩固发展，创造了游牧文化。其中铁勒族又叫高车族，即因使用高车而得名。

第二，因地而名。

司马迁在《五帝本纪》中说："黄帝居轩辕之丘，而娶于西陵之女，是为嫘祖。"③ 但司马迁并没有说因居轩辕之丘而名号"轩辕"。而晋代皇甫谧《帝王世纪》载："（黄帝）长于姬水，龙颜，有圣德，受国于有熊，居轩辕之丘，故因以为名，又以为号。"④ 这一说法后来被采信。

"轩辕"在《山海经》中被多次记述，有轩辕之丘、轩辕之国、轩辕之台、轩辕之山等。《山海经》大约是从战国初年到汉代初年所作，经西汉刘歆校书，才形成现在的书籍。全书共计18卷，包括《山经》5卷，

---

① 黄灵庚：《楚辞章句疏证》，中华书局2007年版，第2837页。
② 刘起釪：《古史词条四则》，《古史续辨》，中国社会科学出版社1991年版，第122页。
③ 司马迁：《史记》卷一，中华书局1982年版，第10页。
④ 皇甫谧著，徐宗元辑：《帝王世纪辑存》，中华书局1964年版，第14页。

第二章 轩辕黄帝文化的基本内涵

《海经》8卷,《大荒经》5卷。其中《山经》之《西山经》记载了轩辕之丘。《山海经·西山经》:"西山经华山之首,曰钱来之山,其上多松,其下多洗石。有兽焉,其状如羊而马尾,名曰羬羊,其脂可以已腊。"《山海经》为最早记述轩辕的文献之一,其可信度较高。对于轩辕丘的地理位置,在此赘述一下。

华山是我国著名的五岳之一,海拔2154.9米,位于陕西省西安以东120公里历史文化故地渭南市的华阴市境内,北临坦荡的渭河平原和咆哮的黄河,南依秦岭,是秦岭支脉分水脊北侧的一座花岗岩山。

之后,《西山经》先后记载有松果之山、太华之山、小华之山、符禺之山、石脆之山、英山、竹山、浮山、羭次之山、时山。根据《史记·货殖列传》言"渭川千亩竹"[①],可以确定"竹山"仍在陕西境内。之后所记南山、嶓冢之山,据考证,因为秦岭山脉位于唐代长安都以南,故称为南山。而嶓冢山,我国目前有两座,一座为陕西宁强县北汉源所出之山的嶓冢山,北魏时置嶓冢县于山侧;另一座便是甘肃天水东南西汉水之源的嶓冢山。由此来看,《西山经》记载的地理范围已经到了陕甘边界,甚至可以说进入甘肃天水东南地区。

《西山经》记述西次二山后,又载:"西次三山之首,曰崇吾之山。"之后便是长沙之山、不周之山、昆仑之丘、乐游之山、流沙和玉山,由此,到了轩辕之丘。其记曰:"又西四百八十里,曰轩辕之丘,无草木。洵水出焉,南流注于黑水,其中多丹粟,多青雄黄。"[②]关于《山海经》中西次三山之首的"崇吾之山"的地理位置,谭其骧先生认为是今甘肃景泰以东、宁夏中宁以西黄河南岸某山。那么,西次三山自宁夏向西,"不周之山"之后拐向西南,然后向西经乐游之山、流沙和玉山,之后到了轩辕之丘。

据此看,《西山经》的记述中,从西山之首的"钱来之山"向西、从西次三山之首的"崇吾之山"向西的地理范围,基本上在今西北地区,主

---

① 司马迁:《史记》,中华书局1959年版,第3272页。
② 方韬译注:《山海经》卷二《西山经》,中华书局2009年版,第19—53页。

· 35 ·

要在陕甘宁地区。按照记载所言里程，轩辕之丘不会超出今甘肃陇东南地区。如按照昆仑山就是秦岭的观点，从昆仑之丘到轩辕之丘的大致里程来看，轩辕之丘在今甘肃境内便确定无疑。清毕沅《山海经新校正》甚至认为《西次三经》所记之山皆在甘肃。

回到本题。今世学者持因地而名者也较多，如姜亮夫认为："《史记》言黄帝姓公孙，名轩辕……其名为轩辕者，《史记索隐》引皇甫谧以为居轩辕之丘，因以为名，又以为号……皇甫谧以为以地得名，与轩辕全部传说协调，颇有研究之价值。考古说西方有轩辕丘，《史记·五帝纪》亦言黄帝居轩辕之丘，而黄帝传说百家多言自西北来，此就极为一致。"①

与因地命名恰恰相反，清代梁玉绳则认为："公孙非姓也，黄帝乃少典国君之后，故称公孙。轩辕是其号……司马贞《史记索隐》引皇甫谧《帝王世纪》，言'黄帝居轩辕之丘，因以为名'。殊妄。盖兹丘缘黄帝得名耳。"今世学者吴国泰先生也持相同观点："盖轩辕之丘者，因黄帝居此，后人因以名之耳，地以人名，而非人以地名也。"②

不管是因地名人还是因人名地，轩辕之号和轩辕之丘都紧密联系。

第三，因土色而名。

《史记》曰："（黄帝）时播百谷草木，淳化鸟兽虫蛾，旁罗日月星辰水波土石金玉，劳勤心力耳目，节用水火材物。有土德之瑞，故号黄帝。"司马迁在这里明确地将"土"和"黄帝"之号联系在一起，可以说就是因为土色为黄色，所以与黄帝之"黄"有关。据此，有学者认为西北黄土高原是黄帝的诞生地，也是有一定道理的。《汉书》载："黄帝《易》曰：'神农氏没，黄帝氏作。'火生土，故为土德。"班固在此并没有将土和黄直接联系，但似乎字里行间可以看出也同意司马迁的说法——黄帝之"黄"跟土色有关。然而，似乎班固在此主要是要说明黄帝之"轩辕"号，而非"黄帝"之号，因为班固紧接着说的是"与炎帝之后战于阪泉，遂王

---

① 姜亮夫：《楚辞通故》，载《姜亮夫全集》第一辑，云南人民出版社2003年版，第177—178页。

② 吴国泰：《史记解诂（上）》，载中华书局编辑部编《文史》，中华书局1997年第42辑，第38—42页。

天下。始垂衣裳，有轩、冕之服，故天下号曰轩辕氏"。

当然，无论是在先秦时期还是在《史记》中，我们都能发现轩辕和黄帝分离的情况。司马迁言："轩辕之时，神农氏世衰。诸侯相侵伐，暴虐百姓，而神农氏弗能征。于是轩辕乃习用干戈，以征不享，诸侯咸来宾从。而蚩尤最为暴，莫能伐。炎帝欲侵陵诸侯，诸侯咸归轩辕。轩辕乃修德振兵，治五气，艺五种，抚万民，度四方，教熊罴貔貅貙虎，以与炎帝战于阪泉之野。三战，然后得其志。蚩尤作乱，不用帝命。于是黄帝乃征师诸侯，与蚩尤战于涿鹿之野，遂禽杀蚩尤。而诸侯咸尊轩辕为天子，代神农氏，是为黄帝。"[1] 由此而言，轩辕黄帝先有"轩辕"之谓，只是后来因为其功绩而被尊为天子才得"黄帝"之号。这也符合先秦时期一些记载中关于"轩辕""黄帝"出现分离的情况。日本学者若水俊认为是神仙思想促使了黄帝与轩辕地名的结合，其言："考证比较轩冕的说法和地名由来的说法，恐怕后者时间要更久一点……将黄帝和轩辕结合，是由于兴盛的神仙思想。"[2]

第二节　轩辕黄帝历史神话化和神话历史化

从古至今，轩辕黄帝是历史还是神话一直有争论，只不过在汉代以后的绝大部分时间里，黄帝是作为民族祖先乃至人文始祖存在。即便是道教文化将黄帝仙化（神化），但本质上仍将黄帝作为历史人物来看待，特别是东汉以后，道教的"三清尊神"之外，黄帝被确定为"元圃真人"后，仙化的黄帝地位下降，反映了人文始祖地位的上升。[3] 也许这跟魏晋时期人心思统大有关系，或者说黄帝人文始祖地位的提升恰恰顺应了魏晋时期要求一统的需要。甚至在近代，黄帝作为华夏（国族、中华民族）的祖先、文明的化身、人文始祖的观点也占据主流。但自顾颉刚为首的"古史辨派"出现后，黄帝的历史性、真实性曾一度被质疑。

---

[1] 司马迁：《史记》，中华书局1982年版，第3页。
[2] ［日］若水俊：《黄帝神话杂考》，《茨女短大纪》，1973年，第2—34页。
[3] 许钰：《黄帝传说的两种形态及其功能》，《北京师范大学学报》1993年第4期。

一 轩辕黄帝神话历史之争

20世纪20年代初，中国史学界出现了以顾颉刚为首的"古史辨派"。顾颉刚《黄帝》一文云："夫黄帝本为卜居昆仑之上帝，藉传播之力，为十二姓之共祖，为中国历史之首一王，人矣；而至汉武之世，又以修仙、封禅，骑龙而去。初则由神化人，继则由人复归于神，谓非古史上之瑰观耶！"[①]"古史辨派"另一代表人物童书业认为："'三皇'、'五帝'的名称系统和史迹，大部分是后人有意或无意假造或伪传的。……至于黄帝、颛顼、帝喾、尧、舜、鲧、禹等，确实有无其人虽不可知，但他们的身上附有很多的神话，却是事实。把这些神话传说剥去，他们的真相也就所剩无几了。"[②]

疑古派之外，还有一些学者将黄帝视为神话，如高秋宇先生论述了黄帝铸鼎中原、战争神话、国家治理神话等。[③] 刘晓先生认为黄帝神话"属于后世族群成员对于早期先祖的神化想象"[④]。袁珂先生否定黄帝的存在，不承认黄帝是历史上的真实人物。[⑤]

有疑古派便有信古派。于右任、王献唐、徐旭生、钱穆等著名学者属于信古派。于右任《黄帝功德记》、王献唐《炎黄氏族文化考》、徐旭生《中国古史的传说时代》、钱穆《黄帝》是代表新成果，认为"黄帝不惟为中华民族之始祖，亦又为中国文化之创造者也"[⑥]。而且出生地明确，"黄帝氏族的发祥地大约在今陕西的北部"[⑦]，甚至说黄帝"最初活动的地域约在现在的河南中部，后来到达山西南部和陕西边境"[⑧]。

---

① 顾颉刚：《黄帝》，载顾颉刚《史林杂识初编》，中华书局1963年版，第183页。
② 童书业：《自序》，载吕思勉、童书业编著《古史辨》第七册（上），上海古籍出版社1982年版，第2页。
③ 高秋宇：《关于中国早期文明国家的形成与轩辕黄帝神话传说问题》，《焦作大学学报》2017年第1期。
④ 刘晓：《神化先祖与黄帝神话叙述的形成》，《理论月刊》2018年第6期。
⑤ 袁珂：《中国古代神话》，中国民间文艺出版社1984年版，第106页。
⑥ 于右任：《黄帝功德记》，陕西人民出版社1987年版。
⑦ 徐旭生：《中国古史的传说时代》，文物出版社1985年版，第43页。
⑧ 钱穆：《黄帝》，台北东大图书有限公司1978年版，第5页。

关于黄帝属于神话还是历史的问题，争议较大，其焦点之一是黄帝神话历史化和历史神话化的争论。

茅盾认为："我们有理由可以断言禹以前的历史简直就是历史化了的古代神话。黄帝和蚩尤的战争，也许就是中国神话上的神（黄帝）与巨人族蚩尤的战争。"张光直认为："中国古代的神话在根本上是以亲族团体为中心的，亲族团体不但决定个人在亲属制度上的地位，而且决定他在政治上的地位；从商到周末，亲属制度与政治制度之间的密切关系发生了剧烈的变化，而神话史上的演变是这种政治与亲属制度之演进所造成的。"[①] 郭芳认为："神话人物演变为可供崇拜的祖先，因而神话的时代被称为古史的传说时代。……对神话的历史化处理，就是将神话看作古史传说，不仅把神话解释成历史，而且把经过改造的神话当作历史来接受。"[②] 程秀莉认为，宗法思想、史学家的编写等使黄帝神话历史化。真正完成神话历史化的是司马迁。[③] 张振犁认为黄帝神话在今河南地区传说化和历史化。[④]

但反对者不认同黄帝神话的历史化。常金仓认为，战国时期诸侯腐化，注重养生，追求长生不老，方士为取信和迎合他们，因而发生了一场造神运动，故而《山海经》便成为方士们的底本。也因此，儒家经传上的传说故事不是神话的历史化。但对于造神问题，作者认为黄帝、颛顼等"起源颇早"，"属史前原始宗教无疑"[⑤]。常先生另文认为，中国神话的重心却在英雄崇拜上，根本不存在所谓"神话历史化"。在战国时代十分盛行的方士仙术渲染下成了半神半仙之人，因为他们原本就是传说人物，所以根本不存在所谓"神话的历史化"，倒是十足的"历史的神话化"了。中国古人既然如此注重现世生活，而把上帝鬼神作"神道设教"，那么就必然缺乏热情去赞美神灵、想象天国，就必然创造不出丰富生动的神话故

---

① 张光直：《中国青铜时代》，生活·读书·新知三联书店1999年版。
② 郭芳：《中国上古神话与民族文化精神》，《管子学刊》2000年第1期。
③ 程秀莉：《由黄帝神话的演变看神话历史化》，《中南民族学院学报》2001年第3期。
④ 张振犁：《中原古典神话流变论考》，上海文艺出版社1991年版，第103页。
⑤ 常金仓：《山海经与战国时期的造神运动》，《中国社会科学》2000年第6期。

事,所谓"神话历史化"是子虚乌有的臆测。① 潜明兹则认为,黄帝传说的完整过程应该是"历史—神话—历史"。他指出:"有关黄帝族的历史均以神话传说的方式保存着,由氏族名部落联盟之名到大酋长之名,这三者在原始公社时期本来可以统一,于是黄帝顺理成章地是祖先英雄。由黄帝族变成黄帝其中难免有想象的成分。到战国,声名赫赫,成为集远古政治、军事、经济、文化于一体的象征,被奉为中央上帝人文之祖,最终完成了由远古历史传说到神话,又还原于历史的过程。其间神话化只是不可避免的一个环节,全过程应该是历史—神话—历史。"②

当然,黄帝是历史人物的观点仍得到了广泛的认可。"炎帝神农氏、黄帝轩辕氏,都不是一个具体人的名字,而应该是部落首领的称谓。""炎帝和黄帝是后人分别给予姜姓和姬姓两个强大部落首领的神圣称号。"③ 或者认为炎黄二帝"是远古时代势力最大的族的代表,是部落联盟或酋邦王国领袖的代名词"④。胡远鹏说:史书上的黄帝记载基本是历史事实,黄帝是人文初祖,是历史人物,甚至认为《山海经》有关记载也是与历史相符。⑤ 张岂之说:"黄帝是人不是神,不能从血缘上研究。""黄帝,他还不是原创文化的创造者。黄帝是人文初祖。"刘宝才认为,史前实有人物,是一个人,部落首领发展为部落联盟首领。⑥ 黄悦认为,黄帝作为民族始祖实际包含了文化的始祖和血缘共祖两个层面的内涵。⑦ 徐旭生说:"还有主张五帝的说法起源于神帝,但他们的人格还是存在的,并非完全臆造。"⑧

二 考古学的支撑

考古学的迅速发展为黄帝时代提供了较多的佐证,为黄帝时代的真实

---

① 常金仓:《中国神话学的基本问题:神话的历史化还是历史的神话化?》,《陕西师范大学学报》2000年第3期。
② 潜明兹:《中国神话学五十年》,《民俗研究》2000年第1期。
③ 李绍连:《炎黄二帝与中华民族文化》,《光明日报》1989年10月25日。
④ 许顺湛:《黄帝故里文化》序,河南人民出版社1983年版。
⑤ 胡远鹏:《中华民族的"人文初祖"轩辕黄帝史迹钩沉》,《北方论丛》1995年第2期。
⑥ 陈战峰:《黄帝与民族复兴研讨会综述》,《华夏文化》2004年第1期。
⑦ 黄悦:《汉代神话历史管窥——以黄帝为例》,《中国文化研究》2011年春之卷。
⑧ 徐旭生:《中国古史的传说时代》,文物出版社1985年版,第198页。

性提供了诸多支撑。因而有学者梳理认为，学界经历了由信古到疑古再到考古的历程。"中国上古史研究经历了信古、疑古到考古这样一条漫长而曲折的道路。"① 学界大体有三种说法：

仰韶文化说。范文澜说："仰韶文化所在地，当是黄帝族的文化遗址。"② "这些传说（衣裳、舟楫、弧矢）在仰韶文化遗址中大致有迹象可寻。"③ 黄帝时有陶制釜、甂，"黄帝有陶正"，"史黄作图"，"黄帝考定星历"，黄帝"筑宫室""艺五种"等传说，也在某种程度上得到仰韶文化发掘物的证实。④ 另有潜明兹⑤、石兴邦⑥等亦持此说。

龙山文化说。黄帝时代的社会组织形式处于从部落向国家过渡的阶段，生产力处于从渔猎、畜牧向农业过渡的阶段，从考古证据看，其文化阶段处于仰韶文化末期的龙山文化、齐家文化时期。⑦ 苏秉琦、严文明、刘宝才等先生持此说。⑧

仰韶文化向龙山文化过渡说。田文棠认为，黄帝处于原始野蛮时代向人类文明时代转向、原始部落联盟向人类文明族体转向及原始酋长制向人类文明国家转向的时期。⑨

因为到目前为止，轩辕黄帝等传说时期的这些传说人物并没有直接的考古学证据，这也造成了对黄帝真实性的质疑。加之秦汉以后黄帝文明的层累现象、黄帝仙化发展等原因，进一步对黄帝时期历史真实性造成了很大的破坏作用，故而直至今天，黄帝是否真有其人的问题仍是困扰人们的根本问题。

---

① 张宏彦：《20世纪炎黄文化研究的考古学回顾与展望》，《西北大学学报》2010年第5期。
② 范文澜：《中国通史简编（修订本）》第一编，人民出版社1956年版，第99页。
③ 范文澜：《中国通史简编（修订本）》第一编，人民出版社1956年版，第86页。
④ 许顺湛：《中原远古文化》，河南人民出版社1983年版，第221—225页。
⑤ 潜明兹：《中国神话学五十年》，《民俗研究》2000年第1期。
⑥ 陈战峰：《黄帝与民族复兴研讨会综述》，《华夏文化》2004年第1期。
⑦ 李自宏、安江林：《大地湾文化与黄帝时代——从考古实物与史料看古成纪地区在我国远古史上的地位》，《兰州大学学报》1999年第3期。
⑧ 陈战峰：《黄帝与民族复兴研讨会综述》，《华夏文化》2004年第1期。
⑨ 陈战峰：《黄帝与民族复兴研讨会综述》，《华夏文化》2004年第1期。

第三节 轩辕黄帝传说谱系

黄帝血缘祖先的认同基于黄帝是人,是部落首领或部落联盟首领这一前提。视黄帝为历史人物,从血缘关系上来说,黄帝是华夏族的祖先。近代以来,黄帝则被视为中华民族的血缘祖先,与"国族"建构、国家认同构建、中华民族人文始祖的构建紧密联系。

在古文献中,五帝以前,对传说中的英雄人物追溯久远。《庄子·胠箧篇》云:"子独不知至德之世乎?昔者容成氏、大庭氏、伯皇氏、中央氏、栗陆氏、骊畜氏、轩辕氏、赫胥氏、尊卢氏、祝融氏、伏羲氏、神农氏,当是时也,民结绳而用之。"①《太平御览》引《遁甲开山图》曰:"女娲氏没,次有大庭氏、柏皇氏、中央氏、栗陆氏、骊连氏、赫胥氏、尊卢氏、混沌氏、昊英氏、有巢氏、朱襄氏、葛天氏、阴康氏、无怀氏,凡十五代皆袭庖牺之号。"②而《路史》记载尤为详尽,多达六十余位。③

中国自古就有三皇五帝的说法,但黄帝属三皇还是属五帝,历来说法不一。《史记·秦始皇本纪》有天皇、地皇、泰皇之三皇说法,后《路史》有前后三皇的说法。《帝王世纪》以伏羲、神农、黄帝为三皇。关于五帝,《礼记·月令》以大皞(伏羲)、炎帝、黄帝、少皞(少昊)、颛顼为五帝。《尚书序》《帝王世纪》则视少昊(皞)、颛顼、高辛(帝喾)、尧、舜为五帝。《战国策》之五帝为:羲(伏羲)、神农、黄帝、尧、舜;《吕氏春秋》之五帝为:太昊、炎帝、黄帝、少昊、颛顼,等等。

经历战国时期学者的争鸣,黄老在汉初确定了它的统治地位。就在人们纷纷议论三皇五帝的时候,司马迁却独尊儒家,继承孔子,以黄帝为五帝之首而撰述《五帝本纪》,列于《史记》之首。司马迁以黄帝为五帝之首,依次为黄帝、颛顼、帝喾、尧、舜。

司马迁(公元前145—前90)和董仲舒(公元前179—前104)为同

---

① 庄周著,陈鼓应译注:《庄子》,商务印书馆2007年版,第308页。
② 李昉等:《太平御览》,中华书局1995年版。
③ 罗泌:《路史》,《四库全书》第383册,台湾商务印书馆影印本,第114—115页。

时代的两位大学者。公元前134年，汉武帝采纳董仲舒建议而"罢黜百家，独尊儒术"。至公元前91年，司马迁完成《史记》，而《五帝本纪》独尊儒家之说，完全吻合时代特征和时代需要。至此，尽管后世关于三皇五帝的说法仍有多种，但总体上大都以黄帝为五帝之首。

为了祭祀祖先、追忆祖先，黄帝的血缘谱系叙事日趋宏大。

战国时期，关于黄帝的血缘谱系在文献中已有记载，尤以《山海经》为详。《大荒东经》载："黄帝生禺虢，禺虢生禺京。"《大荒西经》载："黄帝之孙曰始均，始均生北狄。……颛顼生老童，老童生祝融，祝融生太子长琴。"《海内经》载："黄帝生苗龙，苗龙生融吾，融吾生弄明，弄明生白犬，白犬有牝牡，是为犬戎。……黄帝妻雷祖，生昌意。昌意降处若水，生韩流。韩流擢耳谨首，人面豕喙，麟身渠股豚止。取淖子曰阿女，生帝颛顼。……黄帝生骆明，骆明生白马，白马是为鲧。帝俊生禺号，禺号生淫梁，淫梁生番禺，是始为舟。番禺生奚仲，奚仲生吉光，吉光是始以木为车，少皞生般，般是始为弓矢。"[1] 胡远鹏先生据此还制作了黄帝谱系图[2]，可参阅。

西汉司马迁言："黄帝者，少典之子，姓公孙，名曰轩辕。……自黄帝至舜、禹，皆同姓而异其国号，以章明德。故黄帝为有熊，帝颛顼为高阳，帝喾为高辛，帝尧为陶唐，帝舜为有虞。帝禹为夏后而别氏，姓姒氏。契为商，姓子氏。弃为周，姓姬氏。"[3] 西汉中期戴德编著的《大戴礼记》，其传承序列与《史记》基本一致。[4]

魏晋和唐宋时期，黄帝谱系越来越详细，其传承也更加清晰。魏晋时期的《帝王世纪》、唐宋时期的《轩辕黄帝传》《云笈七签》《路史》等都对黄帝谱系有详细记述。但元明时期对黄帝的记述均较简略，如元代马端临《文献通考》、胡一桂《史纂通要》等仍可见黄帝简略谱系。直至清代马骕《绎史》卷五《黄帝纪》，才有了较为详细的黄帝纪传。但《黄帝纪》基本上是

---

[1] 方韬译注：《山海经》卷二《西山经》，中华书局2009年版，第19—53页。
[2] 胡远鹏：《中华民族的"人文初祖"轩辕黄帝史迹钩沉》，《北方论丛》1995年第2期。
[3] 司马迁：《史记》，中华书局1959年版，第1—45页。
[4] 王聘珍：《大戴礼记解诂》，中华书局1983年版，第126—130页。

对前代黄帝记载文献的一个梳理,所以黄帝谱系一如前代。

黄帝谱系为黄帝的真实性提供了一个重要的佐证,但学者士大夫对黄帝谱系的叙事,其核心目的是为了加强华夏认同、民族认同,对古代而言,更多的是对王朝的认同,以强化其统治的合法性,也在很大程度上对民族国家的形成和巩固起到积极作用。

第四节　先秦秦汉时期的轩辕黄帝神话叙事与历史

除司马迁笔下的黄帝战蚩尤,甚至黄帝战炎帝的历史化记述外,这一时期还有其他一些文献也是以历史化的笔法来记载此事的。如《战国策·秦》卷三载苏秦曰:"臣固疑大王不能用也。昔者神农伐补遂,黄帝伐涿鹿而擒蚩尤,尧伐兜,舜伐三苗,禹伐共工,汤伐有夏,文王伐崇,武王伐纣,齐桓任战而伯天下。"《论衡·率性》:"黄帝与炎帝争为天子,教熊、罴、貔、虎,以战于阪泉之野。三战得志,炎帝败绩。"当然,神化(仙化)黄帝和历史化黄帝均对文化认同、国家认同具有重要意义。

然而,黄帝战蚩尤被神化也是这一时期较为常见的历史文化现象。

一　先秦秦汉时期的轩辕黄帝神话

对人文始祖黄帝的神化,滥觞于先秦,代表学派是阴阳家。阴阳家的观点在杂家著作《吕氏春秋》中可窥其端倪,主要表现为把五帝与节时、五行相配,《礼记》中也有类似的记载,这样黄帝俨然成了司时之神,也成为后世季夏拜祀黄帝的渊源。《淮南子·天文训》更把黄帝说成是执绳而治四方的中央之帝,《淮南子·说林训》高诱注说:"黄帝,古天神也,始造人之时,化生阴阳。"

道家学派神化黄帝,主要见于《列子》等著作,这也为后世道教发挥提供了重要的依据。《列子》中有《黄帝》篇,除了人性叙事外,用"梦""神游"等语辞神性化黄帝意图明显。《列子·黄帝》篇曰:

　　黄帝即位十有五年,喜天下戴己,养正命,娱耳目,供鼻口,焦然肌色皯黣，昏然五情爽惑。又十有五年，忧天下之不治，竭聪明，进智力，营百姓，焦然肌色皯黣，昏然五情爽惑。黄帝乃喟然赞曰："朕之过淫矣。养一己其患如此，治万物其患如此。"于是放万机，舍宫寝，去直侍，彻钟悬，减厨膳，退而闲居大庭之馆，斋心服形，三月不亲政事。

"昏然五情爽惑"全然是一个人的情态，而非神。而"斋心服形"是成神登仙的暗示，为接下来的"昼寝而梦"进入仙境做了很好的铺垫。其言：

昼寝而梦，游于华胥氏之国。华胥氏之国在弇州之西，台州之北，不知斯齐国几千万里；盖非舟车足力之所及，神游而已。其国无帅长，自然而已。其民无嗜欲，自然而已。不知乐生，不知恶死，故无夭殇；不知亲己，不知疏物，故无爱憎；不知悖逆，不知向顺，故无利害：都无所爱惜，都无所畏忌。入水不溺，入火不热。斫挞无伤痛，指擿无痟痒。乘空如履实，寝虚若处床。云雾不硋其视，雷霆不乱其听，美恶不滑其心，山谷不踬其步，神行而已。

黄帝既寤，怡然自得，召天老、力牧、太山稽，告之，曰："朕闲居三月，斋心服形，思有以养身治物之道，弗获其术。疲而睡，所梦若此。今知至道不可以情求矣。朕知之矣！朕得之矣！而不能以告若矣。"

在法家那里，又是如何来神化黄帝的呢？《韩非子·十过》里讲述了一个听黄帝"清角"[①]的故事。《韩非子·十过》曰：

平公提觞而起为师旷寿，反坐而问曰："音莫悲于清徵乎？"师旷曰："不如清角。"平公曰："清角可得而闻乎？"师旷曰："不可。昔者黄帝合鬼神于泰山之上，驾象车而六蛟龙，毕方并辖，蚩尤居前，风伯

---

① 古代五音之一，古人以为角音清，故曰清角。

进扫，雨师洒道，虎狼在前，鬼神在后，腾蛇伏地，凤皇覆上，大合鬼神，作为清角。今吾君德薄，不足听之。听之，将恐有败。"平公曰："寡人老矣，所好者音也，愿遂听之。"师旷不得已而鼓之。一奏之，有玄云从西北方起；再奏之，大风至，大雨随之，裂帷幕，破俎豆，隳廊瓦。坐者散走，平公恐惧伏于廊室之间。晋国大旱，赤地三年。平公之身遂癃病。故曰：不务听治，而好五音不已，则穷身之事也。

本段记载大意是晋平公（春秋时期晋国国君，公元前557—前532年在位）问师旷"清角"是否可以听，师旷认为不可，理由是黄帝时于泰山通过驾车乘龙，包括风伯雨师、虎狼腾蛇等"合鬼神"而成。但晋平公执意要听，师旷不得已弹奏，结果玄云、大风而起，令人极度恐惧。因此晋国衰败、晋平公得怪病。这是何等神力？黄帝与象龙虎狼鬼神一起，构成了一股神秘且令人恐惧的气息。

有学者认为，《山海经》是一部志怪小说，但也看到了神仙背后的历史底色。《山海经》充满神话故事，与轩辕黄帝直接相关的神话故事有三处。《海外西经》载：

轩辕之国在此穷山之际，其不寿者八百岁。在女子国北。人面蛇身，尾交首上。穷山在其北，不敢西射，畏轩辕之丘。在轩辕国北。其丘方，四蛇相绕。诸沃之野，鸾鸟自歌，凤鸟自舞。凤皇卵，民食之；甘露，民饮之，所欲自从也。百兽相与群居。在四蛇北。其人两手操卵食之，两鸟居前导之。

轩辕之国在山的尽头，一副人面蛇身、鸟语花香的景象。"人面蛇身""百兽相"则非人即神，而且八百岁更是神话传说。而在其他著述中，言黄帝三百岁、黄帝四面似乎与此也有关联。《大戴礼记·五帝德》中宰予问孔子黄帝三百年，同样是惑于黄帝仙化的流俗之言。[①]

[①] 常金仓：《山海经与战国时期的造神运动》，《中国社会科学》2000年第6期。

《北山经》载:"又东北三百里曰轩辕之山。其上多铜,其下多竹。有鸟焉,其状如枭而白首,其名曰黄鸟,其鸣自詨,食之不妒。""詨"通"叫",呼唤,大叫。"食之不妒",即人吃了它的肉就不会产生妒忌心,这显然具有很强的神话色彩。

《海经·大荒北经》载:

> 有系昆之山者,有共工之台,射者不敢北射。有人衣青衣,名曰黄帝女魃。蚩尤作兵伐黄帝,黄帝乃令应龙攻之冀州之野。应龙畜水。蚩尤请风伯雨师,纵大风雨。黄帝乃下天女曰魃,雨止,遂杀蚩尤。魃不得复上,所居不雨。叔均言之帝,后置之赤水之北。叔均乃为田祖。

"蚩尤请风伯雨师","天女"助黄帝战胜蚩尤,均为神话。在这里是蚩尤请的"风伯雨师",但后世的神话演绎中多变为黄帝和"风伯雨师"一起攻打蚩尤。并且"天女"也变成了"玄女"。

《海经》所载之"群帝"中,地位显赫的主要有两位:一位是黄帝,一位是帝俊。我们上面已经讲到,"黄帝"本来是"皇帝",就是上帝,是一个尊号,并非人名。《山海经》中昆仑之虚被称为"帝之下都",郭璞注以为是"天帝之都邑在下者",而《穆天子传》等书说昆仑上有黄帝之宫,故顾颉刚先生说"知黄帝者居于昆仑之上帝也"[1],实为不易之论。杨宽先生云:"东西民族之上帝本有专名,及春秋战国之世,既皆一变而为人世之古帝王,上帝无专名以称之,于是泛称为皇帝,后乃字变而作'黄帝',亦转演而为人间之古帝矣。"[2] 而古籍中凡言"帝某","帝"字之后则多为人名,如帝尧、帝挚、帝颛顼、帝喾之类,即杨先生所谓"专名",而"黄帝"则非也。那么,《山海经》中的"黄帝"则果何人耶?若细考之,

---

[1] 顾颉刚:《黄帝》,《史林杂识初编》,中华书局1963年版,第178页。
[2] 杨宽:《中国上古史导论》,载吕思勉、童书业编著《古史辨》第七册(上),上海古籍出版社1982年版,第196页。

其就是帝俊。①

虽然司马迁撰述《五帝本纪》，比较真实地记述了五帝，但在《史记》中，我们仍能看到黄帝神话的内容。当然，我们从另一个层面去思考，也许仙化黄帝无非是树立黄帝的权威，而本底的人性特征也将更为明显。《史记》卷二十八《封禅书》记载了一次因郊雍而引发的君臣对话：

> 其秋，上幸雍，且郊。或曰"五帝，太一之佐也，宜立太一而上亲郊之"。上疑未定。齐人公孙卿曰："今年得宝鼎，其冬辛巳朔旦冬至，与黄帝时等。"卿有札书曰："黄帝得宝鼎宛朐，问于鬼臾区。鬼臾区对曰：'帝得宝鼎神策，是岁己酉朔旦冬至，得天之纪，终而复始。'于是黄帝迎日推策，后率二十岁复朔旦冬至，凡二十推，三百八十年，黄帝仙登于天。"卿因所忠欲奏之。所忠视其书不经，疑其妄书，谢曰："宝鼎事已决矣，尚何以为！"卿因嬖人奏之。上大说，乃召问卿。对曰："受此书申公，申公已死。"上曰："申公何人也？"卿曰："申公，齐人。与安期生通，受黄帝言，无书，独有此鼎书。曰'汉兴复当黄帝之时'。曰'汉之圣者在高祖之孙且曾孙也。宝鼎出而与神通，封禅。封禅七十二王，唯黄帝得上泰山封'。申公曰：'汉主亦当上封，上封能仙登天矣。黄帝时万诸侯，而神灵之封居七千。天下名山八，而三在蛮夷，五在中国。中国华山、首山、太室、泰山、东莱，此五山黄帝之所常游，与神会。黄帝且战且学仙。患百姓非其道者，乃断斩非鬼神者。百余岁然后得与神通。黄帝郊雍上帝，宿三月。鬼臾区号大鸿，死葬雍，故鸿冢是也。其后黄帝接万灵明廷。明廷者，甘泉也。所谓寒门者，谷口也。黄帝采首山铜，铸鼎于荆山下。鼎既成，有龙垂胡髯下迎黄帝。黄帝上骑，群臣后宫从上者七十余人，龙乃上去。余小臣不得上，乃悉持龙髯，龙髯拔，堕，堕黄帝之弓。百姓仰望黄帝既上天，乃抱其弓与胡髯号，故后世因名其处曰鼎湖，其弓曰乌号。'"于是天子曰："嗟乎！吾诚得如黄帝，

---

① 王宁：《"黄帝"考源》，《重庆文理学院学报》（社会科学版）2012年第2期。

吾视去妻子如脱躧耳。"乃拜卿为郎，东使候神于太室。①

《史记·孝武本纪》也有相同记载。公孙卿，汉武帝时的方士。他自称有奇书，来自于已亡的申公，其书谓黄帝得宝鼎后，骑龙升天。而且天下名山八个，都是神仙相会之地。公孙卿所言黄帝"得宝鼎神策""仙登于天""神会""神通"显然是黄帝通仙通神的反映，是仙化黄帝的表现。这些记述与《五帝本纪》本质上没有两样，均反映了司马迁黄帝叙事的真实语境。这些记述也反映了司马迁在仙化黄帝中所起的重要作用。

二 司马迁对黄帝历史的贡献

属于上古时代的黄帝，在脱离传说境界以后，最初是向神仙偶像发展的；被塑造成为历史人物则较晚，是西汉时期的事情。②顾颉刚将早期黄帝形象的演变过程归纳为六个阶段：（1）黄帝是秦国崇奉的上帝之一。（2）加上战国时神仙家的涂饰。（3）为庄子等论道之人所容纳，又加上一层"道"的涂饰。（4）传说既盛，儒家亦不能不容纳，因此推为古代帝王，而有《易系辞》及《五帝德》等记载。（5）既为儒家所取，于是为汉代道家所攻击，如《庄子》中《在宥》《天运》诸篇说他太人间化。（6）汉以后定一尊于儒家，故《易》《礼》《国语》中所说之黄帝竟成为历史。③由此理解，春秋以降，神仙家和论道之人将黄帝涂饰成神仙形象；战国以降，儒家将黄帝推崇为古代帝王，为塑造黄帝的历史形象预设下铺垫；汉武帝独尊儒术以后，"黄帝竟成为历史"④。

《史记·大宛列传》中说："至《禹本纪》《山海经》所有怪物，余不敢言之也。"《史记·五帝本纪》说："太史公曰：学者多称五帝，尚矣。然尚书独载尧以来；而百家言黄帝，其文不雅驯，荐绅先生难言之。孔子

---

① 司马迁：《史记》，中华书局1959年版，第1396—1397页。
② 李凭：《黄帝历史形象的塑造》，《中国社会科学》2012年第3期。
③ 《顾颉刚读书笔记》卷一《纂史随笔三》"黄帝故事的演变次序"条，载《顾颉刚全集》，中华书局2011年版，第431页。
④ 李凭：《黄帝历史形象的塑造》，《中国社会科学》2012年第3期。

所传宰予问五帝德及帝系姓,儒者或不传。余尝西至空桐,北过涿鹿,东渐于海,南浮江淮矣,至长老皆各往往称黄帝、尧、舜之处,风教固殊焉,总之不离古文者近是。予观《春秋》《国语》,其发明五帝德、帝系姓章矣,顾弟弗深考,其所表见皆不虚。书缺有间矣,其轶乃时时见于他说。非好学深思,心知其意,固难为浅见寡闻道也。余并论次,择其言尤雅者,故著为本纪书首。"《史记·封禅书》言:"自未作鄜畤也,而雍旁故有吴阳武畤,雍东有好畤,皆废无祠。或曰:'自古以雍州积高,神明之隩,故立畤郊上帝,诸神祠皆聚云。盖黄帝时尝用事,虽晚周亦郊焉。'其语不经见,缙绅者不道。""驺衍以阴阳主运显于诸侯,而燕齐海上之方士传其术不能通,然则怪迂阿谀苟合之徒自此兴,不可胜数也。"司马迁以不敢言、难言之或不传等语表明对春秋战国时期神话传说的谨慎态度,特别是从《封禅书》中我们也可以看到对方士横行蛊惑的不安、不满。那么,在这些神话背后或者之外有没有历史呢?"择其言尤雅者"而撰写《五帝本纪》,是司马迁对五帝历史的重要贡献,也为黄帝历史化奠定了重要基础。《五帝本纪》使黄帝形象脱离春秋战国时期的神话语境,向着人性形象发展。但是,《五帝本纪》不可能完全扭转几百上千年以来方士们营造的黄帝神话趋势,从而在《五帝本纪》之后的历史长河中,黄帝的神性、仙性和人性形象并行发展,为今天我们认识黄帝或黄帝历史造成了一定的干扰,导致疑古、信古之争愈演愈烈。不管怎么说,我们仍要看到司马迁对黄帝历史化的重要贡献。"在司马迁编织的血脉网络上,黄帝高踞在顶端,既是颛顼、帝喾、尧、舜四帝的祖先,又是夏、商、周三代诸王以及众诸侯的祖先;不仅如此,他还被推广成为后世帝王及诸侯的祖先,乃至庶民百姓的祖先。以血缘网络作为维系华夏一统的办法并非司马迁的原创,其发明应该归于春秋战国间的《帝系姓》;将这样的观念整编成为有条理的世系,从而提升、放大和推广黄帝的历史形象,才是司马迁的历史贡献。""司马迁撰写《史记》,将黄帝的形象塑造成型;魏收撰写《魏书》,将黄帝的形象弘扬推广:这正是两位史家的历史贡献。不过,当黄帝被推广成为北朝各族共同祖先的形象以后,就跳出了历史形象的框架,而被放大成为人文初祖的形象。至此,历史学家的历史使命基本完成,他

第二章 轩辕黄帝文化的基本内涵

们将黄帝的人文初祖形象交给了社会。此后，黄帝的形象又被多次弘扬，每次弘扬都与当时社会的形势密切关联，也都在客观上顺应着更新的历史发展形势。"① 与此相同，中国台湾学者王仲孚认为，经过严格的考证和广泛的调研考察，司马迁将中国历史以黄帝开始记述，"在旧史传说的远古帝王中，黄帝是一位事迹特多的人物，古代文献如《易系辞传》《左传》《国语》《管子》《庄子》《吕氏春秋》《山海经》《淮南子》等书，皆有关于黄帝之记载，战国秦汉间的许多著作，如《竹书纪年》，邹衍《五德终始说》《世本》《史记》等，也都始于黄帝。特别是《史记》的撰述，司马迁舍弃传说中的伏羲、神农，依然以黄帝为中国历史的开端，乃是经过了广泛采访和严格考证之后的结论"②。

我们还需注意到，在汉代儒家更确信黄帝是人。《五帝德》中有一段孔子和宰我对话的记载：

> 宰我问于孔子曰："昔者予闻诸荣伊，言黄帝三百年。请问黄帝者人邪？亦非人邪？何以至于三百年乎？"孔子曰："予！禹、汤、文、武、成王、周公，可胜观也！夫黄帝尚矣，女何以为？先生难言之。"……
>
> 孔子曰："黄帝，少典之子也，曰轩辕。生而神灵，弱而能言，幼而慧齐，长而敦敏，成而聪明。治五气，设五量，抚万民，度四方；教熊罴貔豹虎，以与赤帝战于阪泉之野，三战然后得行其志。黄帝黼黻衣，大带黼裳，乘龙扆云，以顺天地之纪，幽明之故，死生之说，存亡之难。时播百谷草木，故教化淳鸟兽昆虫，历离日月星辰；极畋土石金玉，劳心力耳目，节用水火材物。生而民得其利百年，死而民畏其神百年，亡而民用其教百年，故曰三百年。"

对于当时言黄帝为300年的长寿之人，宰我不能理解，于是请教孔子。

---

① 李凭：《黄帝历史形象的塑造》，《中国社会科学》2012年第3期。
② 王仲孚：《黄帝制器传说试释》，《台湾师范大学历史学报》1976年第4期。

孔子的解释里不但高度概括了黄帝作为"人"的生平事迹、伟大文明贡献，而且解释说黄帝的后两百岁主要是指黄帝死后的影响，所以世人说黄帝活了三百岁。这一解释似乎很合理。而"生而神灵，弱而能言"是否出自孔子之口，似难确信，是否出自《五帝本纪》？常金仓先生认为，宰予问孔子黄帝三百年是惑于黄帝仙化的流俗之言，而黄帝生而神灵，弱而能言，是为黄帝编制的神仙故事。并指出："方士以长生不死蛊惑诸侯，然死亡是不可抗拒的自然规律，于是他们不得不到同样遥远而不可目验的历史上去制造成仙得道的'事实'，当时被塑造起来的长生不死、羽化升天的人物首先便是黄帝。"①

司马迁以黄帝为五帝之首，是有一定道理的。三皇时代或更早时期，这些远古祖先大都在某一个方面做出贡献，或者说那个时代离人类文明时代更远，人类在方方面面还处于原始形态。但到了黄帝时代，很多方面已经剥离了原始形态，向文明时代迈进或者步入文明时代。不管在司马迁或后人笔下的黄帝时代的文化创造是属于黄帝本人还是属于黄帝时代，经历动荡时期的人们都有意无意地将这些创造附着于黄帝一人之身，无形中塑造出一个民族英雄、人文始祖的形象。这些文化创造是不是黄帝一人的贡献，其实已经并不重要，是个人也是时代的。但黄帝时代是否就有如此之多的文化创造，则是另外一个问题，还有待考古学的进一步印证，但至少黄帝时代的文明贡献——农业时代的相当多的文化成就已经得到了考古学的验证。

轩辕黄帝成为中华民族的人文初祖（始祖），华夏民族的祖先，这一结论或者认同已有几千年的文化沉淀和根基。历史上，对轩辕黄帝及其文化已经不能单纯地理解为族群或者王朝、国家、民族、文化的认同，而是一种祖先的信仰，对轩辕黄帝文化的信仰，对人文初祖的信仰。按此认识，也就能较好地揭示春秋战国时期的所谓"造神运动"，魏晋时期的"追宗"黄帝，甚至可以延伸到晚清时期清政府和革命者的"国族"建构努力。而且，也可以作为复杂因素之一来说明中华民族经久不衰从未亡断

---

① 常金仓：《山海经与战国时期的造神运动》，《中国社会科学》2000年第6期。

的历史现象——祖先崇拜和信仰或人文始祖信仰代替了宗教信仰，且一统追宗的思维和理论逻辑将域内各族紧紧联系在一起。晚清衰灭实则是革命者找到了文化的钥匙而给清王朝贵族统治者上了生动鲜活的一课。是否归属于黄帝麾下，内外有别，内则生，外则亡。革命者将满族排除在所谓"黄帝族"外，可以说摧毁了清王朝前期对黄帝的文化认同建构，压垮了他们最后的台柱。但革命目的达到，满族则依然回到了"黄帝族"的怀抱。对满洲贵族来说，不知道这是悲剧还是喜剧。晚清以来，随着外族入侵，民族主义高涨，知识分子在中国国族的建构时，也从远古的传说中找到了黄帝，奉之为中国民族的"始祖"，以之为国族认同的文化符号。一时之间，"炎黄子孙""轩辕世胄"等语，风行草偃，不胫而走，成为时人普遍接受的自我称谓。[①] 抗战时期，国共两党同祭黄帝陵，蕴含着丰富的政治文化意义，但至少是将对方视为共祖黄帝一脉相承的同胞。时至今日，陕西黄陵、河南新郑、甘肃清水、浙江缙云等全国十余个地方对黄帝或陵或都或祠或故里意义的祭祀，根本上仍是将黄帝作为民族祖先、人文初祖的敬仰和缅怀。

---

① 沈松侨：《我以我血荐轩辕——黄帝神话与晚清的国族建构》，《台湾社会研究季刊》1977年第28卷。

第三章

先秦秦汉时期的轩辕黄帝与国家认同

春秋战国时期是轩辕黄帝文明、黄帝崇拜的形成时期，为封建时代奠定了文化信仰基础。传世文献是轩辕文化形成的重要依据。这些文献一再证明了华夏文明自黄帝以来一脉相承，具有极强的国家认同意义。轩辕文化的历史悠久、文明领先和文化传承等特征，形成了华夏民族的民族自信心、自豪感和凝聚力，成为后世统治者构建文化—国家认同的重要传统文化符号和精神标识，也为求证统治合法性提供了素材和依据。"从司马迁的《史记》开始，中国历史的开端正式定位于传说中的黄帝。在《史记》所叙述的整个历史谱系当中，黄帝作为起点，是司马迁笔下的关键形象。黄帝形象的塑造之于司马迁所撰写的帝国历史而言承载了重要的意义。"[1] 先秦至秦汉时期是中国传统社会的奠基时期，无论是政治经济，还是思想文化，基本上都确立了后世的基本格局。轩辕黄帝的形象也是在这一时期确立起来的。先秦秦汉时期，统治者主要通过祭祀的方式形塑轩辕黄帝的华夏始祖形象，而学者士大夫则主要通过谱系建构、文明溯源等方式确立轩辕黄帝形象。由此，最迟至秦汉时期，轩辕黄帝在中华文明建构中的核心地位、对轩辕黄帝的文明认同基本形成，后世只是在诠释和强化其地位而已。

轩辕黄帝的丰富内涵和核心标识在历史中丰富发展和积淀，成为民族记忆的核心组成部分。尊祀、寻祖和统系谱写既是认同标示、依据，也是认同建构。《五帝本纪》《国语》《山海经》《竹书纪年》等历史文献记载则展示了轩辕文化的内涵和丰富面貌。

---

[1] 郭星：《〈史记〉中的黄帝形象与司马迁的帝国构想》，《学术探索》2019年第7期。

第三章　先秦秦汉时期的轩辕黄帝与国家认同

第一节　尊祖敬宗现象

英国文化人类学代表人物拉德克利夫·布朗认为，在原始社会，任何对社会生活有主要影响的事物，都必然会成为仪式庆典的对象，这种仪式的功能，就是使对仪式所祭祀的物体的社会价值的认识永恒化。中国传统丧葬仪式既包括执行仪式，也包括仪式背后的意识形态。祭祀仪式只是一种形式，更重要的是祭祀仪式所承载的文化价值。虞夏时代，黄帝已被人们当作祖先祭祀，之后受到历代统治者的敬仰和祭祀，特别是当代各地拜祖黄帝大典方兴未艾，黄帝祭典已经成为具有广泛影响的文化盛典。与此同时，黄帝祭祀的学术论争、社会争论也频见报端。黄帝祭祀有深厚的历史社会原因，蕴含着丰富的文化内涵和政治寓意，传承了文化传统、民族精神，传递了重要的文化、政治价值构建。

祭祀是中国传统文化的一个重要组成部分，是华夏礼典的一部分。王充《论衡·解除》："祭祀无鬼神，故通人不务焉。"柳宗元《监祭使壁记》："圣人之于祭祀，非必神之也，盖亦附之教也。"《史记·白起王翦列传》："死而非其罪，秦人怜之，乡邑皆祭祀焉。"可见，祭祀常常传递了多种政治文化信息，因而被历代所重视。

一　早期祭祀

据战国时期《竹书纪年》记载："黄帝崩，其臣左彻取衣冠几杖而庙祀之。"可见黄帝死后已经开始了对黄帝的祭祀，但这时更多包含着对逝者的哀思。由于史无更多记载，此后相当长的一段时期里有关黄帝的祭祀尚不可知。千年以后，黄帝祭祀的内涵已经发生了重大变化。《国语》记载展禽言："黄帝能成命百物，以明民财。帝喾能序三辰以固民，尧能单均刑法以仪民，舜勤民事而野死，鲧障洪水而殛死，禹能以德修鲧之功，契为司徒而民辑，冥勤其官而水死，汤以宽治民而除其邪，稷勤百谷而山死，文王以文昭，武王去民之秽。故有虞氏禘黄帝而祖颛顼，郊尧而宗舜；夏后氏禘黄帝而祖颛顼，郊鲧而宗禹……凡禘、郊、祖、宗、报，此五者国之典祀也。"① 同样的记载见于《礼记·祭法》："有虞氏禘黄帝而郊喾，祖颛顼而宗尧，夏后氏禘黄帝而郊鲧，祖颛顼而宗禹；殷人禘喾而郊冥，祖契而宗汤；周人禘喾而郊稷，祖文王而宗武王。"这说明在虞夏时代，已经将黄帝作为远祖进行着一种"禘"的盛大祭祀。这其中也暗含有一种自黄帝开始的血缘谱系关系：黄帝—颛顼—帝喾—尧—禹—契—汤—文王—武王。禘，大祭也。足见当时黄帝在祭祀中的重要地位。但到了商代，黄帝地位有所下降，而被"喾"所代替，有学者认为这与东夷族的崛起有关。进入周代以后，"兆五帝于四郊，四望、四类，亦如之"（《周礼·春官宗伯·小宗伯》），即周人将黄帝作为五帝之一来祭祀。战国秦汉之际，五德终始说盛行于世，黄帝和青、赤、白、黑四帝各被当作天地运行周期的一个象征和代表而受到祭祀。

秦灵公建专门的地方——"畤"来祭祀黄帝和炎帝，后来"畤"便成为祭祀天地五帝的固定处所。《史记·封禅书》载："其后百余年，秦灵公作吴阳上畤，祭黄帝；作下畤，祭炎帝。"②《汉书》也记载了此事："自秦宣公作密畤后二百五十年，而秦灵公于吴阳作上畤，祭黄帝；作下畤，祭炎帝。"③

依据《陈侯因齐敦铭》中语"高祖黄帝，迩嗣桓文"，我们可以判断黄帝祭祀绝不是秦国这一孤立现象。在秦国直接祭祀黄帝之外，齐威王曾追认黄帝为田齐高祖，也就意味着黄帝是作为其祖先来祭祀的。④

"世之所高，莫若黄帝。"（《庄子·盗跖》）春秋战国时对黄帝的祭祀

---

① 左丘明：《国语》卷四《鲁语上》，上海古籍出版社1978年版，第166页。
② 司马迁：《史记》卷二十八《封禅书》，中华书局1982年版，第1363页。
③ 班固：《汉书》卷二十五《郊祀志》，中华书局1962年版，第1199页。
④ 田氏世系与黄帝无从联系。"高祖黄帝，迩嗣桓文"，是齐威王祖述"黄帝之术"和"齐桓晋文"的霸业。（郭沫若：《十批判书》，人民出版社2012年版，第121页）《陈侯因齐敦铭》中的"高祖黄帝"即郭沫若所谓远则祖述黄帝之义，与下句"迩嗣桓文"成对文，是田齐欲祖述黄帝之道以王天下。黄帝之道见于其时已经流传的黄帝传说之中，其别于尧舜者乃在于以征伐王天下——斯即田齐"高祖"他的旨趣所在。田齐"迩嗣桓文"只是春秋以降诸侯争霸政治的延续，而提出"高祖黄帝"的战略，则宣示着其政治目标的转变，也预示着战国中期政治发展的新趋向——争王政治的逐渐形成。（周春生、孔祥来：《田齐"高祖黄帝"考辨》，《浙江社会科学》2012年第12期）

充分证明了庄子之言的客观。这可以反映出战国时期黄帝的重要地位。《陈侯齐因敦铭》中的"高祖黄帝"是目前所见出土材料中有关黄帝的最早记载。

二 秦汉时期黄帝祭祀

秦汉时期,对黄帝的祭祀尊祖现象屡见史端。《史记》说刘邦起兵,被拥立为沛公时,"祠黄帝,祭蚩尤于沛庭,而衅鼓旗,帜皆赤"①。在《孝武本纪》中记载说:"上议曰:'古者先振兵泽旅,然后封禅。'乃遂北巡朔方,勒兵十余万,还祭黄帝冢桥山,泽兵须如。"② 五畤崇拜和祭祀始终是汉代祭天礼典的重要内容。刘邦以"天有五帝"之由而增立了黑帝祠,命其曰北畤,与原"雍四畤"合为"雍五畤"。文帝时,建渭阳五帝庙和长门五帝坛。武帝于都城长安东南郊作太一祠,坛旁祠黄帝。此后不久,武帝又作甘泉太(泰)一祠,以"五帝坛环居其下";于泰山下作明堂,以祠太一、五帝。宣帝时,"又立五龙山仙人祠及黄帝……祠于肤施"。成帝、哀帝、平帝的"三十余年间,天地之祠五徙",于是"长安城旁诸庙兆畤甚盛"。东汉建都洛阳,诸礼与周代同,于城南设圆坛郊天,其外坛上为玉帝位,黄帝位在丁未之地。又祀五帝于明堂。

这样的记载多见于《汉书》,现摘录部分如下:

> 泰山下祠五帝,各如其方,黄帝并赤帝所,有司侍祠焉。③
> 高祖立为沛公,祠黄帝,祭蚩尤于沛廷。④
> 元封元年冬十月,勒兵十八万骑,旌旗径千余里,威震匈奴。遣使者告单于曰:"南越王头已县于汉北阙矣。单于能战,天子自将待边;不能,亟来臣服。何但亡匿幕北寒苦之地为!"匈奴詟焉。还,

---

① 司马迁:《史记》卷八《高祖本纪》,中华书局1982年版,第350页。
② 班固:《汉书》卷十二《孝武本纪》,中华书局1962年版,第472页。
③ 班固:《汉书》卷二十五《郊祀志》,中华书局1962年版,第1243页。
④ 班固:《汉书》卷一《高帝纪》,中华书局1962年版,第10页。

祠黄帝于桥山，乃归甘泉。①

雍，秦惠公都之。有五畤，太昊、黄帝以下祠三百三所。②

王莽篡位称帝后，自谓黄帝之后，郊祀黄帝以配天。后于长安城南起九庙。王莽以前都是天子七庙，王莽增为祖庙五、亲庙四，共九庙，方称天子九庙。《汉书·王莽传》记载了王莽九庙，王莽所谓其九位先祖，分别是黄帝太初祖庙、虞帝始祖昭庙、陈胡王统祖穆庙、齐敬王世祖昭庙、济北愍王王祖穆庙、济南伯王尊祢昭庙、元城孺王尊祢穆庙、阳平顷王戚祢昭庙以及新都显王戚祢穆庙等九庙。其庙"殿皆重屋。太初祖庙东西南北各四十丈，高十七丈，余庙半之。为铜薄栌，饰以金银雕文，穷极百工之巧。带高增下，功费数百巨万，卒徒死者万数"。王莽建九庙，可谓工程浩大："莽乃博征天下工匠诸图画，以望法度算，乃吏民以义入钱、谷助作者，骆驿道路。坏彻城西苑中建章、承光、包阳、犬台、储元宫及平乐、当路、阳禄馆，凡十余所，取其材瓦，以起九庙。"王莽不遗余力阐释祭祀黄帝的理由只有一个"祖考黄帝"，不但建黄帝太初祖庙祭祀黄帝，而且以黄帝配天而郊祀。王莽说："予前在摄时，建郊宫，定祧庙，立社稷，神祇报况，或光自上复于下，流为乌，或典气熏烝，昭耀章明，以著黄、虞之烈焉。自黄帝至于济南伯王，而祖世氏姓有五矣。黄帝二十五子，分赐厥姓十有二氏。虞帝之先，受姓曰姚，其在陶唐曰妫，在周曰陈，在齐曰田，在济南曰王。予伏念皇初祖考黄帝，皇始祖考虞帝，以宗祀于明堂，宜序于祖宗之亲庙。其立祖庙五，亲庙四，后夫人皆配食。郊祀黄帝以配天，黄后以配地。"③王莽祖考黄帝是否成立，似乎并不重要，重要的是通过祖考黄帝来强化统治权威，强化统治的合法性。

东汉时期，《后汉书·律历上》载，（东汉明帝永平二年）"先立秋十八日，郊黄帝。是日夜漏未尽五刻，京都百官皆衣黄。至立秋，迎气于黄

---

① 班固：《汉书》卷六《武帝纪》，中华书局1962年版，第189页。
② 班固：《汉书》卷二十八《地理志》，中华书局1962年版，第1547页。
③ 班固：《汉书》卷九十九《王莽传》，中华书局1962年版，第4106页。

郊，乐奏黄钟之宫，歌帝临，冕而执干戚，舞云翘、育命，所以养时训也"①。建武二年正月，依照元始旧例，"初制郊兆于雒阳城南七里"，设八个圆坛，中间为天地之位，外坛上为五帝位。青帝位在甲寅之地，赤帝位在丙巳之地，黄帝位在丁未之地，白帝位在庚申之地，黑帝位在壬亥之地。平定陇、蜀之后，对郊祀又进行了一次改制："高帝配食，位在中坛上，西面北上。天、地、高帝、黄帝各用犊一头，青帝、赤帝共享犊一头，白帝、黑帝共享犊一头，凡用犊六头。"② 东汉明帝（公元 57—75 年在位）永平二年（59）正月，"初祀五帝于明堂，光武帝配"，东汉开始了明堂祭祀黄帝制度，其位次为："五帝坐位堂上，各处其方。黄帝在未，皆如南郊之位。光武帝位在青帝之南少退，西面。"③

春秋战国，各诸侯国都追溯各自的族源，构造有利于自身发展的历史观念，但不管哪一部族主导中原，都没有否定黄帝是华夏族的先驱。秦国在崛起过程中，曾经逐渐形成对五帝的祭祀制度。汉兴之初，刘邦在秦所立雍鄜、密、上、下畤等故祠基础上，复立北畤。雍五畤成为汉初历代帝王祭祀五帝的场所。汉文帝、汉景帝都曾亲自到雍五畤所在地祭祀五帝。武帝在位前期，常三年一次到雍地祭祀五帝。自汉至元，对于作为天道象征的黄帝，历代基本都沿袭了汉代在中央所举行的郊天礼中与五帝一并祭祀、在中央的黄郊中单独祭祀的做法。④ 围绕黄帝展开的尊祀现象，反映了后人对黄帝作为华夏祖先的认同，这是国家认同构建的主要内容之一。尊祀越是频繁，越能说明对国家认同构建的重视和重要意义。

三　黄帝华夏祖先形象的历史语境

黄帝祭祀仪式历经千年而不衰，是因为它绝不仅仅是一个缅怀祖先的仪式，而是由单纯祭祖发展到缅怀功德和精神、促进文明与进步的新理念，具有深厚的文化内涵。黄帝祭祀活动是传统文化的重要载体，重在传

---

① 范晔：《后汉书·礼仪志中》，中华书局 1965 年版，第 3123 页。
② 范晔：《后汉书·祭祀志上》，中华书局 1965 年版，第 3159—3161 页。
③ 范晔：《后汉书·祭祀志中》，中华书局 1965 年版，第 3181 页。
④ 李笔浪：《黄帝祭祀的历史回顾》，《光明日报》2016 年 7 月 11 日第 16 版。

承传统文化和发扬民族精神；黄帝为民族自觉和自信发挥过不可替代的作用，对构建文化自信、文化民族认同仍将会起到重要作用。

先秦秦汉时期黄帝祭祀经历了祖先祭祀和五帝祭祀的发展历程。直到唐玄宗年间，祭祀黄帝的活动不管是在形式上还是在祭祀内容上，才真正体现出了把黄帝当作一代帝王来进行祭祀。此后，宋、元、明、清时期在祭祀黄帝的活动中不断地改善祭祀的形式和内容，并一直延续下去。他们的这种祭祀活动，其目的也是希望黄帝神灵的佑护，使国家风调雨顺、国富民强、四夷安宁。不同的是，唐代以后祭祀黄帝的目的，不只是单纯地为了获得战争的胜利，而是上升到了为民祈福的层次。①

春秋战国到秦汉时期，中国历史由分裂走向一统。在分裂时期，人心思齐，通过华夏谱系叙事，尧、舜、禹、汤等均是黄帝的后裔，黄帝便成为中华民族的共同始祖，使一统局面的形成有了血缘归一意义的理论依据。甚于王莽篡权，也深谙其理，"予之皇初祖考黄帝定天下""托于皇初祖考黄帝之后"，时刻不忘追祖黄帝的背书。

黄帝战蚩尤，"诸侯咸尊轩辕为天子"，黄帝不仅代表了道义，以有道伐无道，是道义的化身，而且开启了华夏一统天下的局面，从而天下安治，百姓乐业，文明进步。这一点，王莽依然明了，在祖考黄帝背书的同时，"莽既致太平，北化匈奴，东致海外，南怀黄支，唯西方未有加。乃遣中郎将平宪等多持金币诱塞外羌，使献地，愿内属"②。换言之，王莽征平的合法性自然有黄帝征伐的合理依据。

《墨子·非攻（下）》：

> 昔者三苗大乱，天命殛之，日妖宵出，雨血三朝，龙生于庙，犬哭乎市，夏冰，地坼及泉，五谷变化，民乃大振。高阳乃命玄宫，禹亲把天之瑞令，以征有苗。四电诱祇，有神人面鸟身，若瑾以侍，搤矢有苗之祥。苗师大乱，后乃遂几。禹既已克有三苗，焉磨为山川，

---

① 王洁：《浅析轩辕黄帝祭祀活动仪式的变迁》，《音乐大观》2013年第2期。
② 班固：《汉书》卷九十九《王莽传》，中华书局1962年版，第4106页。

第三章 先秦秦汉时期的轩辕黄帝与国家认同

别物上下，卿制大极，而神民不违，天下乃静，则此禹之所以征有苗也。逮至乎夏王桀，天有酷命，日月不时，寒暑杂至，五谷焦死，鬼呼国，鹤鸣十夕余。天乃命汤于镳宫："用受夏之大命。夏德大乱，予既卒其命于天矣，往而诛之，必使汝堪之。"汤焉敢奉率其众，是以乡有夏之境，帝乃使阴暴毁有夏之城，少少，有神来告曰："夏德大乱，往攻之，予必使汝大堪之。予既受命于天，天命融隆火，于夏之城闲西北之隅。"汤奉桀众以克有，属诸侯于薄，荐章天命，通于四方，而天下诸侯莫敢不宾服，则此汤之所以诛桀也。逮至乎商王纣，天不序其德，祀用失时，兼夜中十日，雨土于薄，九鼎迁止，妇妖宵出，有鬼宵吟，有女为男，天雨肉，棘生乎国道，王兄自纵也。赤鸟衔珪，降周之岐社，曰："天命周文王，伐殷有国。"泰颠来宾，河出绿图，地出乘黄。武王践功，梦见三神曰："予既沉渍殷纣于酒德矣，往攻之，予必使汝大堪之。"武王乃攻狂夫，反商之周，天赐武王黄鸟之旗。王既已克殷，成帝之来，分主诸神，祀纣先王，通维四夷，而天下莫不宾。焉袭汤之绪，此即武王之所以诛纣也。若以此三圣王者观之，则非所谓"攻"也，所谓"诛"也。[①]

为了说清楚自己反对攻伐的本质内涵，墨子接连举了三场战争。第一是禹亲征三苗。三苗作乱上天震怒，天下怪异之事频发，于是高阳授命禹，大禹亲自拿着天赐的玉符去征讨三苗，依靠人面鸟身的神助力，射死三苗将领，打败三苗。大禹显然站在了正义的一方。第二是汤灭夏。夏桀时失德，上天降命汤代夏，所以汤率众攻夏，这时，天帝派神暗中毁掉夏的城池，所以很快夏的民众归附汤而夏灭亡。第三是武王灭商。商纣荒淫，诡异之事频发，武王夜梦三位神人授意进攻商纣，于是武王灭商。三场战争，其共同点是，前主失德，灾异频现；后主有神人帮助，因而前亡后兴。而且，墨子论述三次战事，第一次战争用"征"，后两次用的是"诛"，即"汤之所以诛桀""武王之所以诛纣"，表明了墨子对于战争的

---

① 墨翟：《墨子》，方勇译注，中华书局2015年版，第13—174页。

根本态度。墨子在此是为了分辨"攻"和"诛"的区别,详细论述了"诛",反映的本质问题是阐明了"有道伐无道"的合理性。战国时期关于征伐的争论,不但墨子,诸多学派亦参与其中。《孟子·尽心下》:"征者,上伐下,敌国不相征也。"《尚书·胤征》:"奉辞伐罪曰征。"因此,黄帝于涿鹿之野征伐蚩尤,诸侯宾服,代表了正义对邪恶的胜利,统一对叛乱的胜利,符合战国时期走向统一的历史语境。

同时,要注意到,"光武善谶",因而汉代谶纬流行,"中兴之后,儒者争学图纬,兼复附以妖言"。对此,张衡则认为"图纬虚妄,非圣人之法",因而上疏批评,指出"成、哀之后,乃始闻之(谶)",并曰:"凡谶皆云黄帝伐蚩尤,而诗谶独以为'蚩尤败,然后尧受命'。"① "伐"显然是站在正义的立场上的用语。这也说明了汉代黄帝战蚩尤传说的流行与谶纬密不可分。

五德终始说与黄帝土德论在汉代也依然流行。试举一例:东汉建初元年,贾逵被诏入讲北宫白虎观、南宫云台,曾言:"五经家皆言颛顼代黄帝,而尧不得为火德。左氏以为少昊代黄帝,即图谶所谓帝宣也。如令尧不得为火,则汉不得为赤。其所发明,补益实多。……若以颛顼代黄帝以土德王,即颛顼当为金德,高辛为水德,尧为木德。汉承尧后,自然不得为火德也。"② 即东汉时期五德终始说与黄帝土德之论成为改正朔、易服色的权威依据。

因此,在如此语境之中,追祖黄帝、溯源黄帝、祭祀黄帝等诸如此类的事情便很容易理解,而且如:孝武帝也想成神成仙,便"以扶方者言黄帝由封禅而后仙",于是也打算封禅;顺帝末年,"阴陵人徐凤、马勉等复寇郡县,杀略吏人。凤衣绛衣,带黑绶,称'无上将军',勉皮冠黄衣,带玉印,称'黄帝',筑营于当涂山中"③,如此等等也不难理解。

春秋战国时期的分裂动荡客观上加速了中华民族多元一体格局的形成,夷夏之防在战争、动荡中日渐衰微,周边民族与中原华夏加速融合,

---

① 范晔:《后汉书》卷五十九《张衡传》,中华书局1965年版,第1911—1912页。
② 范晔:《后汉书》卷三十六《贾逵传》,中华书局1965年版,第1237页。
③ 范晔:《后汉书》卷三十八《滕抚传》,中华书局1965年版,第1279页。

多民族被大民族（华夏）取代已是历史发展的客观进程。顺应大民族格局的形成，血缘祖先的一维性自然有利于一统政治格局的走向，且华夏谱系在二者相长中形成，也强化了华夏民族的向心力。秦汉大一统王朝更是将黄帝形塑成华夏先祖，尊崇、追溯、祭祀，也进一步巩固了大一统王朝的政治和文化基础。

第二节 华夏谱系论

黄帝始祖的华夏谱系论被帝王乃至一般士人所认可和强化，借以提升自己的统治力和威权。华夏谱系论者以黄帝为祖先，其治统承接延续，延及自身。一般的谱系为：黄帝→尧→舜→禹→启→汤→文→武→周公，后至秦汉。这样一个谱系，一再证明了华夏文明自黄帝以来的一脉相承，具有极强的国家认同意义。《汉书·楚元王传》记载楚元王向成帝的一次进言，其中曰："唯陛下上览明圣黄帝、尧、舜、禹、汤、文、武、周公、仲尼之制，下观贤知穆公、延陵、樗里、张释之之意。"[1] 这是当时华夏谱系论的代表之一。

华夏谱系论在汉代较为盛行，除了《史记》《汉书》外，其他史书如宋衷之《世本》《大戴礼记》也有类似的说法。这些说法的源头可以追溯到先秦时期，如从《山海经》《竹书纪年》等文献中的相关记载中，亦可以看到汉代这种谱系论的基本轮廓。被后世所认可的说法来自于《史记》，其载：

> 自黄帝至舜、禹，皆同姓而异其国号，以章明德。故黄帝为有熊，帝颛顼为高阳，帝喾为高辛，帝尧为陶唐，帝舜为有虞。帝禹为夏后而别氏，姓姒氏。契为商，姓子氏。弃为周，姓姬氏。[2]

---

[1] 班固：《汉书》卷三十六《楚元王传》，中华书局1962年版，第1957页。
[2] 司马迁：《史记》卷一《五帝本纪》，中华书局1982年版，第1—45页。

在《大戴礼记》中，这种谱系记载更为详尽，其传承序列与《史记》基本一致，其载：

> 少典产轩辕，是为黄帝。
>
> 黄帝产玄嚣，元嚣产蛴极，蛴极产高辛，是为帝喾。帝喾产放勋，是为帝尧。
>
> 黄帝产昌意，昌意产高阳，是为帝颛顼。颛顼产穷蝉，穷蝉产敬康，敬康产句芒，句芒产蛴牛，蛴牛产瞽叟，瞽叟产重华，是为帝舜，及产象、敖。
>
> 颛顼产鲧，鲧产文命，是为禹。
>
> ……
>
> 禹娶于涂山氏之子，谓之女憍氏，产启。①

汉代强化华夏谱系论，将本人或本族纳入这一谱系之内者，不乏其人，尤以王莽为代表。《汉书》记载："莽自谓黄帝之后，其《自本》曰：黄帝姓姚氏，八世生虞舜。舜起妫汭，以妫为姓。至周武王封舜后妫满于陈，是为胡公，十三世生完。完字敬仲，奔齐，齐桓公以为卿，姓田氏。十一世，田和有齐国，二世称王，至王建为秦所灭。项羽起，封建孙安为济北王。至汉兴，安失国，齐人谓之'王家'，因以为氏。"② 按照王莽的皇族谱系，即黄帝→虞舜→妫满→田完→田和→二世称王→田安，至田安时，因齐人称他们祖先为"王家"，从此姓王。这样，王莽家族的源头就是黄帝，也就是说，黄帝成为王族之祖先。对此，王莽直言不讳，曾下诏说："予以不德，托于皇初祖考黄帝之后，皇始祖考虞帝之苗裔，而太皇太后之末属。皇天上帝隆显大佑，成命统序，符契图文，金匮策书，神明诏告，属予以天下兆民。赤帝汉氏高皇帝之灵，承天命，传国金策之书，予甚祇畏，敢不钦受！以戊辰直定，御王冠，即真天子位，定有天下之号

---

① 王聘珍：《大戴礼记解诂·帝系第六十三》，中华书局1983年版，第126—130页。
② 班固：《汉书》卷九十八《元后传》，中华书局1962年版，第4013页。

曰'新'。其改正朔，易服色，变牺牲，殊徽帜，异器制。以十二月朔癸酉为建国元年正月之朔，以鸡鸣为时。服色配德上黄，牺牲应正用白，使节之旄幡皆纯黄，其署曰'新使王威节'，以承皇天上帝威命也。"①

王莽从血缘关系的角度，将其族融入华夏谱系之中，其目的不言而喻，就是借此强化其篡来之权的合法地位、正统地位，并巩固其地位。但其客观的国家认同构建意义也不容忽视。王莽的政权认同构建是中国古代最为重要的方式之一。"古代国家认同导向具有私人性质的对君主个人及其家族的认同或对王朝的认同。"② 所以，不管是对君王、家族或王朝的认同构建，均具有国家认同构建意义。《陈侯因齐敦铭》载："唯正六月癸未，陈侯因齐曰：'皇考孝武桓公恭哉！大谟（慕）克成。其唯因脊扬皇考，邵申高祖黄帝，迩嗣桓文，朝闻诸侯，答扬厥德。诸侯铸[荐]吉金，用作孝武桓公祭器敦，以烝以尝，保有齐邦，世万子孙永为典用。'"③《山海经·大荒北经》载："黄帝生苗龙，苗龙生融吾，融吾生弄明，弄明生白犬，白犬有化牡，是为犬戎。"④《山海经·大荒西经》曰："有北狄之国。黄帝之孙曰始均，始均生北狄。"⑤

《前汉纪·前汉高祖皇帝纪》更是运用五德终始说详细记述了伏羲氏—神农氏—轩辕氏—金天氏—高阳氏—高辛氏—陶唐氏—有虞氏—夏后氏以及汤武秦汉的继承谱系，其载：

> 汉兴继尧之胄，承周之运，接秦之弊。汉祖初定天下，则从火德，斩蛇着符，旗帜尚赤，自然之应，得天统矣。其后张苍谓汉为水德，而贾谊公孙弘以为土德。及至刘向父子，乃推五行之运，以子承母，始自伏羲，以迄于汉，宜为火德。其序之也，以为易称帝出乎震，故太皞始出于震，为木德，号曰伏羲氏。共工氏因之为水德，居

---

① 班固：《汉书》卷九十九《王莽传》，中华书局1962年版，第4158页。
② 彭丰文：《两晋时期的国家认同》，河北人民出版社2009年版，第65页。
③ 郭沫若：《十批判书》，人民出版社1954年版，第134页。
④ 方韬译注：《山海经·大荒北经》，中华书局2009年版，第268页。
⑤ 方韬译注：《山海经·大荒西经》，中华书局2009年版，第250页。

水火之间，霸而不王，非其序也。炎帝承木生火，固为火德，号曰神农氏。黄帝承之，火生土，故为土德，号曰轩辕氏。帝少昊灭，帝挚承之，土生金，故为金德，号曰金天氏。帝颛顼承之，金生水，故为水德，号曰高阳氏。帝喾承之，水生木，故为木德，号曰高辛氏。帝尧始封于唐，高辛氏衰而天下归之，号曰陶唐氏，故为火德。即位九十载，禅位于帝舜，号曰有虞氏，故为土德。即位五十载，禅位于伯禹，号曰夏后氏，故为金德。四百四十二年，汤伐桀，王天下，号曰殷，为水德。六百二十九年，武王灭纣，王天下，号曰周，为木德。七百六十七年，秦昭王始灭周，而诸侯未尽从。至昭王之曾孙政，遂并天下，是为始皇帝，有天下十四年。犹共工氏焉，非其序也，自周之灭，及秦之亡，凡四十九年。而汉祖灭秦，号曰汉，故为火德矣。在昔陶唐之后，有刘累者，以御龙事孔甲，为御龙氏。在商为豕韦氏，在周为唐杜氏，其适晋国者为范氏，别处秦者为刘氏。当战国时，刘氏徙于魏，迁于沛之丰邑，处中阳里，而高祖兴焉。①

汉代的史书中，更是记载了一些少数民族也将本族纳入到这一华夏谱系之中，如《史记》中有这样两条记载：一是《越王勾践世家》说："越王勾践，其先禹之苗裔，而夏后帝少康之庶子也。"② 即越国为黄帝后代所建；二是《匈奴列传》说匈奴"其先祖夏后氏之苗裔也，曰淳维"③。夏后氏为颛顼后代，当然也是黄帝的子孙。

瞿林东先生认为，从《国语·鲁语》的记载可知，有虞氏和夏商周三族祭祀的时候，不仅上推到本族的先王先公，还都认本族是黄帝的后裔。自颛顼以后，东夷部落与黄帝族系文化成功地融合起来。本属东夷族的商族，不是黄帝的后裔，但却把自己与黄帝联系起来。夏商周三族关于本族

---

① 荀悦：《前汉纪·前汉高祖皇帝纪》，上海商务印书馆缩印无锡孙氏小渌天藏明刊本，第4页。
② 司马迁：《史记》卷四十一《越王勾践世家》，中华书局1982年版，第1739页。
③ 司马迁：《史记》卷一百一十《匈奴列传》，中华书局1982年版，第2879页。

来源的观念反映出它们有着一致的认同意识。① 瞿先生进一步指出，黄帝之华族始祖地位，在先秦时期就得到认可。②

华夏谱系论的本质是强调黄帝的华夏祖先地位，认同和附会于这一谱系之中的根本目的，无非是提升本人、本族的政治地位和权威，获取相应的政治利益。但客观上反映了他们对华夏文明的认同——国家认同，包含民族认同、文化认同等，对于中华民族多元一体格局的形成起到重要的助推作用。

第三节　道器文明论

文明溯源轩辕黄帝是春秋战国至秦汉时期建构华夏一统局面的重要历史现象，是祖先祭祀、华夏谱系论之外的又一重要手段。

在儒家所整理的古代历史典籍中，对古代帝王的追溯远远超出了尧、舜、禹，其中论述比较多的是黄帝。《春秋左氏传》在黄帝之后还论及共工氏、太昊氏、少昊氏、颛顼等。儒家学者在论述黄帝时，尽量剔除神话性内容，将黄帝视为华夏族道统的创造者。战国中晚期，黄老学派也将黄帝视为其思想学说的源头。先秦诸子中法家、道家、兵家、纵横家、杂家思想都与黄帝文化有关，《左传》《国语》《周易》《商君书》《韩非子》《庄子》《管子》《尉缭子》《战国策》《吕氏春秋》等书都纷纷引述黄帝。③

视黄帝为华夏之祖，在先秦时期已经形成，"先秦时期的学者认同黄帝为诸华诸夏始祖，因而一切文物制度都推原到黄帝"④。秦汉时期这一现象更是屡见不鲜。

---

① 瞿林东：《历史文化认同与中国统一多民族国家》第一卷，河北人民出版社2013年版，第64页。
② 瞿林东：《历史文化认同与中国统一多民族国家》第一卷，河北人民出版社2013年版，第6页。
③ 李笔浪：《黄帝祭祀的历史回顾》，《光明日报》2016年7月11日第16版。
④ 瞿林东：《历史文化认同与中国统一多民族国家》第一卷，河北人民出版社2013年版，第79页。

一　道义与一统天下之源头

战国时期邹衍提出五德终始说，认为自然界金、木、水、火、土存在相克的关系，人类历史也是如此。按照他的排列，自然演变图式是土德—木德—金德—火德—水德，历史演变图式是黄帝—夏禹—商—周，继周而起的必是水德。邹衍的学说在当时曾引起巨大反响，吕不韦的《吕氏春秋》就采用这一学说。按照五德终始学说，黄帝本来只是道统传承中的一环，由于土德的位置特殊以及黄帝的历史贡献，黄帝俨然成了天道的代表。①

"道德"一词是道家思想的精华。庄子的"道"是天道，是效法自然的"道"。"天"代表着自然，而"人"指的就是"人为"的一切，与自然相背离的一切。因此庄子主张顺从天道，而摒弃"人为"。顺从"天道"，从而与天地相通的，就是庄子所提倡的"德"。在《庄子·外篇》②中，有几处关于黄帝论道的记载。《庄子·外篇·知北游》载：

> 黄帝曰："彼无为谓真是也，狂屈似之；我与汝终不近也。夫知者不言，言者不知，故圣人行不言之教。道不可致，德不可至。仁可为也，义可亏也，礼相伪也。故曰：'失道而后德，失德而后仁，失仁而后义，失义而后礼。礼者，道之华而乱之首也。'故曰：'为道者日损，损之又损之以至于无为，无为而无不为也。'今已为物也，欲复归根，不亦难乎！其易也，其唯大人乎！……"③

一个叫"知"的向北游历来到玄水岸边，遇上了一个叫"无为谓"的，向其问如何体悟道、符合道、获得道，但没有得到答案。后在白水南岸一个叫"狂屈"的那儿同样没有得到答案，便转回到黄帝的住所问黄帝，黄帝讲了这段话。黄帝说的大意是：知道的人不说，说的人不知道，所以圣人施行的是不用言传的教育。道不可能靠言传来获得，德不可能靠

---

① 李笔浪：《黄帝祭祀的历史回顾》，《光明日报》2016年7月11日第16版。
② 《外篇》15篇和《杂篇》11篇一般认为是其门人和后学者的伪作。
③ 孙海通译注：《庄子》，中华书局2007年版，第299页。

第三章 先秦秦汉时期的轩辕黄帝与国家认同

谈话来达到。因此回归根本，自然无为，才是道。这种借黄帝之口来阐述的道，其本质内涵自然是老庄之道。虽然黄帝承认自己"不近"道，但黄帝懂得道，甚至传承道。这里需要补充说明的是，在老庄的思想中，并不认可黄帝战蚩尤之事，《庄子·盗跖》就认为"黄帝不能致德，与蚩尤战于涿鹿之野，流血百里"。而在《庄子·外篇·在宥》中，关于黄帝问道广成子的故事，更能说明黄帝是道的真传人，其载：

> 黄帝立为天子十九年，令行天下，闻广成子在于空同之上，故往见之，曰："我闻吾子达于至道，敢问至道之精。吾欲取天地之精，以佐五谷，以养民人。吾又欲官阴阳以遂群生，为之奈何？"广成子曰："而所欲问者，物之质也；而所欲官者，物之残也。自而治天下，云气不待族而雨，草木不待黄而落，日月之光益以荒矣，而佞人之心翦翦者，又奚足以语至道！"黄帝退，捐天下，筑特室，席白茅，闲居三月，复往邀之。广成子南首而卧，黄帝顺下风膝行而进，再拜稽首而问曰："闻吾子达于至道，敢问：治身奈何而可以长久？"广成子蹶然而起，曰："善哉问乎！来，吾语女至道：至道之精，窈窈冥冥；至道之极，昏昏默默。无视无听，抱神以静，形将自正。必静必清，无劳女形，无摇女精，乃可以长生。目无所见，耳无所闻，心无所知，女神将守形，形乃长生。慎女内，闭女外，多知为败。我为女遂于大明之上矣，至彼至阳之原也；为女入于窈冥之门矣，至彼至阴之原也。天地有官，阴阳有藏。慎守女身，物将自壮。我守其一以处其和。故我修身千二百岁矣，吾形未常衰。"黄帝再拜稽首曰："广成子之谓天矣！"广成子曰："来！余语女：彼其物无穷，而人皆以为有终；彼其物无测，而人皆以为有极。得吾道者，上为皇而下为王；失吾道者，上见光而下为土。今夫百昌皆生于土而反于土。故余将去女，入无穷之门，以游无极之野。吾与日月参光，吾与天地为常。当我缗乎，远我昏乎！人其尽死，而我独存乎！"①

---

① 孙海通译注：《庄子》，中华书局2007年版，第187—188页。

"令行天下"显然不符合道家的思想，所以黄帝初问广成子，自然免不了受广成子的一番批评，其根本意思是黄帝没有遵从自然，而是人为违道。于是闲居三月再问道，广成子便讲了一通宁心静气、物我两忘、顺应自然之"正道"。在此，黄帝受到了一次较为彻底的道的洗礼。那么，黄帝之天下，应该会顺应天道了。《庄子·外篇·天运》曰："黄帝之治天下，使民心一，民有其亲，死不哭，而民不非也。"对于道家黄帝的天道形象，在汉代儒者集成的《白虎通义·说谥》中也得到了认可："黄帝有天号曰自然者，独宏大道德也。"

但让人很是迷惑的是，作为老子弟子的文子，为何在对待黄帝时有了截然相反的态度。《文子·精诚》载：

老子曰：昔黄帝之治天下，理日月之行，治阴阳之气，节四时之度，正律历之数，别男女，明上下，使强不掩弱，众不暴寡，民保命而不夭，岁时熟而不凶，百官正而无私，上下调而无尤，法令明而不暗，辅佐公而不阿，田者让畔，道不拾遗，市不预贾，故于此时，日月星辰不失其行，风雨时节，五谷丰昌，凤皇翔于庭，麒麟游于郊。①

《文子》本段出自老子之口的记述与《庄子》明显不同，一个积极有为地治理天下且天下大治的黄帝形象跃然纸上。如果说文子确实如班固所言为"老子弟子，与孔子同时"，似乎反映着从春秋到战国时期黄帝形象的巨大变化。

春秋战国至秦汉时期，是中国由分裂走向统一、巩固统一的历史时期。为了论证秦汉走向统一的合法性，黄帝"躬道"、战蚩尤而一统天下叙事在文献记载中广泛流传。《逸周书·尝麦解》载：

---

① 辛钘：《文子·精诚》，载王贵民、杨志清主编《炎黄汇典·史籍卷》，吉林文史出版社2002年版，第50页。

第三章　先秦秦汉时期的轩辕黄帝与国家认同

王若曰："宗掸大正，昔天之初，□作二后，乃设建典命，赤帝分正二卿，命蚩尤于宇，少昊以临四方，司□□上天未成之庆。蚩尤乃逐帝，争于涿鹿之河，九隅无遗。赤帝大慑，乃说于黄帝，执蚩尤，杀之于中冀，以甲兵释怒，用大正顺天思序，纪于大帝。用名之曰：绝辔之野。乃命少昊清司马、鸟师，以正五帝之官，故名曰质。天用大成，至于今不乱。"①

这场战争起于蚩尤西向侵掠，炎帝大败，转向黄帝求助，引起黄帝、蚩尤的涿鹿之战。黄帝以正义形象斩杀作乱的蚩尤，然后"顺天思序"，以正天下，形成有序的安定秩序，并延续下来。后来文献关于涿鹿之战的记述夹杂着很多神话成分，风伯雨师、天降玄女等助阵黄帝打败蚩尤，无非也是阐述着得道多助失道寡助、天助黄帝的道理。当然，汉代关于涿鹿之战的记述大都和司马迁《五帝本纪》一样，竭力避免了这些神话的演绎，力求真实性。

汉初，由于百废待兴，黄老之学一度盛行。贾谊《新书》载："故黄帝者，炎帝之兄也。炎帝无道，黄帝伐之涿鹿之野，血流漂杵，诛炎帝而兼其地，天下乃治。"② 这里，黄帝代表道义，以有道伐无道，统一天下，天下大治。以道义讨伐无道者，是道义的胜利，故道义统治天下，天下乃治。贾谊在《新书》中，对于黄帝道义理论有论述，其载：

黄帝曰："道若川谷之水，其出无已，其行无止。"故服人而不为仇，分人而不谮者，其惟道矣。故播之于天下而不忘者，其惟道矣。是以道高比于天，道明比于日，道安比于山。故言之者见谓智，学之者见谓贤，守之者见谓信，乐之者见谓仁，行之者见谓圣人。故惟道不可窃也，不可以为虚也。故黄帝职道义，经天地，纪人伦，序万物，以信与仁为天下先。然后济东海，入江内取绿图，西济积石，涉

---

① 袁宏点校：《逸周书·明堂解》，齐鲁书社2010年版，第74页。
② 贾谊：《新书》卷一《益壤》，阎振益等注，中华书局2000年版，第57页。

流沙，登于昆仑。于是还居中国，以平天下。天下太平，唯躬道而已。①

"天下太平，唯躬道而已"可谓一语中的。因为黄帝"职道""躬道"，以道为先，以道为本，故天下太平。黄帝"作教化民"，乃至"自伏羲画八卦，由数起，至黄帝、尧、舜而大备"②，均表明黄帝是道义的代表者、倡行者，甚至中国早期哲学文化的完备者。到了汉武帝时期，汉代进入鼎盛时期，但黄帝叙事仍没有发生质的变化，《五帝本纪》载：

轩辕之时，神农氏世衰。诸侯相侵伐，暴虐百姓，而神农氏弗能征。于是轩辕乃习用干戈，以征不享，诸侯咸来宾从。而蚩尤最为暴，莫能伐。炎帝欲侵陵诸侯，诸侯咸归轩辕。轩辕乃修德振兵，治五气，艺五种，抚万民，度四方，教熊罴貔貅䝙虎，以与炎帝战于阪泉之野。三战，然后得其志。蚩尤作乱，不用帝命。于是黄帝乃征师诸侯，与蚩尤战于涿鹿之野，遂禽杀蚩尤。而诸侯咸尊轩辕为天子，代神农氏，是为黄帝。天下有不顺者，黄帝从而征之，平者去之，披山通道，未尝宁居。③

司马迁在此应该采信了《逸周书》关于涿鹿之战的记载，对黄帝、蚩尤的道德定位完全认可。不同的是，这里记述了阪泉之战和涿鹿之战两场战争。司马迁在此没有如贾谊一般明确的"炎帝无道"，但"蚩尤最为暴"实为无道之反映，故而通过两场战争打败蚩尤，形成"诸侯咸尊轩辕为天子"的一统局面，实为为汉武帝追求大一统背书。

由道而及德，无论是道家还是儒家，都似乎是自然而然的。所以，春秋战国时期，不管是儒家还是道家，他们叙述黄帝时，往往由道及德，黄帝不但是天道的代表者、传承者，还是圣人圣德，被及遐迩。王莽说：

---

① 贾谊：《新书》卷九《修正语上》，阎振益等注，中华书局2000年版，第359页。
② 班固：《汉书》卷二十一上《律历志》，中华书局1962年版，第1012页。
③ 司马迁：《史记》卷一《五帝本纪》，中华书局1982年版，第45页。

"帝王之道，相因而通；盛德之祚，百世享祀。予惟黄帝、帝少昊、帝颛顼、帝喾、帝尧、帝舜、帝夏禹、皋陶、伊尹咸有圣德，假于皇天，功烈巍巍，光施于远。"①

因此，黄帝"以德以义"治理域内，"不赏而民劝，不罚而邪止。此神农、黄帝之政也"②，成为圣王治世。在杂家那儿，黄帝又成了尊师十圣人之一。《吕氏春秋·纪·孟夏纪·尊师》："神农师悉诸，黄帝师大挠，帝颛顼师伯夷父，帝喾师伯招，帝尧师子州支父，帝舜师许由，禹师大成贽，汤师小臣，文王、武王师吕望、周公旦，齐桓公师管夷吾，晋文公师咎犯、随会，秦穆公师百里奚、公孙枝，楚庄王师孙叔敖、沈尹巫，吴王阖闾师伍子胥、文之仪，越王勾践师范蠡、大夫种。此十圣人、六贤者未有不尊师者也。"③ 这是后世尊师重道理论的重要来源。

二 轩冕之始

黄帝"垂衣裳而天下治"在《越绝书》《汉书》等文献中俱有记载，甚至多次被记述。《周易·系辞下》曰："黄帝、尧、舜垂衣裳而天下治，盖取诸《乾》《坤》。"《越绝书·外传记·地传》："神农尝百草、水土甘苦，黄帝造衣裳，后稷产稼，制器械，人事备矣。"西汉焦赣《焦氏易林·讼之贲》："黄帝尧舜，履行至公。冠带垂衣，天下康宁。"《白虎通》："《易》曰：'黄帝尧舜垂衣裳而天下治。'"《说文解字》："冕，大夫以上冠也。古者黄帝初作冕。"《世本·居篇》中也引用了很多关于黄帝作冕的文献记载："黄帝作旃"（《尔雅·释文》）；"黄帝作冕旒"（《仪礼·士冠礼疏》）。这些记载虽没有明确地讲黄帝轩辕氏之号来源于黄帝作冕，但黄帝作冕在汉代仍然和轩辕之号联系在一起。《汉书》载："黄帝，《易》曰：'神农氏没，黄帝氏作。'火生土，故为土德。与炎帝之后战于阪泉，遂王天下。始垂衣裳，有轩冕之服，故天下号曰轩辕氏。"④《汉书》

---

① 班固：《汉书》卷九十九《王莽传》，中华书局1962年版，第1012页。
② 吕不韦：《吕氏春秋》，北方文艺出版社2013年版，第293页。
③ 吕不韦：《吕氏春秋》，北方文艺出版社2013年版，第40页。
④ 班固：《汉书》卷二十一《律历志》，中华书局1962年版，第1012页。

在此明确说明轩辕氏之号就是因为"轩冕之服"。

如前文所言,黄帝轩辕氏之号有两种比较流行的说法,其一是与发明舟车有关。《周易·系辞下》不仅说黄帝、尧、舜垂衣裳而天下治,而且还认为轩辕黄帝时代"刳木为舟,剡木为楫,舟楫之利,以济不通,致远以利天下,盖取诸《涣》。服牛乘马,引重致远,以利天下,盖取诸《随》"①。这一点,在汉代的文献典籍中也有记载。《汉书》曰:"昔在黄帝,作舟车以济不通,旁行天下,方制万里,划野分州,得百里之国万区。"② 即在此解释了作舟车的目的,同时也诠释了黄帝时期舟车在加强和巩固统治中起到了至关重要的作用。但我们注意到,先秦时期黄帝制造舟车,似乎还没有和轩辕之号直接联系起来。从《楚辞·远游》中"轩辕不可攀援兮"句可以得知,先秦时期轩辕确实是指舟车,但当时的人们并没有明确讲黄帝轩辕氏是因为黄帝发明舟车而得名。而汉代王逸则对楚辞本句的解释是:"轩辕以往,难引攀也。轩辕,黄帝号也。始作车服,天下号之为轩辕氏也。"③

三 伐木为宫

《越绝书》载:"风胡子对曰:'时各有使然。轩辕、神农、赫胥之时,以石为兵,断树木为宫室,死而龙臧。夫神圣主使然。至黄帝之时,以玉为兵,以伐树木为宫室,凿地。夫玉,亦神物也,又遇圣主使然。'"④ 黄帝时有了玉器,依靠玉器伐木,可大大减少人们的劳动量。《周易·系辞下》:"上古穴居而野处,后世圣人易之以宫室,上栋下宇,以待风雨,盖取诸《大壮》。"陆贾《新语》曰:"天下人民,野居穴处,未有室屋,则与禽兽同域。于是黄帝乃伐木构材,筑作宫室,上栋下宇,以避风雨。"《太平御览》引《春秋内事》曰:"轩辕氏以土德王天下,始有堂室,高栋深宇,以避风雨。"《穆天子传》中也有"观黄帝之宫"语。筑宫室而

---

① 王贵民、杨志清:《炎黄汇典·史籍卷》,吉林文史出版社2002年版,第9页。
② 班固:《汉书》卷二十八《地理志》,中华书局1962年版,第1523页。
③ 黄灵庚:《楚辞章句疏证》,中华书局2007年版,第2837页。
④ 袁康、吴平:《越绝书》卷十一《外传记》,中华书局2013年版,第303页。

居，走出"野处"，这是人类由原始社会进入文明时代的重要标志之一。先秦秦汉时期的人们认为，三皇五帝是圣人时代，故而已经摆脱了原始状态，而黄帝筑宫室，表明人类进入文明时代。如果再结合目前运用考古学对三皇五帝时代的研究成果，其时宫室的出现是可信的。如大地湾遗址中发现宫殿遗迹，足以说明黄帝时代宫室建造的真实性。

四 制器乐

黄帝作器乐已为时人共识，也往往作为统治者制乐之根据，在《汉书》《越绝书》《风俗通义》《吕氏春秋》等这一时期的文献记载中多见。尤以《吕氏春秋》之记述详细，其载："昔黄帝令伶伦作为律。伶伦自大夏之西，乃之昆仑之阴，取竹于嶰溪之谷，以生空窍厚均者，断两节间——其长三寸九分——而吹之，以为黄钟之宫，吹曰舍少。次制十二筒，以之昆仑之下，听凤皇之鸣，以别十二律。其雄鸣为六，雌鸣亦六，以比黄钟之宫，适合；黄钟之宫皆可以生之。故曰：黄钟之宫，律吕之本。黄帝又命伶伦与荣将铸十二钟，以和五音，以施英韶。以仲春之月，乙卯之日，日在奎，始奏之，命之曰咸池。"[1] 其中包含了制作"黄钟之宫"的工艺，以及在此基础上制作的"咸池"。《世本》言"黄帝乐名咸池"，《汉书》卷二十二《礼乐》亦言"昔黄帝作《咸池》"。《汉书》卷二十一《律历志》也有类似记载，只不过稍微简略一些，大意基本一致，其载："黄帝使伶纶自大夏之西，昆仑之阴，取竹之解谷生，其窍厚均者，断两节间而吹之，以为黄钟之宫。制十二筒以听凤之鸣，其雄鸣为六，雌鸣亦六，比黄钟之宫，而皆可以生之，是为律本。至治之世，天地之气合以生风；天地之风气正，十二律定。黄钟：黄者，中之色，君之服也；钟者，种也。"[2]

而东汉时期应劭《风俗通义·声音》的记载显然多了神话色彩。在仙化黄帝的叙事中，助力黄帝的天女众多，而在琴瑟发明中，"素女"再次

---

[1] 吕不韦：《吕氏春秋》卷五《仲夏纪·古乐》，张双棣等译注，中华书局2007年版，第118—119页。
[2] 班固：《汉书》卷二十一《律历志》，中华书局1962年版，第959页。

出现。其言："宓义作。八尺一寸，四十五弦。黄帝书：泰帝使素女鼓瑟而悲，帝禁不止，故破其瑟为二十五弦。"①

《周礼》《礼记》《汉书》中有《大咸》《云门》《咸池》等乐舞，后世多解释为黄帝时期所作乐舞名。相较而言，对于《云门》记载很少，大多记载认为黄帝乐名《咸池》。秦汉以后，黄帝时作《云门》被明确下来。南朝宋明帝太和初年诏曰："礼乐之作，所以类物表庸而不忘其本者也。凡音乐以舞为主，自黄帝《云门》以下，至于周《大武》，皆太庙舞名也。"从此可以看出《云门》出自黄帝。除此之外，《管子五行》还记载了黄帝作五钟事："昔黄帝以其缓急作五声，以政五钟。令其五钟，一曰青钟大音，二曰赤钟重心，三曰黄钟洒光，四曰景钟昧其明，五曰黑钟隐其常。五声既调，然后作立五行以正天时，五官以正人位。人与天调，然后天地之美生。"②

五 立纲建制

立纲陈纪是国家雏形的基本要素，是人类文明的重要标志。黄帝通过建制度、立法纪，"兴事创业"，得天下而长存，即所谓"黄帝始作制度，得其中和，万世常存"③。

对黄帝制礼法、建官制、设兵营等，《五帝本纪》曰：（黄帝）"东至于海，登丸山，及岱宗。西至于空桐，登鸡头。南至于江，登熊、湘。北逐荤粥，合符釜山，而邑于涿鹿之阿。迁徙往来无常处，以师兵为营卫。官名皆以云命，为云师。置左右大监，监于万国。万国和，而鬼神山川封禅与为多焉。获宝鼎，迎日推策。举风后、力牧、常先、大鸿以治民。顺天地之纪，幽明之占，死生之说，存亡之难"④。就是说，黄帝一统天下，建立营卫兵制，习兵练武，臣服四方；设左右大监管理天下，任用贤能管理人民。在司马迁叙述的黄帝王国时代里，黄帝王国有首都、有文官系

---

① 应劭：《风俗通义》，王利器校注，中华书局1981年版，第267页。
② 王贵民、杨志清：《炎黄汇典·史籍卷》，吉林文史出版社2002年版，第58页。
③ 袁康、吴平：《越绝书》卷十一《外传记》，中华书局2013年版，第303页。
④ 司马迁：《史记》卷一《五帝本纪》，中华书局1982年版，第6页。

统，也有军队，已经基本具备了较为完整的上层建筑的架构。在如此庞大的王国里，自然还需要一套礼仪法度。《商君书》卷五《画策》言："神农既没，以强胜弱，以众暴寡，故黄帝作为君臣上下之义、父子兄弟之礼、夫妇妃匹之合，内行刀锯，外用甲兵，故时变也。由此观之，神农非高于黄帝也，然其名尊者，以适于时也。故以战去战，虽战可也；以杀去杀，虽杀可也；以刑去刑，虽重刑可也。"① 《风俗通义》说："黄帝始制冠冕，垂衣裳，上栋下宇，以避风雨，礼文法度，兴事创业。"② 黄帝时代不但构建起礼仪法度，而且保持了较好的稳定性。《管子·任法》曰："黄帝之治天下也，其民不引而来，不推而往，不使而成，不禁而止。故黄帝之治也，置法而不变，使民安其法者也。"《管子》更是记述了黄帝身边的文官的来由："昔者黄帝得蚩尤而明于天道，得大常而察于地利，得奢龙而辩于东方，得祝融而辩于南方，得大封而辩于西方，得后土而辩于北方。黄帝得六相而天地治，神明至。蚩尤明乎天道，故使为当时；大常察乎地利，故使为廪者；奢龙辩乎东方，故使为土师；祝融辩乎南方，故使为司徒；大封辩于西方，故使为司马；后土辩乎北方，故使为李。"③ 当然，所谓黄帝六相，有神圣化、仙化的味道。

六　播百谷，兴食货

史书对黄帝播种百谷、驯养牲畜等有类似记载。如《史记》说黄帝"时播百谷草木，淳化鸟兽虫蛾，旁罗日月星辰水波土石金玉，劳勤心力耳目，节用水火材物。有土德之瑞，故号黄帝"④。《大戴礼记》亦言黄帝"治五气，设五量，抚万民，度四方，教熊罴貔貅虎，以与赤帝战于阪泉之野"⑤。

播种五谷，畜养牲畜，是农业文明的重要标志，说明黄帝时代已经进

---

① 商鞅：《商君书》卷五《画策》，石磊等注，黑龙江人民出版社2003年版，第122页。
② 应劭：《风俗通义》，王利器校注，中华书局1981年版，第10页。
③ 管仲：《管子·五行》，载王贵民、杨志清主编《炎黄汇典·史籍卷》，吉林文史出版社2002年版，第38页。
④ 司马迁：《史记》卷一《五帝本纪》，中华书局1982年版，第6页。
⑤ 王聘珍：《大戴礼记解诂》，中华书局1983年版，第117—118页。

入农业文明时代，这与大地湾遗址发现的世界上最早的旱作农作物之一——黍相印证。而对于其他文献中的"熊罴貔貅貙虎"，有不同的解释。一种认为这是部落图腾的表现，属于部落名；另一种则认为属于驯化动物的表现。司马迁用"淳化鸟兽虫蛾"之语，实为动物驯化之意。

《汉书·食货志》载：神农时兴起食货二事，因而食足货通，国家人民殷实起来。后来黄帝进一步完善，使得人民乐于从事食货，故而延续下来。

  《洪范》八政，一曰食，二曰货。食谓农殖嘉谷可食之物，货谓布帛可衣，及金、刀、鱼、贝，所以分财布利通有无者也。二者，生民之本，兴自神农之世。"斫木为耜，煣木为耒，耒耨之利以教天下"，而食足；"日中为市，致天下之民，聚天下之货，交易而退，各得其所"，而货通。食足货通，然后国实民富，而教化成。黄帝以下"通其变，使民不倦"。①

七　创立文字

《吕氏春秋》记载："奚仲作车，仓颉作书。"《说文解字》卷二十九载："黄帝之史仓颉，见鸟兽蹄迒之迹，知分理之可相别异也，初造书契。……仓颉之初作书，盖依类象形，故谓之文。其后形声相益，即谓之字。"仓颉是黄帝史官。文字的出现表明黄帝时代已经进入到文明时代。黄崇岳先生说，"以黄帝作为文明时代的开始，是可以成立的"②。

八　土棺之始

《说文解字》对匸的解释是："棺也。木部曰：棺者，关也。……易曰：后世圣人易之以棺椁。后世圣人谓黄帝尧舜。然则土棺始于黄帝。尧舜仍之。仓颉造字从匸从久。"③《后汉书》亦言"棺椁之造，自黄帝始"。

---

① 班固：《汉书》卷二十四《食货志》，中华书局1962年版，第1117页。
② 黄崇岳：《黄帝、尧、舜和大禹的传说》，书目文献出版社1983年版，第15页。
③ 许慎：《说文解字》，段玉裁注，浙江古籍出版社1998年版。

即古代以棺木土葬之法始于黄帝。

九 铸鼎

"鼎"盛行于商、周，用于煮盛物品，或置于宗庙作铭功记绩的礼器。一般视为立国的重器，是政权的象征。《五帝本纪》曰："（黄帝）获宝鼎，迎日推策。"《前汉纪·孝武皇帝纪》曰："齐人公孙卿，言黄帝得宝鼎而神化登于天。"《史记·五帝本纪》[①] 认为黄帝获宝鼎。但从《史记·孝武本纪》记载可知，汉代时人则认为黄帝"作鼎"。《汉书·郊祀志》与《史记·孝武本纪》完全一致，记述了汉武帝时期"掊视得鼎"的过程以及鼎的历史由来。大致过程是：六月的一天，汾阴的巫师锦在魏睢后土的祠旁为民祭祀，看到地面像钩的形状，用手扒开土一看是一只鼎，有花纹，没有铭文，便报官。汉武帝得知后派人把鼎迎接到甘泉宫，亲自射杀了一只鹿来祭祀。后到达长安，公卿大夫就开始了对宝鼎的议论：

> 有司皆言："闻昔泰帝兴神鼎一，一者一统，天地万物所系象也。黄帝作宝鼎三，象天、地、人。禹收九牧之金，铸九鼎，象九州。皆尝享上帝鬼神。其空足曰鬲，以象三德，飨承天祜。夏德衰，鼎迁于殷；殷德衰，鼎迁于周；周德衰，鼎迁于秦；秦德衰，宋之社亡，鼎乃沦伏而不见。《周颂》曰：'自堂徂基，自羊徂牛，鼐鼎及鼒'，'不吴不敖，胡考之休。'今鼎至甘泉，以光润龙变，承休无疆。合兹中山，有黄白云降，盖若兽之为符，路弓乘矢，集获坛下，报祠大亨。唯受命而帝者心知其意而合德焉。鼎宜视宗祢庙，臧于帝庭，以合明应。"制曰："可。"[②]

有司论述了神鼎由一到三的过程。泰帝兴神鼎一，一统之意；黄帝作

[①] 《史记》成书后，司马迁上呈汉武帝，武帝见《今上本纪》时，"怒而削之"，故而今天我们看到的《孝武本纪》已非司马迁的原著，而是后人抄录《封禅书》补缀而成。

[②] 班固：《汉书》卷二十五《郊祀志》，中华书局1962年版，第1225页。

宝鼎三，代表了天地人。后禹作九鼎，寓意九州。因鼎如此重要，在尊崇宝鼎问题上，得到了皇帝的认可。到了这年秋天，汉武帝到雍城，欲进行郊祀。齐国的公孙卿为说服还在犹豫不决的武帝，便抛出"今年获得宝鼎，冬天辛巳初一冬至，和黄帝时一样"的理论，而且借"鬼臾区"之口说"黄帝得宝鼎神策，是岁己酉朔旦冬至，得天之纪，终而复始"；并借"安期生"之口说"汉兴复当黄帝之时"。又借申公之口说"黄帝采首山铜，铸鼎于荆山下"，鼎成后，就"有龙垂胡髯下迎黄帝"的故事。于是，鼎和祭祀在汉武帝那儿得到了高度重视，并通过祭祀来强化汉王朝大一统局面。

十 其他

天文气象。《汉书·律历志》："盖闻古者黄帝合而不死，名察发敛，定清浊，起五部，建气物分数。"

《调律历》。《汉书·律历志》：元凤三年，太史令张寿王上书言："历者天地之大纪，上帝所为。传黄帝《调律历》，汉元年以来用之。"

数字齐备。《汉书·律历志》：《虞书》曰"乃同律度量衡"，所以齐远近，立民信也。自伏羲画八卦，由数起，至黄帝、尧、舜而大备。

烹调。《周书》曰："黄帝始蒸谷为饭""黄帝始烹谷为粥"[1]。

剑。《孙膑兵法·势备》曰："黄帝作剑，以阵象之。"

先秦秦汉时期，"百家言黄帝"，司马迁之评语可谓恰如其分。道家言道，儒家言德，法家说法，纵横家言战，名家、杂家言治国才能，阴阳家言五德终始理论，百家言文明开创，这些多多少少和黄帝联系在一起，由此黄帝成为道义之代表、圣王之表率、道德之化身、文明之开创者，开创了华夏民族国家一统天下的历史。而仓颉造字、器物文明、农业文明、礼法文明，以及制衣蔽体、礼仪教化等，构成了华夏人文始祖的基本元素，对中华民族步入文明时代和文明进步做出了积极贡献，对后世多民族国家的统一和建立具有引领意义。

---

[1] 王贵民、杨志清：《炎黄汇典·史籍卷》，吉林文史出版社2002年版，第4页。

十一 道统、族统、法统

无论是围绕黄帝的尊祖敬宗，还是文化一元的追溯，抑或依附黄帝用以强化其地位和权力，黄帝都可以被看作是一种历史现象，但更多的是一种文化现象。将或许本不属于黄帝的东西依附于黄帝，其中有史书笔法的因素，也有随意比附、甚至神化的成分，这毋庸置疑。黄帝的价值在于它是一种真实的历史现象和文化现象，而且这种现象对华夏文明多元一体格局的形成和国家认同的构建起到了至关重要的作用。

中国古代帝王穿黄袍，以黄为尊为上，黄为土德而居中央；士人不厌其烦地寻找政治文化的黄帝源头，构建自黄帝伊始并一脉传承的华夏谱系；附着于黄帝之身不断叠加的文明，竭力强化黄帝华夏文明的源头地位。这种努力的现实意义在于华夏民族得以凝聚，国家得以统一，文明得以延续。在此基础上，一种有效且具备相当影响力的统系——道统、族统、法统基本形成，而此后的封建王朝成为这种统系下的不断延伸。

道统在此是言黄老论道及黄帝创造器物文明为核心内容的人文谱系。

族统是以宗族的溯源、始祖黄帝为基本形式的血缘谱系。

法统（治统）是以天下一统于黄帝，并向后传承、强化大一统和正统合法性为主题的统治谱系。

由此，一个正常的逻辑结果，也是现实结果是，汉以后的三国两晋南北朝，乃至于隋唐、宋元明清，统治者不得不把自己置入到这样的统系之中，而清朝似乎尤为明显。这样，黄帝的真实性无法置疑，也毋庸置疑。

第四章

魏晋隋唐时期轩辕黄帝信仰探微

作为炎黄子孙,轩辕故里故都问题是历朝历代都无法回避的问题。先秦时期,人们对于黄帝的景仰大多体现在黄帝作为文明创造者的诠释上,故而对于黄帝故里故都问题的关注微乎其微。《国语》之"黄帝以姬水成,炎帝以姜水成"可以看作是地域意识的萌芽,也成为第一个关于轩辕故里的讨论主题。秦汉以来,随着人们地域意识的不断觉醒,轩辕故里故都问题的讨论也就越来越热烈。司马迁言"余尝西至空桐,北过涿鹿,东渐于海,南浮江淮矣,至长老皆各往往称黄帝、尧、舜之处",应是人们地域意识觉醒的重要反映。《史记》等黄帝"居轩辕之丘"成为又一个新的讨论主题。此后,轩辕故里故都的讨论便成为人们讨论的焦点问题之一,轩辕故里故都大有遍地开花之势,议论纷纷。纵观整个轩辕文化史,迟至魏晋时期,关于轩辕故里的讨论,基本上形成和确立了三条主线:一是《国语》之"黄帝以姬水成"引导的关于姬水的讨论,二是《五帝本纪》引导的关于轩辕之丘的讨论,三是《帝王世纪》引导的关于"寿丘"的讨论。关于轩辕故都的讨论,基本围绕涿鹿和新郑(有熊)展开;轩辕墓冢的讨论基本上由早期的阳周桥山,演变成陕西黄陵桥山,也伴随涿鹿桥山的讨论。这也奠定了后世讨论的主题和走向。

魏晋时期关于轩辕故里故都问题的讨论、争论,反映了人们对黄帝的尊崇、景仰,以及正统意识的增强,是轩辕文化信仰的一种具体反映。关于轩辕故里故都问题认识的演进,将专门进行梳理和讨论,在此不予赘述。

第四章 魏晋隋唐时期轩辕黄帝信仰探微

第一节 魏晋时期轩辕黄帝之纪传

魏晋以前，为黄帝立纪立传者，仅见司马迁的《五帝本纪》。魏晋以后，关于黄帝的纪传明显增多。

一 《帝王世纪》

晋代皇甫谧之《帝王世纪》是一篇具有里程碑意义的有关轩辕黄帝的本纪。《帝王世纪》中关于黄帝的记述形式上虽然没有突破《五帝本纪》，但内容上许多开创性的阐述却不亚于《五帝本纪》。特别是在轩辕黄帝的基本生平方面，提出了一些新的认识，且后世也大都没有突破其确立的基本内容体系和框架。其载：

> 黄帝有熊氏，少典之子，姬姓也。母曰附宝。其先即炎帝，母家有蟜氏之女，世与少典氏婚，故国语兼称焉。及神农氏之末，少典氏又取附宝，见大电光绕北斗枢星，照郊野，感附宝，孕二十五月，生黄帝于寿丘。长于姬水，龙颜，有圣德，受国于有熊，居轩辕之丘，故因以为名，又以为号。①

即黄帝号有熊，姓姬，少典之子②，母亲附宝，生于寿丘，长于姬水，居轩辕之丘，受国有熊。《五帝本纪》曰："自黄帝至舜、禹，皆同姓而异其国号，以章明德。故黄帝为有熊，帝颛顼为高阳，帝喾为高辛，帝尧为陶唐，帝舜为有虞。"司马迁在此的本意应该是黄帝号"有熊"之意，但到了《帝王世纪》，黄帝不但是"有熊氏"，而且"受国于有熊"，成为一代帝王，这一说法在魏晋隋唐时期甚为流行，是开创性的。在后世的讨论

---

① 皇甫谧著，徐宗元辑：《帝王世纪》，中华书局1964年版，第14页。
② 王献唐认为："黄帝乃有熊氏之后，与少典无涉，后世传为少典者，殆黄族欲收服炎族之心，故以同族自居，亦谓少典之裔也。"见王献唐《炎黄氏族文化考》，青岛出版社2006年版，第7页。

与演绎中,有熊便成为黄帝故都。同时,在《五帝本纪》中只言"黄帝居轩辕之丘"①。由此而言,与前世相比,魏晋时期有关轩辕黄帝的记述有两个核心信息是开创性的,一是"生于寿丘",二是"受国有熊",使得数百年来人们热议、争议的黄帝,其基本生平清晰了许多。这也为后世关于黄帝故里和故都问题的讨论确定了大致走向。

晋代王嘉《拾遗记》之《轩辕黄帝》、梁朝萧绎(孝元帝)《金楼子》之《轩辕黄帝氏》是笔记小说中不多的黄帝纪传,篇幅简短,内容概括。内容来源于《五帝本纪》和《帝王世纪》的痕迹是相当明显的。如《金楼子》之《轩辕黄帝氏》载:

> 黄帝有熊氏,号轩辕,亦曰帝鸿,少典之子,姬姓也。又姓公孙。少典娶有蟜女附宝,见大电光绕北斗枢星照郊野,附宝孕二十月生黄帝。龙颜,有圣德。生而神灵,弱而能言,幼而徇齐,长而敦敏,成而聪明。受国于有熊,居轩辕之邱,乃与炎帝战于阪泉之野,三战然后得行其志。②

从内容上来看,它既包含了《帝王世纪》关于黄帝的基本生平信息,同时也包含了《五帝本纪》关于黄帝性情的描述,二者糅合的印记非常明显。

二 《列仙传》

汉魏之间的刘向著《列仙传》③也具有一定开创意义,即黄帝一直以

---

① 司马迁:《史记》,中华书局1982年版,第3页。
② 萧绎:《金楼子》卷一《兴王篇一》,中国书店2018年版,第2页。
③ 关于《列仙传》的成书时代,古今论者聚讼纷纭。古代学者已经大致形成西汉末、东汉和魏晋三说。西晋至北宋,都认为是出自西汉末年刘向之手,如葛洪《神仙传序》《抱朴子·论仙篇》《隋书·经籍志》、新旧《唐书·艺文志》等。南宋至清代,则不断有人对刘向作说提出质疑,如宋陈振孙《直斋书录解题》卷十二、明胡应麟《少室山房笔丛·四部正讹下》说该书文字不类西汉文章,或是东汉人作;清纪晓岚等《四库全书提要》卷一百四十六认为《汉书·艺文志》不载,或说是魏晋间方士伪托。余嘉锡《四库提要辨证·子部十》卷十九,云南人民出版社2004年版,第1018—1026页。陈洪《〈列仙传〉成书时代考》(《文献》2007年第1期)认为,在曹魏时期已经形成基本定型的本子,而且很可能就是"嵇续"本;也可以间接证明,汉末"古本"存在的可能性很大。

来以帝王齐列，故而按照司马迁开创的记史体列，应为纪而非传，只不过《列仙传》却并非普通人之传记，而是神仙传记。其载：

> 黄帝者，号曰轩辕。能劾百神，朝而使之。弱而能言，圣而预知，知物之纪。自以为云师，有龙形。自择亡日，与群臣辞。至于卒，还葬桥山，山崩，柩空无尸，唯剑舄在焉。仙书云：黄帝采首山之铜，铸鼎于荆山之下，鼎成，有龙垂胡髯下迎帝，乃升天。群臣百僚悉持龙髯，从帝而升，攀帝弓及龙髯，拔而弓坠，群臣不得从，望帝而悲号。故后世以其处为鼎湖，名其弓为乌号焉。神圣渊玄，邈哉帝皇。暂莅万物，冠名百王。化周六合，数通无方。假葬桥山，超升昊苍。

《列仙传》是中国第一部系统叙述神仙的传记，开创了神仙传记的先河，为神仙作传，建构了一个较完整的神仙谱系，现多认为是西汉史学家刘向所著，主要记述了上古及三代、秦、汉之间的七十多位神仙的重要事迹及成仙过程。《列仙传》有关黄帝的记述在内容上虽然简略，但也可以视为仙化黄帝的重要作品。当然，《列仙传》神化、仙化黄帝，或者本就认为黄帝是神仙而记述，并非空穴来风，有深厚的历史和文化基础，即先秦秦汉时期的方士在政治和文化舞台的活跃成为黄帝神话的主要支撑和造就者。即便如此，司马迁因"百家言黄帝，其文不雅驯，荐绅先生难言之。孔子所传宰予问五帝德及帝系姓，儒者或不传"等原因，著述《五帝本纪》时，坚持严谨的态度，自然没有收录"不雅驯"之说。从另一个角度说，司马迁似乎有意剥离有关五帝的神化外衣，力求还原黄帝的人性特质。因"儒者或不传"而不予记述更能说明司马迁的审慎态度。但汉代以后，特别是道教产生以后，黄帝仙化却迅猛发展，《列仙传》属于其代表作品之一。"能劾百神"及升天之说不胫而走，仙性、神性、道性（问道广成之）集于一身。

三 《轩辕黄帝传》

隋唐时期道教流行甚至被李唐王朝奉为国教，为黄帝仙化和广为人知推波助澜，有关黄帝的作品日渐增多，且记述详尽。最具代表性的是《轩辕黄帝传》《广黄帝本行记》。《轩辕黄帝传》至今无从知晓作者，成书年代也有争议，清初以来一直被认为是南宋之作，但据当代学者张固也先生考证，应不晚于唐初。①《列仙传》为黄帝立传，但本质上是神仙内核的传记，《轩辕黄帝传》为黄帝立传，似乎是人性的传记。但细究其内容，仙化黄帝是其本质。《轩辕黄帝传》是司马迁《五帝本纪》对黄帝神性剥离后的一次反复，在仙化黄帝中借以提高黄帝的地位。由此而言，它深受道教思想的严重影响，甚至可以推定出自道教徒之手。

如上所言，我们依然可以看到《轩辕黄帝传》中黄帝神话的浓厚内核和表现。第一，黄帝的出生就是一个神话："其母西桥氏女，名附宝，瞑见大电光绕北斗枢星，照于郊野。附宝感之而有娠。以枢星降，又名天枢。怀二十四月，生轩辕于寿丘。"感"大电光"而怀孕，且怀胎24月，充满神秘色彩。第二，黄帝出游神话："时有神马出生泽中，因名泽马，一曰吉光，一曰吉良，出大封国。文马缟身朱鬣，乘之寿千岁，以圣人为政，应而出。又有腾黄之兽，其色黄，状如狐，背上有两角，龙翼，出日本国，寿二千岁。黄帝得而乘之，遂周游六合，所谓八翼之龙游天下也。故迁徙往来无常。"所谓"神马"（泽马）及两千岁"龙翼"黄兽神话增加了黄帝治理天下的神秘意味，实为必不可少的交通工具，才使黄帝得以理天下，因而是黄帝有能力行天下、理天下的神化注脚。第三，黄帝文明创造的神话注脚。作书神话一是"鸟衔图"："忽有大鸟衔图置于帝前。帝再拜受之。是鸟状如鹤，而鸡头、燕喙、龟颈、龙形、骈翼、鱼尾。体备五色，三文成字。"二是黄帝"沉璧于河"得河图书而"制文字"：

帝修德义，大理天下。乃召天老谓之曰："吾梦两龙挺白图出于河，以授予。敢问于子。"天老对曰："此河图洛书将出之状。天其授

---

① 张固也《〈轩辕黄帝传〉考》认为，《轩辕黄帝传》是现存最完整的黄帝传记，清初以来一直被认为是南宋之作。《轩辕本纪》使用唐初避讳，反映唐代制度，并且武周时就有人引用过，故必为唐初人所撰无疑。晚唐王瓘《广黄帝本记》实即增广此书而成。见《社会科学战线》2008年第1期，第79—83页。

帝乎，试斋戒观之。"黄帝乃斋于宫中，衣黄服，戴黄冕，驾黄龙之乘，载交龙之旆，与天老、五圣游于河洛之间，求梦未得。帝遂沉璧于河，及大雾三日，又至翠妫之泉，有大鲈鱼溯流而至。杀三牲以醮之，即甚雨七日七夜，有黄龙负图而出于河。帝谓天老、五圣曰："子见河中者乎？"天老、五圣乃前，跪受之。其图五色毕具，白图兰叶而朱文，以授黄帝，乃舒视之，名曰录错图。令侍臣写之以示天下。黄帝曰："此谓之河图书。"是岁之秋也，帝既见龙凤云图书、苍颉之文，即制文字，始代结绳之政，以作书契，盖取夬。夬，决也，决断为事。

第四，天降"玄女"（风伯、雨师及天女魃），助黄帝打败蚩尤。其载：

帝与蚩尤战于涿鹿之野。帝未克敌，蚩尤作百里大雾三日，帝之军人皆迷惑，乃令风后法斗机作指南车，以别四方。帝战未胜，归太山之阿，惨然而寐。梦见西王母遣道人披玄狐之衣，以符授帝，曰："太一在前，天一在后，得之战胜，战则克矣。"帝觉而思之，未悉其意，即召风后告之。风后曰："此天应也。战必克矣。置坛祈之。"帝依之以设坛，稽首再拜，果得符，广三寸，长一尺，青色，以血为文。即佩之，仰天叹所未捷，以精思之。感天大雾，冥冥三日三夜。天降一妇人，人首鸟身。帝见稽首再拜而伏。妇人曰："吾玄女也，有疑问之。"帝曰："蚩尤暴人残物，小子欲万战则万胜也。"玄女教帝三宫秘略、五音权谋、阴阳之术。玄女传《阴符经》三百言。帝观之十旬，讨伏蚩尤。又授帝《灵宝五符真文》及兵信行。帝服佩之，灭蚩尤。

第五，黄帝仙去神话。"黄帝乃乘龙，与友人无为子及臣僚等从上者七十二人。小臣不得上者，将龙髯拔队及帝之弓。小臣抱其弓与龙髯号泣，弓因曰乌号。鼎之地后曰鼎湖。其后有臣左彻削木为黄帝像，率诸侯而朝奉之。

臣僚追慕罔极，或取几杖立庙而祭，取衣冠置墓而守，是以有乔山之冢。"

其他如"问道广成子"，强化黄帝道统地位；"玄女授帝如意神方"不死成仙；素女教帝弦瑟而制乐，以及天文星占等，均注入神话要素。这样，《轩辕黄帝传》之黄帝的神化色彩更加浓厚，与《五帝本纪》相去甚远。

然而，《轩辕黄帝传》为黄帝立传，对唐以前有关黄帝叙事神话的同时，也保留了历史化叙事的内容。轩辕黄帝，姓公孙，有熊国君少典之次子，生于寿丘，"生而神灵，幼而徇齐，弱而能言，长而敦敏，成而聪明"，受国于有熊，作轩冕，娶西陵氏之女，观天文、察地理、理日月、调阴阳、别尊卑、作文字、垂衣裳，设官分职、画野分州，制兵法，战蚩尤，作舟楫，舂、灶、屋、琴乐、鼓角，服牛乘马，云游天下，等等。

四 《广黄帝本行记》

《广黄帝本行记》似乎以又一种面目出现，非传非纪，但本质并无差别。按照张固也先生的说法，晚唐王瓘《广黄帝本行记》实即增广《轩辕黄帝传》而成。① 全篇约 5000 字，除了叙述黄帝炼石缙云堂，采首山之铜、铸鼎象物，乘龙登天以及黄帝以下谱系外，重点记述了黄帝问道求仙的经历，先后与育封子、务光子、容成公、九元子、牧马童子、广成子、皇人等神仙求教论道，使得黄帝得道成仙、乘龙登天似乎自然而然。

《广黄帝本行记》着意于黄帝仙化叙事，对于黄帝历史化的叙事显然不予过多关注。此书中，我们既见不到黄帝出生，也见不到黄帝建功立业叙事，特别是从魏晋以来对于黄帝故里的注脚在此书中只字未提，似乎有意回避《帝王世纪》之"寿丘"说，反倒关注了黄帝墓冢：

> 黄帝乘龙登天，"有臣左彻削木为黄帝像，率诸侯而朝奉之。臣僚追慕，取几杖立庙而祭之。取衣冠置墓而守之，于是有乔山之冢"。②

---

① 张固也：《〈轩辕黄帝传〉考》，《社会科学战线》2008 年第 1 期，第 79—83 页。
② 对乔山之冢，嘉庆年间顾广圻注曰："在上郡周阳县有桥山，又肤施县有黄帝祠，坊州桥山有黄帝冢。"见皇甫谧著，徐宗元辑《帝王世纪》，中华书局 1964 年版，第 14 页。

这对唐代轩辕黄帝叙事来说，似乎是少有的现象。

五　其他类似传记的记载

1. 《抱朴子》卷十三《极言》

《抱朴子》，晋葛洪撰。"抱朴"源于《老子》"见素抱朴，少私寡欲"。内外篇凡八卷，内篇论神仙吐纳符箓勉治之术，纯为道家之言；外篇则论时政得失，人事臧否，词旨辨博，饶有名理，要皆以黄老为宗，世以为道书之一。因此，内篇《极言》对黄帝生平的记述充满神仙，完全处于仙境之中，但记述相当精练，短短一百八十余字，将黄帝一生所遇所访神仙及得道如数呈现出来。其载：

> 昔黄帝生而能言，役使百灵，可谓天授自然之体者也，犹复不能端坐而得道。故陟王屋而受丹经，到鼎湖而飞流珠，登崆峒而问广成，之具茨而事大隗，适东岱而奉中黄，入金谷而咨涓子，道养则资玄、素二女，精推步则访山稽、力牧，讲占候则询风后，著体诊则受雷、岐，审攻战则纳五音之策，穷神奸则记白泽之辞，相地理则书青乌之说，救伤残则缀金冶之术。故能毕该秘要，穷道尽真，遂升龙以高跻，与天地乎周极也。①

"黄帝生而能言，役使百灵"是对黄帝一生的仙性评价，当然"生而能言"并非抱朴子首创，已见于之前的文献。黄帝一生登临王屋、鼎湖、崆峒、具茨、东岱、金谷，因而"受丹经""问广成""事大隗""奉中黄""咨涓子"等，可谓黄帝得道成仙必然经历的过程。玄素二女、力牧、风后、雷岐等似人而仙者也为黄帝修炼修养之术助力，故而穷道尽真。重要的地方和重要的"人物"形成重要之事，语言极其简洁明了，却能将时人熟知或不熟知的黄帝故事一一讲来。如果与秦汉黄帝仙化故事作对比，

---

① 张松辉译注：《抱朴子内篇》，中华书局2011年版，第417页。

显然丰富了如"奉中黄""咨涓子"等诸多内容。当然,《抱朴子》并非为黄帝立传,这里仅是通过抱朴子之口阐明一个道理:成仙必须修炼,其目的是为了说明黄帝得道成仙实则经历了诸多修炼,有诸多神人的帮助。

本篇中还记载了抱朴子对黄帝成仙却为何还有陵墓之疑问的解释,不过仍未出取其衣冠或几杖而葬之说。

但令人迷惑不解的是,《神仙传》同为葛洪之作,但未为黄帝立传。黄帝问道广成子已是道教中耳熟能详之事,所以此事便出现在了《广成子传》中。《广成子传》中关于此事的记载较为简练,但过程与《庄子》记述一致,也经历了上崆峒拜见广成子—退回闲居三月—复邀,膝行而进稽首而问—再拜稽首的过程。

2.《艺文类聚·帝王部一·黄帝轩辕氏》

唐代对于黄帝的重视显然超越了任何前代,除了《轩辕黄帝传》《广黄帝本行记》(《道藏》所收)外,还有欧阳询主编《艺文类聚·帝王部》之《黄帝轩辕氏》等。

《艺文类聚·帝王部》之《黄帝轩辕氏》基本上是对前有文献记载的罗列,先后罗列《易》《左传》《龙鱼河图》《春秋内事》《列子》《淮南子》《史记·封禅书》《抱朴子》等八部著作。

《易》主要提及黄帝垂衣裳而天下治,《左传》主要言及以云纪官,《龙鱼河图》叙述了玄女助黄帝战蚩尤,引《春秋内事》言黄帝土德王天下,始有堂庑,引《列子》说道黄帝斋心服形,引《淮南子》主要说明黄帝治天下太平盛世景象,引《史记·封禅书》叙述黄帝升仙葬衣冠故事,引《帝王世纪》述及黄帝出生受国、治五气、设五量、战阪泉、葬桥山等故事,引《抱朴子》述黄帝"生而能言,役使百灵"之故事等。由于均为引用,并无新意。

包括南朝宋时裴骃《史记集解》,与唐代司马贞《史记索隐》、张守节《史记正义》一起被誉为史记三家注,其对黄帝本纪的解释,是旧载体上的新解读。而且,虽非立传,实与立传无异,三注字数十倍甚至百来倍之多于本纪。例如《五帝本纪》中"黄帝者"三字的三家注为:

第四章 魏晋隋唐时期轩辕黄帝信仰探微

《集解》：徐广曰："号有熊。"《索隐》案：有土德之瑞，土色黄，故称黄帝，犹神农火德王而称炎帝然也。此以黄帝为五帝之首，盖依大戴礼五帝德。又谯周、宋均亦以为然。而孔安国、皇甫谧帝王代纪及孙氏注系本并以伏牺、神农、黄帝为三皇，少昊、高阳、高辛、唐、虞为五帝。注"号有熊"者，以其本是有熊国君之子故也。亦号轩辕氏。皇甫谧云："居轩辕之丘，因以为名，又以为号。"又据《左传》，亦号帝鸿氏也。《正义》：舆地志云："涿鹿本名彭城，黄帝初都，迁有熊也。"案：黄帝有熊国君，乃少典国君之次子，号曰有熊氏，又曰缙云氏，又曰帝鸿氏，亦曰帝轩氏。母曰附宝，之祁野，见大电绕北斗枢星，感而怀孕，二十四月而生黄帝于寿丘。寿丘在鲁东门之北，今在兖州曲阜县东北六里。生日角龙颜，有景云之瑞，以土德王，故曰黄帝。封泰山，禅亭亭。亭亭在牟阴。[①]

注之字数竟达原文的近 120 倍之多。但不同的是，三家注只是对于前朝前人记载的转引，实则并无新创说。

从严格意义上说，《列仙传》《帝王世纪》《轩辕黄帝传》《广黄帝本行记》等应算作这一时期仅有的黄帝纪传。而《艺文类聚》之《帝王部·黄帝轩辕氏》更多的是对古书黄帝记载的罗列而已。另外，隋朝萧吉《五行大义》卷五《论五帝》虽内含黄帝文化的基本内容，只不过因为篇目的需要及倾向性，相较而短，也就无需过于关注其内容的完整性和详实性。

第二节　黄帝祭祖、寻祖现象与黄帝文明记忆的丰富累积

有关黄帝的祭祖、寻祖现象，由来已久。魏晋以来，不绝史书。

---

① 司马迁：《史记》卷一《五帝本纪》，中华书局 1982 年版，第 1 页。

一 祭祖现象与黄帝信仰

《魏书》载张渊著《观象赋》曰："恢恢太虚，寥寥帝庭。五座并设，爰集神灵。"①"五座"为五帝之星座，《晋书》与此相呼应，其曰："黄帝坐在太微中，含枢纽之神也。天子动得天度，止得地意，从容中道，则太微五帝坐明以光。黄帝坐不明，人主求贤士以辅法，不然则夺势。四帝星夹黄帝坐，东方苍帝，灵威仰之神也；南方赤帝，赤熛怒之神也；西方白帝，白招矩之神也；北方黑帝，叶光纪之神也。"②黄帝之星或轩辕之星在文献记载中常见，天上"枢纽之神"，则预示着地上中央之帝。曹魏名臣贾逵云："中央，黄帝之位，并南郊之季，故云兆五帝于四郊也。"③也就是说，秦汉以来，南郊祭祀黄帝，已处于中央之位。

魏晋南北朝时期对黄帝的祭祀，一是继承汉代惯例，南郊祭天并配五帝神位一同祭祀，时有"黄郊"之祭。北魏仿效东汉的南北郊制度，于天兴二年（399）正月在新建成的平城南郊祭坛上举行了祭天仪式，"五精帝"也设置在祭坛的四方和中央。同时，陵祭黄帝也频见史书。魏文帝、魏明帝、吴孙权、晋武帝、晋元帝、晋成帝、晋康帝、晋安帝、宋武帝、宋孝武帝、齐高祖、梁武帝、陈武帝、北魏道武帝、北魏明元帝、北魏献文帝、北魏孝武帝、北齐高祖神武帝、北周武帝等时有郊天大典；魏明元帝、北齐诸帝、北周诸帝等举行过"黄郊"祭祀。期间对于五帝郊祀有一些变化，例如，西晋武帝泰始二年（266），下诏议定郊祀，根据当时大臣议论（以圜丘即郊，五帝同一天，王肃之说。武帝，肃外孙也。故祀礼从其说），认为"五帝即天也，王气时异，故殊其号，虽名有五，其实一神。宜除五帝号，同称昊天"，于是帝从之。但到了太康三年（282），"帝亲郊祀，皇太子、皇子悉侍祠。十年十月，诏复明堂及南郊五帝位"。也就是说，五帝祭祀又恢复了。又比如，梁武帝即位后，"正月，皇帝致斋于万寿殿，上辛行事用特牛一，祀天皇大帝于坛上，攒题曰'皇天座'，以皇

---

① 魏收：《魏书》卷九十一《张渊传》，中华书局1974年版，第1945页。
② 房玄龄：《晋书》卷十九《礼上》，中华书局1974年版，第292页。
③ 魏收：《魏书》卷五十五《刘芳传》，中华书局1974年版，第1223页。

第四章 魏晋隋唐时期轩辕黄帝信仰探微

考太祖文帝配，五帝、天文从祀。五年，迎五帝，以始祖配"。然而，"十七年，帝以威仰、魄宝俱是天神，于坛则尊，于下则卑。南郊所祭天皇，其五帝别有明堂之祀，不烦重设。又祭二十八宿无十二辰，于义阙然。南郊可除五帝祀，加十二辰与二十八宿，各于其方为坛"①。因为有明堂祭祀，南郊祭祀五帝又一次被废除。当然，这样的情况并不多见，而且为时较短。同时也看到，魏晋时期的皇帝亲自郊祀也屡见史端，足见这一时期对五帝祭祀的重视程度。二是明堂祭祀，如晋武帝三年、宋孝武帝大明五年（461）、齐高祖建元元年（479）及梁武帝等祀五帝于明堂。三是陵庙祭祀。《魏书·礼志四之一》载："侑祭黄帝，常以立秋前十八日。"②祭祀黄帝成为北魏政权的惯例。比较明确的关于帝王祭祀黄帝冢或庙的记载有四次，其中两次是魏太宗，魏世祖拓跋焘、文成皇帝拓跋濬各一次。神瑞二年（415）六月壬申，魏太宗（拓跋嗣）"幸涿鹿，登桥山，观温泉，使使者以太牢祠黄帝庙"。泰常七年（422）九月，辛酉，魏太宗"幸桥山，遣使者祠黄帝、唐尧庙"③。神䴥元年（428）八月，魏世祖拓跋焘"东幸广宁，临观温泉。以太牢祭黄帝、尧、舜庙"④。和平元年（460）正月，文成皇帝拓跋濬"东巡。历桥山，祀黄帝"⑤。魏书还有两次关于《礼记·祭法》中"禘（大祭）黄帝"的君臣大讨论，分别发生在北魏孝文帝太和十三年和魏孝明帝元诩熙平二年。⑥《北史》与《魏书》基本一致。《魏书》载："六年六月壬午，有大流星出紫宫。占曰'上且行幸，若有大君之使'。明年，驾幸桥山，祠黄帝，东过幽州，命使者观省风俗。"⑦晋代，关于对黄帝的正常祭祀一如既往，延续汉魏旧例，"明堂祀五帝"，从挚虞的议论来看，晋初关于"明堂"祭祀稍有变化，但很快订立新礼，

---

① 马端临：《文献通考》卷七十《郊社考三》，中华书局2011年版，第2142—2146页。
② 魏收：《魏书》卷一百八十《礼志四》，中华书局1974年版，第2737页。
③ 魏收：《魏书》卷三《太宗纪》，中华书局1974年版，第62页。
④ 魏收：《魏书》卷四《世祖纪上》，中华书局1974年版，第74页。
⑤ 魏收：《魏书》卷一百八十一《礼志四之一》，中华书局1974年版，第2739页。
⑥ 分别见魏收撰《魏书》卷一百八十一《礼志四之一》，第2741页；卷一百八十二《礼志四之二》，第2762页。
⑦ 魏收：《魏书》卷一百五十三《天象志三》，中华书局1974年版，第2399页。

"明堂及郊祀五帝如旧"①。在西晋五十年间，曾两次废止祭天时黄帝作为五帝之一随祀，但由于后世祭祀多袭用旧典，黄帝享祀日久，从而出现时废时举的现象。梁朝因五精上帝俱是天帝，"于坛则尊，于下则卑。且南郊所祭天皇，其五帝别有明堂之祀"，又除南郊五帝祀，加十二辰座。陈代梁后，又"除十二辰座，加五帝座，其余准梁之旧"。南北朝时，黄帝作为五人帝之一配祭表现在郊迎制度上，五郊分迎五精上帝，黄帝同时又作为人帝配祭，并以五官、三辰、七宿从祀。②

隋唐开启了京都立庙祭祀黄帝等帝王的先河，也将桥山黄帝陵祭纳入常典。隋代以祭祀先代帝王为常祀。为了解决对历代帝王祭祀的繁复问题，隋代在京城设三皇五帝庙，在先代帝王的肇迹之地分别建置庙宇，以时祭祀。大业十二年（616），拆毁南朝宋太极殿，用其材建成明堂十二间作为太庙，"以中央六间安六座，悉南向。东来第一青帝，第二赤帝，第三黄帝，第四白帝，第五黑帝。配帝总配享五帝，在阼阶东上，西向"③。

"祃祭"轩辕黄帝是隋朝黄帝祭祀的一种军事化祭祀仪式。《隋书》有三次"祃祭"黄帝的记载。第一次发生在开皇二十年（600），当时太尉晋王广北伐突厥，"四月已未，次于河上，祃祭轩辕黄帝，以太牢制币，陈甲兵，行三献之礼"④。第二次发生在大业七年（611），其载："是岁也，行幸望海镇，于秃黎山为坛，祀黄帝，行祃祭。诏太常少卿韦霁、博士褚亮奏定其礼。皇帝及诸预祭臣近侍官诸军将，皆斋一宿。有司供帐设位，为埋坎神坐西北，内墙之外。建二旗于南门外。以熊席设帝轩辕神坐于墙内，置甲胄弓矢于坐侧，建槊于坐后。皇帝出次入门，群官定位，皆再拜奠。礼毕，还宫。"⑤即行军至望海镇，临时设坛建帐，供奉轩辕神位而拜奠。第三次发生在大业十年（614）。这年二月，扶风人唐弼举兵谋反，拥众十万，推李弘为天子，自称唐王。"三月，行幸涿郡。癸亥，次临渝宫，

---

① 房玄龄：《晋书》卷十九《礼上》，中华书局1974年版，第587页。
② 李桂民：《黄帝的史实及黄帝崇拜观念的演变》，硕士学位论文，西北大学，2000年。
③ 魏徵：《隋书》卷六《礼仪一》，中华书局1973年版，第121页。
④ 魏徵：《隋书》卷八《礼仪三》，中华书局1973年版，第162页。
⑤ 魏徵：《隋书》卷八《礼仪三》，中华书局1973年版，第162页。

亲御戎服，袆祭黄帝，斩叛军者以衅鼓。"①

到唐代，在中央以历代帝王庙为主、在地方以历代帝王陵寝为主的祭奠格局已经基本定型。此后，将黄帝作为民族伟大先驱的祭典，大体沿着中央帝王庙合祭和地方陵庙分祭两条路线发展。②《旧唐书》载：武德、贞观之制，神祇大享之外，每岁"季夏土王日，祀黄帝于南郊，帝轩辕配，后土、镇星从祀"。唐代《开元礼》明确规定，冬至南郊祭天，要设昊天上帝神座和五方帝神座，五郊之黄郊多定在季夏土王日举行。唐后期德宗贞元十五年关于黄帝祭祀的讨论再起，主题依然延续魏朝"祭法"问题的讨论。这次讨论仍未撼动武德、贞观之制，"立秋后十八日，迎黄灵于中地，祭黄帝"没有改变。③ 武则天临朝时，五帝不再称天。《通典·礼典三》："永昌元年九月敕：天无二称，帝是通名，承前诸儒，互生同异。乃以五方之帝，亦谓为天，假有经传互文，终是名实未当。称号不别，尊卑相浑。自今郊祀之礼，唯昊天上帝称天，自余五帝皆称帝。"

京都立庙祭祀黄帝，这是唐代黄帝祭祀的一个新变化。《唐会要》载："（天宝）六载正月十一日敕：三皇、五帝创物垂范，永言龟镜，宜有钦崇。"④ 将三皇五帝共置一庙。唐玄宗天宝年间，于京城长安建置两个帝王庙，曰三皇庙五帝庙，曰三皇以前帝王庙。这是历史上于京城建帝王庙，集中祭祀唐代以前帝王的肇始。有唐一代，基本沿用武德、贞观之制，对黄帝例行祭祀。《旧唐书》关于唐代皇帝亲祀明堂的记载有：载初元年春正月，神皇亲享明堂，大赦天下；载初二年正月、三年正月，均亲祀明堂；长寿二年、三年春一月，亲享明堂；中宗即位，神龙元年九月壬午，亲祀明堂，合祭天地，以高宗配，大赦天下；天授二年正月乙酉，日南至，亲祀明堂，合祭天地，以周文王及武氏先考、先妣配，百神从祀，并于坛位次第布席以祀之；永昌元年春正月，神皇亲享明堂，大赦天下；证圣元年夏四月，亲享明堂，大赦天下，改元为万岁通天，大酺七日。证圣

---

① 魏徵：《隋书》卷四《炀帝纪》，中华书局1973年版，第87页。
② 李笔浪：《黄帝祭祀的历史回顾》，《光明日报》2016年7月11日第16版。
③ 刘昫：《旧唐书》卷二十一《礼仪一》，中华书局1975年版，第844页。
④ 王溥：《唐会要》，世界书局1968年版，第430页。

二年正月，亦亲享明堂；圣历元年正月，亲享明堂，大赦天下，改元，大酺九日。由此来看，不管是南郊祭天、五郊之祭还是陵庙祭祀，基本沿用魏晋旧制。《旧唐书》中还有几次关于皇帝"亲祀南郊"的记载，分别发生在高宗永徽二年十一月，中宗景龙三年十一月，睿宗开元十一年十一月，武则天证圣二年九月、长安二年十一月，德宗贞元元年十一月十一日。亲祀南郊则往往紧跟大赦天下，而武则天更是借此加封尊号："秋九月，亲祀南郊，加尊号天册金轮圣神皇帝，大赦天下。"① 除此之外，新旧《唐书》并不见其他皇帝对祭祀黄帝的明确记载，可能的解释是祭祀已经属于常态化的惯例，或者祭祀制度化，并无多少值得一记的特殊祭祀黄帝活动。

唐玄宗时制定的《开元礼》曾明确了一些帝王陵寝的所在地，但对于黄帝陵所在地尚未能确定。唐代宗大历五年（770）坊州节度使臧希让上言："坊州有轩辕黄帝陵阙，请置庙，四方飨祭，列于祀典。"从此，今黄陵桥山黄帝陵致祭被纳入祭典，此后绵延不绝，成为今天黄帝祭祀的主要地方之一。

二 寻祖现象与轩辕文化信仰

魏晋至隋唐时期，寻祖现象多见于史。《魏书》帝纪第一《序纪》载："昔黄帝有子二十五人，或内列诸华，或外分荒服。昌意少子，受封北土，国有大鲜卑山，因以为号。其后世为君长，统幽都之北，广漠之野。畜牧迁徙，射猎为业，淳朴为俗，简易为化，不为文字，刻木纪契而已。世事远近，人相传授，如史官之纪录焉。黄帝以土德王，北俗谓土为拓，谓后为跋，故以为氏。"② 该书另载："黄帝子昌意少子悃，受封北土，黄帝以土德为王，北俗谓土为拓，谓后为跋，故以拓跋氏。"③《魏书·卫操传》

---

① 分别见《旧唐书》卷二十八《音乐志一》，第 1046 页；卷七《中宗本纪》，第 148 页；卷二十一《礼仪一》，第 843 页；卷六《则天皇后本纪》，第 124、131 页；卷八《玄宗上》，第 186 页。
② 魏收：《魏书》卷一《序纪》，中华书局 1974 年版，第 1 页。
③ 魏收：《魏书》卷一《序纪》，中华书局 1974 年版，第 2971 页。

记载，桓帝死后，卫操于大邗城南立碑，其中有"魏，轩辕之苗裔"之语。① 这一点上，《北史》卷一的记载与《魏书》相同，《北史·魏本纪》载："魏之先出自黄帝轩辕氏。黄帝子曰昌意，昌意之少子受封北国，有大鲜卑山，因以为号……黄帝以土德王。北俗谓土为拓，谓后为跋，故以为氏。"② 于是北魏"从土德，数用五，服色尚黄，牺牲用白"③。孝文帝为什么将拓跋姓改为"元姓"，据宋代罗泌《路史·疏仡记·黄帝》的解释，黄帝是以土德称王，"夫土者黄中之色，万物之元也，宜改姓元氏"④。

《南史·梁本纪》记载，梁元帝被西魏俘虏，在被幽禁时作诗四首，其中第三首曰："松风侵晓哀。霜雾当夜来。寂寥千载后，谁畏轩辕台。"⑤将自己比作轩辕。《北齐书》载，李绘与梁人讨论氏族，袁狎曰："未若我本出自黄帝，姓在十四之限。"⑥ 袁狎以出自黄帝为傲。《新唐书·宰相世系五下》说："黄帝生昌意，昌意少子悃，居北，十一世为鲜卑君长。"⑦ 鲜卑族也来源于黄帝之族。《周书·文帝上》言："太祖文皇帝姓宇文氏，讳泰，字黑獭，代武川人也。其先出自炎帝神农氏，为黄帝所灭，子孙遁居朔野。" 也就是宇文氏与黄帝轩辕氏也有了直接渊源。对于上有"黄帝初祖，德匝于虞"铭文的古铜权，《隋书》说是王莽所制。据《隋书》载，在后魏景明年间（500—504），并州人王显达献古铜权一枚，上有铭文八十一字，其中有"黄帝初祖，德匝于虞。虞帝始祖，德匝于新"⑧ 等语，即黄帝被视为初祖。

中华民族各民族寻祖共源是民族融合的重要方式。在三国两晋南北朝的大分裂动荡中，各族仍在不断强化以黄帝为族源、为祖，以黄帝之后为荣，成为后来大一统的重要信仰基础之一。

---

① 魏收：《魏书》卷二十三《卫操传》，中华书局1974年版，第599页。
② 李延寿：《北史》，中华书局1983年版，第1页。
③ 魏收：《魏书》卷二十三《卫操传》，中华书局1974年版，第34页。
④ 王跃洲：《北魏帝王对涿鹿黄帝庙的祭祀》，《河北北方学院学报》（社会科学版）2017年增刊。
⑤ 李延寿：《南史》卷八《梁本纪》，中华书局1975年版，第245页。
⑥ 李百药：《北齐书》卷二十九《李浑传》，中华书局1972年版，第395页。
⑦ 宋祁等：《新唐书》卷七十五下《宰相世系五下》，中华书局1975年版，第3401页。
⑧ 魏徵：《隋书》卷十六《律历上》，中华书局1973年版，第411页。

三 黄帝文明权威的文化参照现象

以黄帝为参照，或者打出黄帝旗号，这种情况汉代就有。汉冲帝永憙元年（145）三月，九江马勉称黄帝："又阴陵人徐凤、马勉等复寇郡县，杀掠吏人。凤衣绛衣，带黑绶，称'无上将军'，勉皮冠黄衣，带玉印，称'黄帝'，筑营于当涂山中。乃建年号，置百官，遣别帅黄虎攻没合肥。"① 汉桓帝建和元年（147）冬十月，长平陈景自号"黄帝子"，署置官属，又南顿管伯亦称"真人"，并图举兵，悉伏诛。②

魏晋至隋唐时期也多见。延康元年（建安二十五年，220）七月，文皇帝下令曰："轩辕有明台之议，放勋有衢室之问，皆所以广询于下也。百官有司，其务以职尽规谏，将帅陈军法，朝士明制度，牧守申政事，缙绅考六艺，吾将兼览焉。"③ 文皇帝以黄帝"明台之议"为参照，加强对官吏任事的考核。

南朝梁名将，官至骠骑大将军、尚书令等职的王僧辩，因"连失皇子"④，上表曰："天祚大梁，必将有主。轩辕得姓，存者二人。"大宝三年（552）三月，平定侯景之乱后，他又奉表曰："黄帝游于襄城，尚访治民之道；放勋入于姑射，犹使樽俎有归。伊此傥来，岂圣人所欲，帝王所应，不获已而然。"⑤ 王僧辩屡以黄帝说事，以黄帝之事为自己的观点找佐证。同样的思维逻辑见于《周书》。周高祖因"未能去兵，以此为愧"，而熊安生却说："黄帝尚有阪泉之战，况陛下龚行天罚乎？"⑥ 黄帝都未能去兵，高祖未能去兵纯属再正常不过的事了。《十六国春秋》记载了徐光和

---

① 范晔：《后汉书》卷六《孝质帝纪》，中华书局1965年版，第277页。
② 范晔：《后汉书》卷七《孝桓帝纪》，中华书局1965年版，第293页。
③ 陈寿：《三国志》卷二《魏书二·文帝纪》，中华书局1964年版，第60页。
④ 魏明帝时，因"大兴殿舍，百姓劳役；广采众女，充盈后宫；后宫皇子连夭，继嗣未育"，高柔上疏，也抬出了黄帝，曰："昔轩辕以二十五子，传祚弥远；周室以姬国四十，历年滋多。陛下聪达，穷理尽性，而顷皇子连多夭逝，熊罴之祥又未感应。群下之心，莫不恻戚。周礼，天子后妃以下百二十人，嫔嫱之仪，既以盛矣。……"帝报曰："知卿忠允，乃心王室，辄克昌言，他复以闻。"陈寿：《三国志》卷二十四《魏书二十四·高柔传》。
⑤ 姚思廉：《梁书》卷五《元帝本纪》，中华书局1973年版，第126页。
⑥ 令狐德棻：《周书》卷四十五《熊安生传》，中华书局1971年版，第813页。

第四章　魏晋隋唐时期轩辕黄帝信仰探微

石勒的一次对话，徐光把石勒比作仅次于轩辕之人，石勒笑曰："朕在二刘之间耳，轩辕岂所拟乎？"①这可理解为石勒在自谦的同时，表达了对轩辕黄帝的尊崇。

魏迁都洛阳后，涿鹿远离政治中心，北魏帝王更不必亲临黄帝庙祭祀了。当然，轩辕黄帝仍为鲜卑拓跋氏所认同，黄帝仍时而出现在北魏王朝的政治领域，影响着王朝的政治动向，如在迁都洛阳的问题上，孝文帝（庙号高祖）君臣争论不休，后孝文帝以黄帝在天下已定之后迁都事例作为有力证据。据《魏书》载，当时孝文帝打算迁都，召集大臣征求意见，燕州刺史穆罴认为迁都乃国之大事，且其时"四方未平，九区未定"，所以不宜迁都。而且穆罴进一步指出："臣闻黄帝都涿鹿。以此言之，古昔圣王不必悉居中原。"孝文帝则曰："黄帝以天下未定，居于涿鹿；既定之后，亦迁于河南。"接着，大臣尚书于果以安土重迁、拓跋丕以是否迁都当决于卜筮等接连反对，于是孝文帝找出了"轩辕卜兆龟焦"之事予以驳斥，言："往在邺中，司徒公诞、咸阳王禧、尚书李冲等皆欲请龟占移洛吉凶之事。朕时谓诞等曰，昔周邵卜宅伊洛，乃识至兆。今无若斯之人，卜亦无益。然卜者所以决疑，此既不疑，何须卜也？昔轩辕卜兆龟焦，卜者请访诸贤哲，轩辕乃问天老，天老谓为善。遂从其言，终致昌吉。然则至人之量未然，审于龟矣。朕既以四海为家，或南或北，迟速无常。南移之民，朕自多积仓储，不令窘乏。"一番议论之后，大臣们"辞屈而退"②。

这一次，皇帝赢了，也可以说是黄帝赢了。然而，宋金时期的一次有关黄帝的交锋，恰恰相反。《金史·张行信传》记载了此事：

（贞祐）四年（1216）二月，为太子少保，兼前职。时尚书省奏："辽东宣抚副使完颜海奴言，参议官王法尝言，本朝绍高辛，黄帝之后也。昔汉祖陶唐，唐祖老子，皆为立庙。我朝迄今百年，不为黄帝立庙，无乃愧于汉、唐乎！"又云："本朝初兴，旗帜尚赤，其为火德

---

① 崔鸿：《十六国春秋·后赵录·石勒传》，《丛书集成初编》本，商务印书馆1937年版，第11页。

② 刘文学：《黄帝故里志》，中州古籍出版社2007年版，第155页。

明矣。主德之祀，阙而不讲，亦非礼经重祭祀之意。臣闻于浍者如此，乞朝廷议其事。"诏问有司，行信奏曰："按《始祖实录》止称自高丽而来，未闻出于高辛。今所据欲立黄帝庙，黄帝高辛之祖，借曰绍之，当为木德，今乃言火德，亦何谓也？况国初太祖有训，因完颜部多尚白，又取金之不变，乃以大金为国号，未尝议及德运。近章宗朝始集百僚议之，而以继亡宋火行之绝，定为土德，以告宗庙而诏天下焉。顾浍所言特狂妄者耳。"上是之。①

参议官王浍言"本朝绍高辛，黄帝之后也"，故建议为黄帝立庙祭祀，却遭到了时为太子少保、礼部尚书张行信的反对，其理由是与五德终始说不符。王浍之言也反映出了金朝立国百余年间对黄帝的不重视，也因为此，他的言论自然遭到反对。另外，即使在金政权中，也有祭祀黄帝，甚至追祖黄帝的强烈呼声。

唐代，王公将相抬出黄帝者比比皆是。试举几例：

第一，韦后祔葬参照黄帝升天故事而群臣葬衣冠。中宗驾崩，在韦后祔葬问题上，依据《汉书·郊祀志》葬黄帝衣冠于桥山的故事，"以皇后祎衣于陵所寝宫招魂，置衣于魂舆，以太牢告祭，迁衣于寝宫，舒于御榻之右，覆以夷衾而祔葬焉"②。

第二，以黄帝功高盖世因而万寿无疆来劝慰皇帝。因为"宪宗服泌药，日增躁渴"，于是内官裴潾上疏曰："臣闻除天下之害者，受天下之利；共天下之乐者，飨天下之福。故上自黄帝、颛顼、尧、舜、禹、汤，下及周文王、武王，咸以功济生灵，德配天地，故天皆报之以上寿，垂祚于无疆。伏见陛下以大孝安宗庙，以至仁牧黎元。自践祚以来，划积代之妖凶，开削平之洪业。而礼敬宰辅，待以终始；内能大断，外宽小故。夫此神功圣化，皆自古圣主明君所不及，陛下躬亲行之，实光映千古矣。是则天地神祇，必报陛下以山岳之寿；宗庙圣灵，必福陛下以亿万之龄；四

---

① 脱脱：《金史》卷一百〇七《张行信传》，中华书局1975年版，第2366—2367页。
② 刘昫：《旧唐书》卷五十一《后妃上》，中华书局1975年版，第2171页。

海苍生，咸祈陛下以覆载之永。自然万灵保佑，圣寿无疆。"① 黄帝等圣王福济苍生，所以"垂祚于无疆"，而宪宗践祚以来建功立业甚至超越圣主明君，自然有受天地四海庇佑，也当"圣寿无疆"。

第三，授官类比黄帝用力牧。长孙无忌位高权重而受人批评，故辞让授官，于是高祖说出"黄帝得力牧，为五帝先"之事予以反驳："黄帝得力牧，为五帝先；夏禹得咎繇，为三王祖；齐桓得管仲，为五伯长；朕得公，遂定天下。公其无让！"②

第四，以黄帝"修身闲居"事例劝阻玄宗休养生息。因"吐蕃盗边，诸将数败，虏益张，秣骑内侵"，玄宗大怒，欲亲征。这时，中书侍郎苏颋以黄帝阪泉之战后"修身闲居，无为无事"，进行劝止："古天子无亲将，惟黄帝五十二战，当未平之时。自阪泉功成，则修身闲居，无为无事。陛下拨定祸乱，方当深视高居，制礼作乐，禅梁父，登空同，何至厌天居，衽金革，为一日之敌？"③ 意即玄宗不应当亲征，且当止武转文，"制礼作乐"。

四 黄帝文明传承与丰富

与汉以前相比，从内容和形式看，魏晋至隋唐时期，黄帝作为华夏人文初祖的基本内涵没有根本的变化，依然围绕器物文明为核心主题的对文字、器乐、宫建、车冕、法纪、农牧等文明贡献展开。如将《五帝本纪》和《轩辕黄帝传》作一对比，除了承继性特征外，黄帝文明的符号显著增多。

第一，律历舆服。

自《史记》记载"黄帝考定星历，建立五行，起消息，正闰余，于是有天地神祇物类之官，是谓五官"④ 以来，后世对黄帝制历确信无疑。《后汉书》曰："黄帝造历"，"轩辕始受河图苞授，规日月星辰之象，故星官

---

① 刘昫：《旧唐书》卷一百七十一《裴潾传》，中华书局1975年版，第4446—4447页。
② 宋祁等：《新唐书》卷一百〇五《长孙无忌传》，中华书局1975年版，第4018页。
③ 宋祁等：《新唐书》卷一百二十五《苏瑰传》，中华书局1975年版，第4401页。
④ 司马迁：《史记》卷二十六《历书第四》，中华书局1982年版，第1256页。

之书自黄帝始。"① 《晋书》亦言："黄帝创受《河图》，始明休咎，故其《星传》尚有存焉。降在高阳，乃命南正重司天，北正黎司地。"②

《宋书·历》中说"曩自轩辕，其历《黄帝》"，并说"黄帝使大挠造六甲，容成制历象，羲和占日，常仪占月"。《金史·天文》亦载："自伏羲仰观俯察，黄帝迎日推策，重黎序天地，尧历日月星辰，舜齐七政，周武王访箕子，陈《洪范》，协五纪，而观天之道备矣。"据《隋书》记载，南朝梁因循齐，用的是南朝宋的《元嘉历》，天监三年皇帝下诏更定历法，员外散骑侍郎祖暅奏曰："臣先在晋已来，世居此职。仰寻黄帝至今十二代，历元不同，周天、斗分，疏密亦异，当代用之，各垂一法。宋大明中，臣先人考古法，以为正历，垂之于后，事皆符验，不可改张。"③ 祖暅是将历法上溯到了黄帝时期。

关于"黄帝造车服"的文明贡献也见于这一时期的文献，如《旧唐书》载："昔黄帝造车服，为之屏蔽，上古简俭，未立等威。"④ 在《五行大义·论五帝》中说黄帝作舟车、造屋宇，"古者巢居穴处，黄帝易之以上栋下宇，以蔽风雨，故号轩辕。亦云居轩辕之丘，因以为号"。这里"轩辕"之号有了新的来由——"上栋下宇"，也就是说轩辕之号是因为黄帝时期建造了让人们避风雨的屋宇才有的。这是一种新的解释，但这一轩辕之号来由的说法并未被广泛接受。

这一时期，对黄帝"垂衣裳而天下治"有了新解释："三皇之时，人寡而禽兽众，故取其羽皮而天下用足，及至黄帝，人众而禽兽寡，是以作为衣裳以济时变也。"⑤（淳于俊语）

第二，经籍。

《旧唐书·经籍志上》和《新唐书·艺文志一》所列以黄帝命名的书籍如下（在此并未罗列历代文明记忆附加的黄帝本人或黄帝时期的著作，

---

① 范晔：《后汉书》志第十《天文上》，中华书局1965年版，第3214页。
② 房玄龄：《晋书》卷十一《天文上》，中华书局1974年版，第227页。
③ 魏徵：《隋书》卷十七《律历中》，中华书局1973年版，第411页。
④ 刘昫：《旧唐书》卷四十五《舆服》，中华书局1975年版，第1929页。
⑤ 陈寿：《三国志》卷四《魏书四》，中华书局1964年版，第136页。

第四章　魏晋隋唐时期轩辕黄帝信仰探微

具体可见下文《轩辕黄帝传》所记黄帝的文明贡献）：

玄女撰《黄帝问玄女法》三卷、《黄帝太公三宫法要诀》一卷，张衡撰《黄帝飞鸟历》一卷，殷绍撰《黄帝四序堪舆》二卷，皇甫谧撰《黄帝三部针经》十三卷，秦越人撰《黄帝八十一难经》一卷，《黄帝明堂经》三卷，《黄帝针灸经》十二卷，《黄帝素问》八卷（《新唐书》载全元起注《黄帝素问》九卷，王冰注《黄帝素问》二十四卷），《黄帝内经明堂》十三卷，《黄帝杂注针经》一卷，《黄帝十二经脉明堂五藏图》一卷，《黄帝十二经明堂偃侧人图》十二卷，《黄帝针经》十卷，《黄帝明堂》三卷，灵宝注《黄帝九灵经》十二卷，杨上善注《黄帝内经太素》三十卷，杨上善撰《黄帝内经明堂类成》十三卷，杨玄孙撰注《黄帝明堂经》三卷，①《黄帝用兵法诀》一卷，《黄帝兵法孤虚推记》一卷，《黄帝太一兵历》一卷，曹氏《黄帝式经三十六用》一卷，《黄帝式用常阳经》一卷，《黄帝龙首经》二卷，《黄帝集灵》三卷，《黄帝降国》一卷，《黄帝斗历》一卷，《黄帝甲乙经》十二卷，《黄帝流注脉经》一卷。②

第三，书文。

黄帝创制文字的故事在魏晋时期仍在流传。西晋惠帝时书法家卫恒，善草隶书，撰有《四体书势》一书，是存世最早和比较可靠的重要书法理论之一，其中曰："昔在黄帝，创制造物。有沮诵、仓颉者，始作书契，以代结绳，盖睹鸟迹以兴思也。因而遂滋，则谓之字，有六义焉。……自黄帝至三代，其文不改。及秦用篆书，焚烧先典，而古文绝矣。汉武时，鲁恭王坏孔子宅，得《尚书》、《春秋》。黄帝之史，沮诵、仓颉，眺彼鸟迹，始作书契。纪纲万事，垂法立制，帝典用宣，质文著世。爰暨暴秦，滔天作戾，大道既泯，古文亦灭。……信黄唐之遗迹，为六艺之范先。籀篆盖其子孙，隶草乃其曾玄。睹物象以致思，非言辞之可宣。"③ 其他如唐代张怀著《书断》也有相似记载。

---

① 刘昫：《旧唐书》卷四十七《经籍下》，中华书局1975年版，第2039页。
② 宋祁等：《新唐书》卷五十九《艺文三》，中华书局1975年版，第1549页。此处将与《旧唐书》罗列重复者略。
③ 房玄龄：《晋书》卷三十六《卫恒传》，中华书局1974年版，第1061页。

第四，农林牧渔。

对于司马迁《史记》有关黄帝对农牧文明作出的贡献，史记三家注是认可的，也做了详细注解。黄帝"艺五种"，《索隐》解释为种五谷；"教熊罴貔貅䝙虎"，《正义》解释为"言教士卒习战，以猛兽之名名之，用威敌也"；"时播百谷草木"，《正义》解释为"顺四时之所宜而布种百谷草木也"；"淳化鸟兽虫蛾"被《索隐》解释为"淳化广被及之"[①]。

第五，官制营卫。

黄帝置三公之秩，"置左右太监，监于万国"，有侍中——"风后为侍中，于周为常伯之任，秦取古名置侍中，汉因之"[②]。《正义》曰：环绕军兵为营以自卫，若辕门即其遗象。官名皆以云命，为云师。《集解》引用张晏语曰："黄帝有景云之应，因以名师与官。"[③]《宋书》志第三十百官下：刺史，每州各一人。黄帝立四监以治万国，唐、虞世十二牧，是其职也。

对于以上文明贡献，晋代王嘉《拾遗记·轩辕黄帝》引用《封禅记》，对黄帝文明进行了一次小结，言：

  轩辕出自有熊之国。母曰昊枢，以戊己之日生，故以土德称王也。时有黄星之祥。考定历纪，始造书契。服冕垂衣，故有衮龙之颂。变乘桴以造舟楫，水物为之祥踊，沧海为之恬波。泛河沉璧，有泽马群鸣，山车满野。吹玉律，正璇衡，置四史以主图籍，使九行之士以统万国。九行者，孝、慈、文、信、言、忠、恭、勇、义。以观天地，以祠万灵，亦为九德之臣。薰风至，真人集，乃厌世于昆台之上，留其冠剑佩舄焉。昆台者，鼎湖之极峻处也，立馆于其下。帝乘云龙而游，殊乡绝域，至今望而祭焉。帝以神金铸器，皆铭题。及升遐后，群臣观其铭，皆上古之字，多磨灭缺落。凡所造建，咸刊记其年时，辞迹皆质。诏使百辟群臣受德教者，先列玉于兰蒲席上，燃沉

[①] 司马迁：《史记》卷一《五帝本纪》，中华书局1982年版，第3—6页。
[②] 房玄龄：《晋书》卷二十四《职官》，中华书局1974年版，第732页。
[③] 司马迁：《史记》卷一《五帝本纪》，中华书局1982年版，第7页。

第四章 魏晋隋唐时期轩辕黄帝信仰探微

榆之香，春杂宝为屑，以沉榆之胶和之为泥，以涂地，分别尊卑华戎之位也。①

这里，王嘉更是提及黄帝"九行""德教"方面的贡献。唐代士人对黄帝文明贡献的简要概括也不乏其人，比如柳宗元言，在人类秩序混乱时，"有圣人焉，曰黄帝，游其兵车，交贯乎其内，一统类，齐制量"②。唐高祖时右卫将军杨炯曾言："黄帝轩辕氏，长而敦敏，成而聪明，垂衣裳而天下理。其后数迁五德，君非一姓，体国经野，建邦设都，文质所以再而复，正朔所以三而改。"③

第六，经土设井。

《晋书》也讲述了黄帝经略国家的故事，其言："昔黄帝令竖亥步自东极，至于西极，五亿十万九千八百八步。"疆界之意明显。同时也重复着"黄帝旁行天下，方制万里，得百里之国万区"的故事。而在《通典》中记载的黄帝时期经土设井，已经与井田制无异，其卷三《食货三》载："昔黄帝始经土设井以塞诤端，立步制亩以防不足，使八家为井，井开四道而分八宅，凿井于中。一则不泄地气，二则无费一家，三则同风俗，四则齐巧拙，五则通财货，六则存亡更守，七则出入相司，八则嫁娶相媒，九则无有相贷，十则疾病相救。是以情性可得而亲，生产可得而均，均则欺陵之路塞，亲则斗讼之心弭。既牧之于邑，故井一为邻，邻三为朋，朋三为里，里五为邑，邑十为都，都十为师，师十为州。夫始分之于井则地著，计之于州则数详。迄乎夏殷，不易其制。"④ 这是轩辕黄帝文化内容上的一次极大跨越。

第七，黄钟之宫，《云门》《咸池》。

秦汉时期，黄帝作器乐已为时人共识，《汉书》《越绝书》《风俗通

---

① 王嘉：《拾遗记》卷一《轩辕黄帝》，中华书局1991年版，第13—15页。《丛书集成初编》本。
② 宋祁等：《新唐书》卷一百六十八《柳宗元传》，中华书局1975年版，第5137页。
③ 刘昫：《旧唐书》卷一百九十上《文苑上》，中华书局1975年版，第5000—5001页。
④ 杜佑：《通典食货典校笺》卷三《食货三》，曾贻芬校笺，巴蜀书社2013年版，第60页。

义》《吕氏春秋》等文献均有记载。黄钟之宫、十二律、《咸池》等音律贡献也被魏晋至隋唐时期的文献一再记载。《宋书》《晋书》等有关伶伦制黄钟之宫之事与秦汉文献记载无异，或实为前文献之引述。但《晋书》认为"黄帝作《云门》，尧作《咸池》，舜作《大韶》，禹作《大夏》"，与之前文献记载不同，黄帝作《咸池》变成尧作《咸池》。

《隋书·音乐上》记载说，汉明帝时，乐有四品："其四曰短箫铙歌乐，军中之所用焉。黄帝时，岐伯所造，以建武扬德，风敌励兵，则《周官》所谓'王师大捷，则令凯歌'者也。"可见，"短箫铙歌乐"是黄帝时期创作的。

第八，其他。

星官：昔者荥河献箓，温洛呈图，六爻摘范，三光宛备，则星官之书，自黄帝始。

漏刻（计时）：昔黄帝创观漏水，制器取则，以分昼夜。其后因以命官，《周礼》挈壶氏则其职也。

盖图：晋侍中刘智云："颛顼造浑仪，黄帝为盖天。"①

第九，黄帝文明全景图。

唐代是黄帝文明符号空前丰富时期。在前文所及《帝王世纪》《列仙传》《轩辕黄帝传》等传记中，关于黄帝的文明贡献均有较全面的论述。以《轩辕黄帝传》为例，黄帝"作冠冕，始代毛革之弊，所谓黄帝垂衣裳而天下理"，"见浮叶方为舟"，"观转蓬之象以作车"，"教人乘马"，作灶、弓矢，"作屋，筑宫室以避寒暑燥湿谓之宫"，"令筑城邑以居之，始改巢居穴处之弊"，"易古之衣薪，葬以棺椁"，"有臣沮诵、苍颉观鸟兽以作文字，此文字之始也"，"帝修德义，大理天下"，"定百物之名，作八卦之说"，"以嘉禾为粮，谓木禾也，其穗异常；以醴泉为浆，谓泉水味美如酒，可以养老也；以五芝为芳，谓有异草生于圃，喊芝英、紫芝、黑芝、五芝草生，皆神仙上药"，"铸镜以像之，为十五面神镜，宝镜也"，"观伏羲三画成卦。八卦合成二十四气，即作纪历以定年也"，"使伶伦往大夏之

---

① 魏徵：《隋书》卷十七《天文上》，中华书局1973年版，第503、520、526页。

第四章 魏晋隋唐时期轩辕黄帝信仰探微

西阮榆之、昆仑之阴巂谷，采钟龙之竹。取其窍厚均者，断两节间七寸七分吹之为黄钟之音，以本至理之代天地之风气，所谓黄帝能理日月之行，调阴阳之气，为十二律吕雄雌各六也"，"有臣隶首善算法，始作数著算术焉。臣伶伦作权量。黄帝又得蚩尤，始明乎天文"，"作占日月之书，此始为观象之法"，"设官分职，以云命官"，"作巾几之法，以著经"，"立明堂之议"，撰《内外经》、《脉书》上下经、《针经》等，"采首山之金，始铸刀造弩"，做鼓角、蹴鞠之戏、"制三公之职"，"作五牙旗及烽火战攻之具，著兵法五篇"，"置左右太监"，建立军制，"以师兵为营卫"，"著《遁甲》，《十六神历》，推太一六壬等法，又述六甲阴阳之道，作《胜负握机之图》及兵法要诀《黄帝兵法》三卷"，著《出军大帅》、《年立成》各一卷、《太一兵历》一卷、《黄帝出军新用诀》一十二卷、《黄帝夏氏占兵气》六卷。《黄帝十八阵图》二卷、《黄帝问玄女之诀》三卷、《风后孤虚诀》二十卷、《务成子玄兵灾异占》十四卷、《鬼臾区兵法》三卷、图一卷"，"令岐伯作军乐鼓吹、谓之箫铙歌，以为军之警卫。枫鼓曲、灵夔吼、雕鹗争、石坠崖、壮士怒、玄云、朱鹭等曲，所以扬武德也，谓之凯歌"，"画野分州"，造笙瑟，作《云门》，《大卷》《咸池》之乐，"制七情，行十义"，"制驱傩之礼"，"造百工之艺"，"推律以定姓"[①]。如此等等，呈现出一幅黄帝文明全景图。

《五帝本纪》中言"轩辕乃修德振兵，治五气，艺五种，抚万民，度四方，教熊罴貔貅䝙虎"，"以师兵为营卫。官名皆以云命，为云师。置左右大监，监于万国"，"时播百谷草木，淳化鸟兽虫蛾，旁罗日月星辰水波土石金玉"[②]等，相较之下，显然逊色了很多。即便《帝王世纪》也无法比拟。由此而言，经过数百年的发展，依附于黄帝身上的文明符号愈来愈多，愈来愈丰富，黄帝也由此成为华夏文明的源头和象征，中华民族人文初祖形象愈加高大。

---

① 《轩辕黄帝传》，中华书局1991年版，第2—25页，《丛书集成初编》单行本。
② 司马迁：《史记》卷一《五帝本纪》，中华书局1982年版，第6页。

即使长达数百年的大分裂，一统天下的思想在人们的头脑中仍然根深蒂固。而一统天下的天下观与黄帝作为华夏之祖的共祖同源观念有效地结合起来，而且被世人一再强化。即便割据一方或振臂一呼想要造反的小军阀，也不忘打出黄帝的旗号以寻求时人的支持和认可，以便坐大。大分裂中，少数民族政权也有寻根问祖者找到了黄帝之源头，与中原王朝一道祭奠黄帝，因而自然地与黄帝或黄帝文化靠近，或者打出黄帝名号，或以黄族自居，这是中华民族凝聚力日益增强的原因和动力，也是民族日渐融合的重要体现。越是往后，依附于黄帝的文明符号超出了其文明本身也就越远，对世人多少会产生不真实的怀疑，但另一客观效果是，以黄帝文明为华夏文明之源的认同却不断得到强化而为炎黄子孙所信仰。黄帝文化之源意识的蔓延无形中在大分裂中催生大一统的因子，因而大一统也有了深厚的文化养分，以至之后隋唐一统，开启了中国数百年甚至到今天的大一统局面。即使期间有五代十国的短暂分裂局面，但也很难再形成大气候；即使宋与少数民族政权并立，但少数民族政权仍然不敢轻视正统地位的树立，而大宋始终处于正统地位的核心直至灭亡。

第五章

宋明时期轩辕黄帝文化的新发展

宋明时期轩辕黄帝文化认同的构建突出了两个方面。一是为轩辕黄帝立传一度非常盛行，在诸多著作中都留下了大量的有关黄帝的传记，可谓空前绝后。这些传记为我们研究宋明时期轩辕文化的发展提供了丰富且重要的史料。二是黄帝祭祀的内涵和形式发生了很大变化——中央政府陵祭黄帝常态化，且有一些文人墨客陵祭黄帝。无论是官方祭祀还是私人祭祀，祭文成为其中的重要组成部分，也成为一种常态。明代这一开创被清代承继，因而明清时期黄帝陵祭留下了大量黄帝祭文。今天的黄帝祭祀仪式中"恭读祭文"已经是必不可少的环节。祭文成为一种重要的形式和资料，成为了解和研究明清时期黄帝祭祀活动以及黄帝文化的重要史料。

第一节 宋代轩辕黄帝传纪之兴盛

目前保留下来的轩辕黄帝祭祀祭文，是从明代开始的。那么祭文应该有一个逐步产生的过程——首先是祭祀黄帝时的歌舞的歌辞。大略在祭祀的乐舞环节，边舞边歌，其歌辞表达的是对轩辕黄帝的恭敬、赞美。在后来的演绎中，祭文作为一种恭读的文辞出现了。

一 黄帝歌辞与"祭黄帝文"

1. 黄帝歌辞

黄帝歌辞，史书早有记载，以下选取几首：

《宋书》载晋《羽龠舞歌》（傅玄）曰：

> 羲皇之初，天地开元。网罟禽兽，群黎以安。神农教耕，创业诚难。民得粒食，澹然无所患。黄帝始征伐，万品选其端。军驾无常居，是曰轩辕。轩辕既勤止，尧舜匪荒宁。夏禹治水，汤武又用兵。孰能保安逸，坐致太平？圣皇迈乾乾，天下兴颂声，穆穆且明明。惟圣皇，道化彰。澄四海，清三光。万机理，庶事康。潜龙升，仪凤翔。风雨时，物繁昌。却走马，降瑞祥。扬仄陋，简忠良。百禄是荷，眉寿无疆。①

歌辞记载了自羲皇、神农、黄帝以降帝的王文治武功。《宋书》还记载了对五帝的歌辞（宋明堂歌的一部分），其中《右歌黄帝辞》（谢庄）曰：

> 百川如镜，天地爽且明。云冲气举，德盛在素精。
> 木叶初下，洞庭始扬波。夜光彻地，翻霜照悬河。
> 庶类收成，岁功行欲宁。浃地奉渥，罄宇承秋灵。②

《隋书》分别记有《歌黄帝辞》《黄帝歌辞》二首，《歌黄帝辞》曰：

> 郁彼中坛，含灵阐化。回环气象，轮无辍驾。
> 布德焉在，四序将收。音宫数五，饭稷骖鸹。
> 宅屏居中，旁临外宇。升为帝尊，降为神主。③

《黄帝歌辞》曰：

---

① 沈约：《宋书》卷二十《乐二》，中华书局1974年版，第573页。
② 沈约：《宋书》卷二十《乐二》，中华书局1974年版，第570页。
③ 魏徵、令狐德棻：《隋书》卷十三《音乐上》，中华书局1973年版，第300页。

第五章 宋明时期轩辕黄帝文化的新发展

爰稼作土,顺位称坤。孕金成德,履艮为尊。
黄本内色,宫实声始。万物资生,四时咸纪。
灵坛汛扫,盛乐高张。威仪孔备,福履无疆。①

《隋书》还记载《凯乐》歌辞三首。其中《述天下太平》曰:

阪泉轩德,丹浦尧勋。始实以武,终乃以文。
嘉乐圣主,大哉为君。出师命将,廓定重氛。
书轨既并,干戈是戢。弘风设教,政成人立。
礼乐聿兴,衣裳载缉。风云自美,嘉祥爰集。
皇皇圣政,穆穆神猷。牢笼虞夏,度越姬刘。
日月比曜,天地同休。永清四海,长帝九州。②

《旧唐书》载有"祀黄帝降神奏宫音"(祀五方上帝于五郊乐章四十首,贞观中魏徵等作),曰:

黄中正位,含章居贞。既彰六律,兼和五声。
毕陈万舞,乃荐斯牲。神其下降,永祚休平。③

以上黄帝歌辞是对黄帝歌颂、称颂之词,但似乎孕育了黄帝祭文的产生。

2. 祭黄帝文

一般认为,古代黄帝祭祀留下的祭文始于明代。但宋代许洞《虎钤经》中记有"祭黄帝文":

年月日具官某,谨致祭于黄帝之神:惟神天资懿睿,首弄兵戎

---

① 魏徵、令狐德棻:《隋书》卷十五《音乐下》,中华书局1973年版,第362—363页。
② 魏徵、令狐德棻:《隋书》卷十五《音乐下》,中华书局1973年版,第372页。
③ 刘昫:《旧唐书》卷三十《音乐三》,中华书局1973年版,第1103—1104页。

(一作戍），敷演三才（天才、人才、地才），披攘九极，陶精颐（一作积）粹，嶷立夐古。虽蹈迪之不腆寔（一作实），伊圣之有作。方今天人合发，夷夏称忠，隐幽于黄屋之尊，告庙起白旄之命。惟神素章元圣，开辟往世，驱（一作驰）逐凶慝（一作逆），揄扬天功，绵历千载（一作祀），光灵不泯。阴垂嘉祐，以赞我师旅，收辟土地，诛锄鲸鲵，幽明合诚，幸享多福。尚飨。

许洞（976—1015），字洞天，苏州吴县人。《宋史》记载："洞性疏隽，幼时习弓矢击刺之伎，及长，折节励学，尤精《左氏传》。咸平三年进士……景德二年，献所撰《虎钤经》二十卷。"[①]《虎钤经》是宋代著名兵书，共二十卷、二百一十论。该书始撰于宋太祖建隆二年（961），完成于宋真宗景德元年（1004）。《虎钤经》共有明覆宋刻本、李盛铎明刻本、明抄本、《范氏奇书》丛本、《四库全书》丛本和《粤雅堂丛书》本等版本。现存有明嘉靖刊本及清《四库全书》等刊刻本。

从样式上看，似乎这是黄帝祭文的模板。"年月日具官某"说明每次致祭黄帝，其祭文格式和内容基本相同，只需更换时间和致祭官员名字即可。祭文中个别字在现存两个版本中稍有出入，最大的可能性是传抄过程中出现的错误。那有没有可能祭文模板在祭祀时稍有改动呢？"方今天人合发，夷夏称忠"说明正是国家较为稳定之时，这也符合宋初蒸蒸日上的形势。本书完成于宋真宗赵恒在位（997—1022）时期，也正好是宋朝步入鼎盛时期。"夷夏称忠"似反映"澶渊之盟"之后的形势。

"祭黄帝文"似是现存最早的黄帝祭文抑或祭文模板。当然，从古代黄帝祭祀中所形成的乐舞歌辞来看，大体上已经有了祭文的雏形。

二 宋以前轩辕黄帝传记概况

宋以前，已有上千年为黄帝立传纪的历史。如按嘉靖年间之"今本"

[①] 脱脱等：《宋史》卷四百四十一《许洞传》，中华书局1977年版，第13044页。

第五章 宋明时期轩辕黄帝文化的新发展

《竹书纪年》，因有"五帝纪"，始于黄帝，那么为黄帝专门立传纪的历史便开始了。然而，《竹书纪年》之"古本"记事则始于夏代，并没有黄帝纪事，所以古本和今本孰伪孰真，难以定论。但也有观点认为，南宋初年罗泌《路史·国名纪》戊注曾引《纪年》桓王十二年事，已不用晋国纪年，除多一字外，与今本全同，据此推断今本最迟在南宋初年出现。换言之，今本出现的时间也有争议。据此，《竹书纪年》暂存疑。《列仙传》共两卷，记载了自三皇五帝时至汉代的神仙人物，是中国第一部系统叙述神仙的传纪。成书时间与著者颇有争议，多以为是西汉刘向之作。《列仙传》有黄帝纪，但较为简略。①

基于以上分析，司马迁《史记·五帝本纪》之"黄帝纪"应是第一篇确切地剥离了神话的详尽的黄帝传纪。全文虽不到六百字，但黄帝信息已较为完备。

晋代皇甫谧《帝王世纪》因其内容更加丰富、后世多为引用而成为又一里程碑式的黄帝传纪。这是因为：其一，明确了更多的黄帝信息："黄帝有熊氏，少典之子，姬姓也，母曰附宝。其先即炎帝母家，有蟜之女"；"黄帝有熊氏，少典之子，姬姓也。生寿丘，长于姬水。龙颜，有圣德，受国于有熊，居轩辕之丘，故因以为号"。其二，黄帝文明贡献更加具体化，也增加不少。"修德抚民，始垂衣裳"，"舟楫之利"，"服牛乘马"，"杵臼之用"，"弧矢之利"，"尝味草木，典医疾"，仓颉造字，"上栋下宇"，"易以棺椁，制以书契"，《云门》《咸池》等。

因此，《五帝本纪》和《帝王世纪》就成为后世研究书写三皇五帝的经典文献，而被一再引用。

晋代王嘉《拾遗记》卷一即为《轩辕黄帝》，应属晋代又一黄帝

---

① "黄帝"条：黄帝者，号曰轩辕，能劾百神，朝而使之。弱而能言，圣而预知，知物之纪。自以为云师，有龙形。自择亡日，与群臣辞。至于卒，还葬桥山。山崩，柩空无尸，唯剑舄在焉。《仙书》云，黄帝采首山之铜，铸鼎于荆山之下，鼎成，有龙垂胡髯下迎，帝乃升天。群臣百僚悉持龙髯，从帝而升，攀帝弓及龙髯。拔而弓坠，群臣不得从，仰望帝而悲号。故后世以其处为鼎湖，名其弓为乌号焉。

纪传。①其中言"母曰昊枢，以戊巳之日生"，即黄帝母变成"昊枢"，且有了具体生日。到了唐代，晋安县主簿王欢进《广轩辕本纪》三卷。嘉庆丁卯（1807）二月，元和顾广圻整校王瓘《广轩辕本纪》，成《广黄帝本行记》②一卷。顾氏之"序"中言："考《新唐书·艺文志·杂传记类》，云《广轩辕本纪》三卷者，即此。盖其书备详黄帝始末。"而且说《道藏》中《广黄帝本行记》一卷"并非完书"，实则仅存下卷。《道藏》如此收录，是因为"上中二卷，是黄帝生长及治天下等事，皆与道家无涉"③。《广黄帝本行记》是唐代黄帝传纪的代表之作，只可惜因为收录者的原因，未能完整保留下来。

三 宋代轩辕黄帝纪传编撰的兴盛

到了宋代，黄帝传纪大大增加。

据中华书局1991年出版的《丛书集成》单行本《轩辕黄帝传》（据《平津馆丛书》本排印初编），嘉庆丁卯四月，元和顾广圻整校《轩辕黄

---

① "轩辕黄帝"：轩辕出自有熊之国，母曰昊枢，以戊己之日生，故以土德称王也。时有黄星之祥。考定历纪，始造书契。服冕垂衣，故有衮龙之颂。变乘桴以造舟楫，水物为之翔踊，沧海为之恬波。泛河沉璧，有泽马群鸣，山车满野。吹玉律，正璇衡。置四史以主图籍，使九行之士以统万国。九行者，孝、慈、文、信、言、忠、恭、勇、义。以观天地，以祠万灵，亦为九德之臣。薰风至，真人集，乃厌世于昆台之上，留其冠剑佩焉。昆台者，鼎湖之极峻处也。立馆于其下，帝乘云龙游殊乡绝域，至今望而祭焉。帝以神金铸器，皆铭题。及升遐后，群臣观其铭，皆上古之字，多磨灭缺落。凡所造建，咸刊记其年时，辞迹皆质。诏使百辟群臣受德教者，先列玉于兰蒲席上，燃沉榆之香，舂杂宝为屑，以沉榆之胶和之为泥，以涂地，分别尊卑华戎之位也。帝使风后负书，常伯荷剑，旦游洹流，夕归阴浦，行万里而一息。洹流如沙尘，足践则陷，其深难测。大风吹沙如雾，中多神龙龟。皆能飞翔。有石蕖青色，坚而甚轻，从风靡靡，覆其波上，一茎百叶，千年一花。其地一名沙澜，言沙涌起而成波澜也。仙人宁封食飞鱼而死，二百年更生，故宁先生《游沙海》七言颂云："青蕖灼烁千载舒，百龄暂死饵飞鱼。"则此花此鱼也。王贵民、杨志清主编《炎黄汇典·史籍卷》，吉林文史出版社2002年版，第199页。

② 张固也《唐人黄帝传纪三种叙录》（《宗教学研究》2010年第1期，第141—146页）言："特别是书末也有'在中卷'、'具中卷'的注文，说明它原来也分成三卷，今存者仅为下卷。进一步推测，其亡佚的前两卷也应与《轩辕本纪》同样叙述黄帝治国、征伐之事，故北宋前期崇文院将全书作为史书著录收藏；后因其下卷集中叙述黄帝修行道德之事，单独抽出编入道藏，故书目又将此一卷本著录于道书类。"由此来看，《广黄帝本行记》应内容文字远超前代，可惜只存下卷。

③ 王瓘：《广黄帝本行记》序，中华书局1991年版，第1页。

第五章 宋明时期轩辕黄帝文化的新发展

帝传》一卷，其序认为"云阙撰者名氏。注引刘恕《通鉴外纪》，殆是宋人所著欤"。如前文所言，张固也认为《轩辕黄帝传》是唐初作品。《轩辕黄帝传》对前代传纪的突破主要在：其一，两个生平信息的确立。一是黄帝"受国"有了确切的年岁。其言："帝年十五，心虑无所不通，初受国于有熊，袭封君之地。"二是西陵氏有了确切故地。其言"帝娶西陵氏于大梁"。其二，为黄帝何以"迁徙往来无常"找到了合理的注脚："又有腾黄之兽，其色黄，状如狐，背上有两角，龙翼，出日本国，寿二千岁。黄帝得而乘之，遂周游六合，所谓八翼之龙游天下也。故迁徙往来无常。"其三，黄帝文明创造大为丰富。包括作灶著经[1]、天文算数、兵法鼓角[2]、画野分州[3]、忠义伦理、《素问》《内经》、著述立说[4]等。

《轩辕黄帝传》是黄帝传纪的巅峰，宋代道教经籍《云笈七签》之卷一百《轩辕本纪》与此旗鼓相当。因道教把黄帝与老子同视为祖师，所以《道藏》也收录了《云笈七签》。《云笈七签》在卷八五《轩辕黄帝》对黄帝略记（与《列仙传》相同），而卷一百《轩辕本纪》则专门立纪，内容详尽。但详看《轩辕黄帝传》和《轩辕本纪》两个传纪，其内容实差别细微，绝大多数文字完全相同。这里仅举一例说明，以下是《云笈七签》卷一百《轩辕本纪》的开头和结尾部分：

> 轩辕黄帝，姓公孙，有熊国君少典之次子也。其母西乔氏女，名附宝，瞑见大电光绕北斗枢星，照于郊野，附宝感之而有娠，以枢星降，又名曰天枢。怀之二十四月，生轩辕于寿丘。帝生而神灵，幼而徇齐，弱而能言，长而敦敏，成而聪明。龙颜日角，河目隆颡，苍色大肩，始学于大项，长于姬水。帝年十五，心虑无所不通，乃受国于有熊，袭封

---

[1] 可参见《皇王大纪》卷一。
[2] 鼓角说法在《太平御览》卷三百三十九中有记载；指南车的说法亦见于《通典》卷六十四。
[3] 可参见《通志》卷一《三皇纪第一·黄帝》。
[4] 黄帝著述在正史《艺文志》《经籍志》中有记载。

君之地。以制作轩冕，乃号轩辕，以土德王，曰黄帝。得奢龙，辨乎东方；得祝融，辨乎南方；得火封，辨乎西方，酉之半也；得后土，辨乎北方。帝娶西陵氏于大梁，曰嫘祖，为元妃。生二子玄嚣、昌意。初喜天下之戴己也，养正娱命，自取安而顺之，为鸿黄之代，以一民也。时人未使而自化，未赏而民劝，其心愉而不伪，其事素而不饰，谓之太清之始也。耕者不侵畔，渔者不争岸，抵市不预价，市不闭鄽，商旅之人，相让以财，外户不闭，是谓大同。帝里天下十五年，忧念黎庶之不理，竭聪明，进智力，以营百姓，具修德也。考其功德，而务其法教。时元妃西陵氏始养蚕为丝。

……

黄帝居代总百一十一年，在位一百年。自上仙后，升天为太一君，其神为轩辕之宿，在南宫。黄龙之体象，后来享之，列为五帝之中方君，以配天。黄帝土德，居中央之位，以主四方。以镇星配为子，枢纽之神，为佐配享于黄帝……①

以下是《轩辕黄帝传》的开头和结尾部分：

轩辕黄帝，姓公孙，有熊国君少典之次子也。其母西桥氏女，名附宝，暝见大电光绕北斗枢星，照于郊野。附宝感之而有娠。以枢星降，又名天枢。怀二十四月，生轩辕于寿丘。帝生而神灵，幼而徇齐，弱而能言，长而敦敏，成而聪明。龙颜日角，河目隆颡。苍色大肩。始学于项，长于姬水。帝年十五，心虑无所不通。乃受国于有熊，袭封君之地。以制作轩冕，乃号轩辕。以土德王，曰黄帝。得苍龙辨乎东方；得祝融辨乎南方；得大封辨乎西方；得后土辨乎北方。帝娶西陵氏于大梁，曰嫘祖，为元妃。生二子：玄嚣、昌意。初喜天下之戴己也，养正娱命自取，安而顺之，为鸿黄之代以一民也。时人未使而自化，未赏而自劝，其心愉而不伪，其事素而不饰，谓太清之始也。耕者不侵畔，渔

---

① 张君房纂辑：《云笈七签》，蒋力生等校注，华夏出版社1996年版，第604—605页。

第五章 宋明时期轩辕黄帝文化的新发展

者不争岸，抵市不预价，市不闭鄽，商旅之人，相让以财，外户不闭，是谓大同。帝理天下十五年，忧念黎庶之不理，竭聪明，进智力，以营百姓，具修德也。考其功德，而务其法教。时元妃西陵氏始养蚕为丝。

……

黄帝居代，总一百二十年，在位一百五年。自上仙后，升天为太一君，其神为轩辕之宿，在南宫，黄龙之体象，后来享之，列为五帝之中，方君以配天。黄帝土德，中央之位，以主四方。以镇星配为子，含枢纽之神为位，配享于黄帝……①

经过仔细比对，仅有二十处十余字有文字出入（《轩辕本纪》文中字下加着重号），且对本义并无实质影响。

两部文献的黄帝传纪的中间部分均属于黄帝行迹与文明创造方面的论述，先后记述了卦、舟马、舂、釜甑、弓矢、宫室、城邑、棺椁、德义、甲子、节气、律吕、算术、权量、天文、设官分职、楼宇、医药、鼓角、蹴鞠、职官、指南、弦瑟、七情十义等，并穿插记述黄帝行迹，如阪泉之战、都涿鹿、画野分州、会神西山、泰山封禅、迁徙往来、炼石修道、铸九鼎、登泰山、问道等，本质上也无实质差别。《炎黄汇典·史籍卷》言："《轩辕本纪》后半与前收唐人《广黄帝本行记》大同小异，而南宋人撰《轩辕黄帝传》一卷，（元）赵道一编《历世真仙体道通鉴》（收入明正统《道藏》）卷一《轩辕黄帝》又都与此书同，可以看到这几种记载之间的渊源关系。"②

除此之外，两宋时期的《资治通鉴外纪》《皇王大纪》《路史》等亦有较为详细的黄帝传纪，特别是南宋罗泌《路史》卷十四《后纪五·黄帝纪上》、卷十五《后纪六·黄帝纪下》对黄帝记述甚详。相较而言，《资治通鉴外纪》《皇王大纪》《通志》等文献对黄帝的记录较注重"写实"，重在留存黄帝的文明贡献，而剔除了其他文献中神话色彩较重的"神话传说"内容。而这一点，看起来是整个北宋时期黄帝传纪的一个总体特点。当然，这一结

---

① 以中华书局1991年出版《丛书集成》《轩辕黄帝传》单行本为准。
② 王贵民、杨志清主编《炎黄汇典·史籍卷》，吉林文史出版社2002年版，第269页。

论是建立在不包括《云笈七签》和《轩辕黄帝传》两文献的基础之上。也由此可以推断,《轩辕黄帝传》实为唐代文献,而《云笈七签》则为宋初文献,二者似乎有这样的渊源关系。而此后的其他文献则一改这两种文献对黄帝的传书特点。

其他文献不再一一分析,具体有以下文献:

北宋王钦若等编修《册府元龟》卷一《帝王部》对黄帝的记述比较分散,从形式上看还不能算作黄帝纪传,而以下各文献中就比较明确了。

北宋张君房《云笈七签》卷八十五《轩辕黄帝》、卷一百《轩辕本纪》。

北宋司马光《稽古录》卷一《有熊氏》。

北宋刘恕《资治通鉴外纪》卷一《黄帝》。

北宋苏辙《古史》卷一《三皇本纪》(极略)。

北宋李昉等《太平御览》卷七十九《皇王部四·黄帝轩辕氏》。

南宋郑樵《通志》卷一《三皇纪·黄帝》。

南宋胡宏《皇王大纪》卷二《五帝纪》。

南宋罗泌《路史》卷十四《后纪五·黄帝纪上》、卷十五《后纪六·黄帝纪下》。

如按清人顾广圻说法,还有《轩辕黄帝传》。

以下对宋代和宋以前黄帝传纪作品字数做一对比,如下表:

宋和宋以前黄帝传纪作品字数表

宋代		宋以前		备注
文献	黄帝传纪字数	文献	黄帝传纪字数	
《云笈七签》	9248①	战国《竹书纪年》古本	53	
《资治通鉴外纪》	1196	战国《竹书纪年》今本	684	

---

① 可参见王贵民、杨志清主编《炎黄汇典·史籍卷》,吉林文史出版社2002年版,第271—279页;亦可参见张君房纂辑《云笈七签》,蒋力生等校注,华夏出版社1996年版,第603—613页。

续表

宋代		宋以前		备注
文献	黄帝传纪字数	文献	黄帝传纪字数	
《稽古录》	334	西汉《史记》	593	
《古史》	493	西汉《列仙传》	172	
《通志》	1508	晋代《帝王世纪》	1892	
《皇王大纪》	2638	晋代王嘉《拾遗记》	494	
《路史》	5249	唐代《广轩辕本纪》	4085	
《轩辕黄帝传》	8933			
合计	29599	合计	7973	

注：统计依据文献为《炎黄汇典》（吉林文史出版社2002年版）、《黄陵文典》（陕西人民出版社2008年版）。《帝王世纪世本逸周书古本竹书纪年》（齐鲁书社2010年版）；宋以前《纬书集成》虽记载较详，但未明确立传，故未予统计；宋代《册府元龟》"帝王部"分散记录黄帝，从形式上还不能算做传纪，故未予统计；宋代罗璧《罗氏识遗》卷八《轩辕黄帝》①看似传纪，实属考证，也未予统计。

上表可以清楚地看出，除《广轩辕本纪》外，其他文献对黄帝立传立纪其文字均比较简略。从字数来看，宋代远超前代的总和。即便按照张固也先生的考证结论，将《轩辕黄帝传》计入唐代，仍不能改变这一结论。

四　宋元时期黄帝的医化

以下是《宋史·艺文志》和《汉书·艺文志》《隋书·经籍志》中以黄帝命名文献的对比一览表。

---

① "轩辕黄帝"：《庄子》著轩辕氏后始有赫胥氏、尊卢氏、祝融氏、伏羲氏、神农氏、黄帝氏，《六韬》亦著轩辕氏在骊连氏、赫胥氏之间。轩辕，自古帝王一号也。古币亦有轩辕、黄帝之分，轩辕币始作货，黄帝币又作布，则轩辕、黄帝为二，又轩辕以车得名，轩辕睹转篷之风法制车轮，轩，车横木，辕，车直木，因以为号。黄帝见大螾曰：土气胜，土色黄。因号黄帝。司马迁不详，乃曰：黄帝名轩辕。后人从而讹，执古为信，《庄子》文古《史记》（按《河图》：黄帝名轩，又曰：封降禅德祖黄轩。《论语》考曰：轩知地利。则黄帝单名轩，非重名也）。又一考证质疑者，南宋嘉泰二年进士谢采伯《密斋笔记》言：班固曰：唐虞以前，虽有遗文，其语不经？故言黄帝、颛顼之事，未可明也。

黄帝命名著述一览表

序号	《宋史·艺文志》	《汉书·艺文志》	《隋书·经籍志》
1	《大丹黄帝阴符经》一卷	《黄帝四经》四篇	《黄帝兵法孤虚杂记》一卷
2	《黄帝内传》一卷	《黄帝铭》六篇	《黄帝问玄女兵法》四卷
3	《骊山母黄帝阴符大丹经解》一卷	《黄帝君臣》十篇	《黄帝兵法杂要诀》一卷
4	《黄帝内经灵枢略》一卷	《杂黄帝》五十八篇	《黄帝军出大师年命立成》一卷
5	《黄帝九鼎神丹经诀》十卷	《黄帝泰素》二十篇	《黄帝复姓符》二卷（许昉撰）
6	《黄帝内丹诀》一卷	《黄帝说》四十篇	《黄帝太一兵历》一卷
7	《黄帝三阳经五明乾羸坤巴诀》一卷	《黄帝》十六篇	《黄帝蚩尤风后行军秘术》二卷
8	《黄帝天辅经》一卷	《黄帝杂子气》三十三篇	《黄帝出军杂用诀》十二卷
9	《黄帝龙首经》一卷	《黄帝五家历》三十三卷	《黄帝五星占》一卷
10	《黄帝朔书》一卷	《黄帝阴阳》二十五卷	《黄帝飞鸟历》一卷（张衡撰）
11	《黄帝四序堪舆经》一卷	《黄帝诸子论阴阳》二十五卷	《黄帝四神历》一卷（吴范撰）
12	《黄帝八宅经》一卷	《黄帝长柳占梦》十一卷	《黄帝地历》一卷
13	《师旷择日法》一卷	《黄帝内经》十八卷	《黄帝斗历》一卷
14	曹植《黄帝宝藏经》三卷	《泰始黄帝扁鹊俞拊方》二十三卷	《黄帝九宫经》一卷
15	《黄帝四序经》一卷	《神农黄帝食禁》七卷	《黄帝太一度厄秘术》八卷
16	贾宪《黄帝九章算经细草》九卷	《黄帝三王养阳方》二十卷	《黄帝飞鸟历》一卷
17	《黄帝秘珠三略》三卷	《黄帝杂子步引》十二卷	《黄帝集灵》三卷
18	《黄帝太公兵法》三卷，虞彦行进	《黄帝岐伯按摩》十卷	《黄帝绛图》一卷
19	《黄帝内经素问》二十四卷，唐王冰注	《黄帝杂子芝菌》十八卷	《黄帝龙首经》二卷
20	《黄帝灵枢经》九卷	《黄帝杂子十九家方》二十一卷	《黄帝式经三十六用》一卷（曹氏撰）
21	《黄帝针经》九卷	《泰壹杂子黄治》三十一卷	《黄帝式用当阳经》二卷
22	《黄帝灸经明堂》三卷		《黄帝奄心图》一卷
23	《黄帝九虚内经》五卷		《黄帝阴阳遁甲》六卷

续表

序号	《宋史·艺文志》	《汉书·艺文志》	《隋书·经籍志》
24	《黄帝脉经》一卷		《黄帝九元遁甲》一卷,王琛撰
25	《黄帝五藏论》一卷		《黄帝出军遁甲式法》一卷
26	《黄帝问岐伯灸经》一卷		《仙人务子传神通黄帝登坛经》一卷
27	皇甫谧《黄帝三部针灸经》十二卷,即《甲乙经》		《黄帝葬山图》四
28	《黄帝太素经》三卷		《黄帝素问》九卷梁八卷
29	《扁鹊注黄帝八十一难经》二卷,秦越人撰		《黄帝甲乙经》十卷音一卷。梁十二卷
30	宋庭臣《黄帝八十一难经注释》一卷		《黄帝八十一难》二卷
31	林亿《黄帝三部针灸经》十二卷		《黄帝针经》九卷
32	《黄帝问答疾状》一卷		《黄帝流注脉经》一卷
33	马昌运《黄帝素问入试秘宝》七卷		《黄帝素问》八卷,全元起注
34	席延赏《黄帝针经音义》一卷		《黄帝素问女胎》一卷
35	徐氏《黄帝脉经指下秘诀》一卷		《黄帝养胎经》一卷
36	《黄帝阴符经》一卷		《黄帝明堂偃侧人图》十二卷
37	王瓘《广轩辕本纪》三卷		《黄帝针灸虾蟆忌》一卷
38	《中央黄老君洞房内经》一卷		《黄帝十二经脉明堂五藏人图》一卷
39	《黄老中道君洞房内经》一卷		梁有《黄帝四部九宫》五卷,亡
40	《黄老神临药经》一卷		梁有《黄帝太一杂书》十六卷
41			梁有《黄帝众难经》一卷,吕博望注,亡
42			梁有《黄帝针灸经》十二卷
43			梁有《黄帝杂饮食忌》二卷
44			梁有《黄帝蚩尤兵法》一卷
45			梁有《黄帝夏氏占气》六卷

汉代以黄帝命名的著述中,医学类的约占总量的三分之一,隋代也大约三分之一不到。但到了宋代,这种情况彻底改变,医药类几乎是全部。

这不能不说其对宋代黄帝医圣形象的推波助澜，或者说黄帝医圣（医师）形象的发展促使"黄帝医学"的发展。

北宋基本上沿袭了隋唐以来的旧传统，大力推崇道教。徽宗尊崇道教始于政和年间。首先，大肆宣扬天神下降，授以符书，亲作《元真降临示见记》颁示全国。其次，崇尚道士刘混康、林灵素、张虚白、王文卿、王老志。册封徽宗为"教主道君皇帝"，使宋徽宗成为人君国主、天界尊神、教团教主三位一体的皇帝，同时加封山神、龙神、城隍、岳渎等民间祭祀之神，并在全国各地增建、扩建道教宫观。宋徽宗政和三年（1113）十二月，"诏天下访求道教仙经。乙卯，诏天下贡医士"。政和四年（1114），徽宗下诏"诸路监司，每路通选宫观道士十人，遣发上京，赴左右街道录院讲习科道声赞规仪，候习熟遣还本处"。又下令各地州县，仿照儒学的形式，设立道学。宋徽宗重和元年（1118）下诏"自今学道之士，许入州县学教养，所习经以《黄帝内经》《道德经》为大经，《庄子》《列子》为小经外，兼通儒书，俾合为一道。大经《周易》、小经《孟子》"。同年九月，"用蔡京言，集古今道教事为纪志，赐名《道史》"①。

南宋以来，以道法为主体的旧道教日趋衰落，而以炼养、内丹为主的新道派相继产生，对金元明以后的道教发展有着深刻的影响。这一特征也可以从另一侧面解释黄帝医学兴盛的原因。

在儒家和道教的推崇下，黄帝的先祖形象、帝祖形象、人文初祖形象、先师形象等之外，又多了医师形象，由此，黄帝身上又多了一层医学圣祖的光环，这为元代对医师黄帝的祭祀奠定了深厚的基础。《元史·郡县三皇庙》言："元贞元年，初命郡县通祀三皇，如宣圣释奠礼。太皞伏羲氏以勾芒氏之神配，炎帝神农氏以祝融氏之神配，轩辕黄帝氏以风后氏、力牧氏之神配。黄帝臣俞跗以下十人，姓名载于医书者，从祀两庑。有司岁春秋二季行事，而以医师主之。"② 当然，医师形象也在一定程度上弱化了黄帝的人文初祖的地位，因此，明代一改元朝医师黄帝祭祀内涵，

---

① 脱脱：《宋史》卷二十一《徽宗本纪三》，中华书局1977年版，第401页。
② 宋濂：《元史》卷七十六《郊祀五》，中华书局1976年版，第1902页。

强化帝祖形象形塑，开启了明清两代黄帝帝祖内涵的建构。

在道教兴盛的唐宋时期，唐代李姓皇帝尊崇老子，宋代赵姓帝王则尊崇黄帝。道教推崇黄帝是得道的神仙，在斋醮科仪文书中黄帝有灵宝黄帝先生、中岳嵩山黄帝真君、黄帝中主君、黄帝解厄神君、黄帝土真神王、玄清洞元黄帝玉司道君等名号。北宋王朝以赵姓出于黄帝，尊道教的黄帝为圣祖，加尊号为圣祖上灵高道九天司命保生天尊。封建王朝尊黄帝、老子为远祖，将古代社会的神道设教推向极致。明代道经《道法会元》卷二说："先天元后乃老子之母玄妙玉女，犹太宗以轩辕黄帝为始祖，故尊事黄帝为圣祖，先天太后即黄帝母也。"南宋陈葆光《三洞群仙录》，其卷一开篇就为"盘古物祖，黄帝道宗"，此道宗有道教宗主、得道宗师之意。宋张君房《云笈七签》卷三《道教本始部》之《天尊老君名号历劫经略》说："故黄帝以道治世一百二十年，于鼎湖山白日升天，上登太极宫，号曰中黄真人。""中黄真人"是道教赋予黄帝的道号之一，黄帝确乎是与道合真的得道之人。元全真道士王志道《玄教大公案》卷下，有"黄帝大圣人"之称。

五 算学先师

在宋代的黄帝叙事中，黄帝不但作为"医师"形象祭祀，而且还增加了算学"先师"的身份，由各州贡举定期拜谒。《宋史》载：

> 其谒先师之礼：建隆二年，礼院准礼部贡院移，按《礼阁新仪》云："旧仪无贡举人谒先师之文。开元二十六年，诏诸州贡举人见讫，就国子监谒先师，官为开讲，质问疑义，所司设食。昭文、崇文两馆学士及监内诸举人亦准此。"自后诸州府贡举人，十一月朔日正衙见讫，择日谒先师，遂为常礼。[①]

宋太祖建隆二年（961），中央政府决定拜谒先师，且"遂为常礼"，成为一项制度。"凡释奠于先圣、先师及武成王，则率官属诸生共荐献之

[①] 脱脱：《宋史》卷一百〇五《礼八》，中华书局1977年版，第3553页。

礼。"一百多年以后的大观年间，为了兴算学，大臣讨论"以黄帝为先师"。大臣吴时言："今祠祀圣祖，祝板书臣名，而释奠孔子，但列中祀。数学，六艺之一耳，当以何礼事之？"此事便搁置下来。但在大观二年，黄帝先师身份被确定下来。

《宋史》有关黄帝先师问题的记载有三处。其中《礼八》言：

> 时又有算学。大观三年（1109），礼部、太常寺请以文宣王为先师，兖、邹、荆三国公配享，十哲从祀。自昔著名算数者画像两庑，请加赐五等爵，随所封以定其服。于是中书舍人张邦昌定算学：封风后上谷公，箕子辽东公，周大夫商高郁夷公，大挠涿鹿公，……寻诏以黄帝为先师。

根据以上记载，黄帝先师身份确定应该在大观三年或以后。然而，《徽宗本纪》则言："大观二年十一月丁未，诏算学以黄帝为先师，风后等八人配飨，巫咸等七十人从祀。"也就是说，黄帝先师身份确定时间为大观二年（1108）。《职官四》言："大观三年，太常寺考究，以黄帝为先师，自常先、力牧至周王朴以上从祀，凡七十人。"这是对黄帝先师身份的再次确认，由此可见，黄帝先师身份确定的时间应该不晚于大观三年。不管是哪一年，黄帝在宋代又增加了算学先师的身份。

六 《云笈七签》的轩辕黄帝仙化叙事

在道教的推动下，仙化黄帝现象在宋代得到了进一步发展，其标志性的文献便是《云笈七签》。

《云笈七签》是择要辑录《大宋天宫宝藏》内容的一部大型道教类书。北宋天禧三年（1019），当时任著作佐郎的张君房编成《大宋天宫宝藏》后，又择其精要万余条，于天圣三年至七年（1025—1029）间辑成本书进献仁宗皇帝。道教称书箱为"云笈"，分道书为"三洞四辅"七部（三洞：洞真、洞玄、洞神，四辅：太玄、太平、太清、正一），此书题名《云笈七签》即掇取七部精英之意。全书122卷。此书内容主要有道

第五章 宋明时期轩辕黄帝文化的新发展

教的教理教义、本始源流、经法传授、秘要诀法、诸家气法、金丹、方药等，有"小道藏"之称。《云笈七签》收集了北宋以前道教的珍贵材料，可以帮助读者把握前期道教的概况、发展脉络和基本史实。《四库全书总目提要》称其书："类例既明，指归略备，纲条科格，无不兼该。"《云笈七签》对黄帝的仙化仍有此前仙化的基础。例如，黄帝母"感电光"怀孕生下黄帝、服牛乘马、《河图》《洛书》、黄帝升仙等神仙故事与《列仙传》等仙化内容如出一辙。故这里主要对黄帝屡受仙女帮助的叙事做一点梳理。

女节生子：帝纳女节为妃，其后女节见大星如虹，下临华渚，女节感而接之，生少皞。

玄女传《阴符经》：黄帝即与蚩尤大战于涿鹿之野。帝未克敌，蚩尤作百里大雾，弥三日，帝之军人皆迷惑。乃令风后法斗机，作指南车，以别四方。帝乃战，未胜，归太山之阿，惨然而寐。梦见西王母遣道人，披玄狐之衣，以符受帝曰：太一在前，天一在后，得之者胜，战则克矣。帝觉而思之，未悉其意，即召风后告之。后曰：此天应也，战必克矣！置坛祈之。帝依以设坛，稽首再拜，果得符，广三寸，长一尺，青色，以血为文，即佩之。仰天叹所未捷，以精思之，感天大雾，冥冥三日三夜。天降一妇人，人首鸟身，帝见稽首，再拜而伏。妇人曰："吾玄女也，有疑问之。"帝曰："蚩尤暴人残物，小子欲万战万胜也。"玄女教帝《三宫秘略五音权谋阴阳之术》，玄女传《阴符经》三百言，帝观之十旬，讨伏蚩尤。授帝《灵宝五符真文》及《兵信符》，帝服佩之，灭蚩尤。

西王母献白玉环：西王母太阴之精，天帝之女也。人身虎首，豹尾，蓬头戴胜，颢然白首，善啸。石城金台而穴居，坐于少广之山，有三青鸟常取食，此神人西王母也。慕黄帝之德，乘白鹿来献白玉环。

蒙女得玄珠沉海为神：帝又西至穷山女子国，北又复游逸于昆仑宫赤水北，及南望还归而遗其玄珠。使明目人离娄求之，不得；使罔象求而得之。后为蒙氏之女奇相氏窃其玄珠，沉海去为神。

泉女吞珠怀孕：泉女狄暮汲水，得石子如珠，爱而吞之有娠，十四月生子。①

以上有关黄帝的仙女或神女在轩辕黄帝仙化形象形成中举足轻重。无论早期被反复述引的九天玄女下凡，授黄帝兵法，黄帝才得以战胜蚩尤，平定天下的神仙故事，还是此后大大发展的《云笈七签》中叙述的诸多神女或仙女故事，大都附着于黄帝，对黄帝修炼成仙大助一臂之力。以上西王母献白玉环、蒙女得玄珠沉海为神、泉女吞珠怀孕等神仙故事进一步增加了黄帝的神仙色彩，既是对黄帝有关的神仙故事的继承和发展，也较为完整地保留下来关于黄帝与仙女的神话故事。

七　宋代黄帝文化发展的量化分析

这里选取了三个指标加以分析，分别是黄帝之书、黄帝和轩辕二字在正史中出现的频次。所谓黄帝之书指的是以轩辕黄帝命名的书籍，假托黄帝或黄帝时期撰著的书籍。因为假托黄帝或黄帝时期著述较多，统计难度较大，所以这里仅以正史中的艺文部分作为唯一范围进行比较。

轩辕文化发展统计表

书名	《艺文志》列黄帝著作数	黄帝出现次数	轩辕出现次数	备注
《汉书》	24	139	7	
《隋书》	38	95	35	著作中"梁有"7部未统计
《旧唐书》	19	57	47	
《宋史》	40	96	241	著作中含"素问"6部未统计

---

① 张君房纂辑：《云笈七签》卷一百《纪传部纪》，张力生等校注，华夏出版社1996年版，第604—613页。

第五章　宋明时期轩辕黄帝文化的新发展

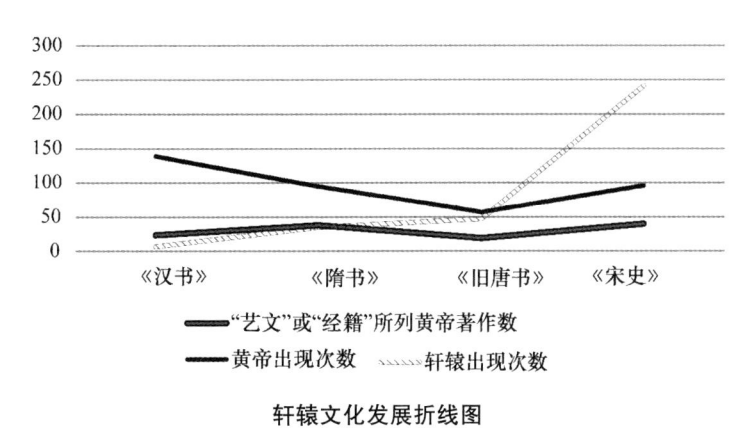

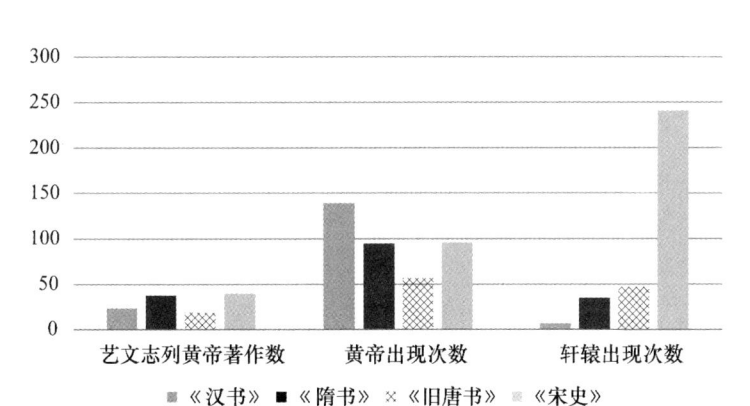

轩辕文化发展折线图

轩辕文化发展柱状图

从以上图表中可以看出，以黄帝或轩辕命名的书籍在汉、隋、唐、宋时期的发展趋势。隋代短命，为黄帝立传者寥寥，但隋代著述中含有"黄帝"二字者是一个大发展时期，这是隋朝轩辕文化的一大特点，值得重视。之后的唐代则大为减少，而后宋代又大幅度增加，如果再加上含"素问"的著作，那么宋代比隋代仍然有较大程度的增加。再结合前文黄帝传记，就能更加充分地说明这几个王朝黄帝文化的发展趋势，因而也会充分反映出宋代轩辕文化的大发展特点。在通过搜索这些文献当中的"轩辕""黄帝"字眼，又可以看出这些字眼的发展趋势。《汉书》中"黄帝"二字出现的字数为最，《宋史》次之，反映了汉代在轩辕文化发展中的重要地位，也可以说是汉代轩辕文化的一个重要特点。当然，如果将这两个字眼合起来统计，则宋代又遥遥领先，也就更能说明宋代轩辕文化发展的问题。这里需要注意的是，"轩辕"二字在这些文献中出现往往和轩辕星有关，这在一定程度上弱化了本数据的说服力。归结起来，汉代是黄帝叙事的大发展时期，隋代是黄帝之书的大发展时期，而宋代是轩辕文化的大发展时期。

第二节　明代黄帝叙事

宋代士大夫积极为轩辕黄帝立传、记述黄帝的趋势在明代几乎戛然而止，这是明代特别典型的现象。而且，无论是正史的《明史》，还是笔记体的私人著述，对黄帝的叙事既不见于唐宋时期的长篇纪传，也不见于被广泛记述的现象。据笔者查阅，《明史》中提及黄帝或五帝之处寥寥无几，这是极为奇特的现象。好在王三聘《古今事物考》和董斯张《广博物志》言说黄帝略广，尤其是《古今事物考》仍遵从了之前黄帝发明创造之说，分门别类且较为广泛地考证和认可了源于黄帝的"事物"。

一　《古今事物考》

《古今事物考》的考证包括黄帝建五行、起五部、定星历、授河图、立明堂、破蚩尤、设五旗、步制亩、建宫室、别尊卑、服牛乘马、作书造字、设官振兵、画野分州、弓矢、枪、兵法、兵器、针灸、墨、砚、算数、《云门》、笛、磬、冕、席、镜、蚕丝布帛、舂臼杵灶、车鼎舟筏，以及道教符箓等，可以明显看出黄帝文明创造的层累现象。当然，《古今事物考》以考证的方式溯及黄帝的文明开创，因而没有了之前的神化叙事，神性或仙性黄帝被大大剥离，但我们仍可以看到之前仙化黄帝痕迹的一些残存，比如人皇九头、玄女授法等文献记载仍是其考证证据。虽然我们不很赞同黄帝时期确实已经有了如此之多的文明开创——这显然仍有神化黄帝的意味，但采用历史叙事方式大大淡化了之前的仙性特征。而且，即便像玄女，似乎人化特征更加明显，或者是人似神，与黄帝具备一样的特性——人性的神化底色。

以下是《古今事物考》的考证中有关玄女助黄帝的记载：

第五章 宋明时期轩辕黄帝文化的新发展

[三式]《黄帝内传》曰：王母使玄女授黄帝法，有九天、九地、八门、六甲之术，即今遁甲也。遁甲并太一、六壬，是为三式。

[黄钺]《黄帝内传》曰：帝将伐蚩尤，玄女授帝金钺以主煞，此其始也。

[兜鍪] 胄也，《黄帝内传》云：玄女请帝制之以备身也。

[旗帜]《列子》曰：黄帝与炎帝战，以雕鹖鹰隼为旗帜。故今旗物或采错雕鹖，取诸此也。《黄帝内传》：玄女请帝制旗帜以象云物，此旗帜之始也。

[钲]《黄帝内传》曰：玄女请帝铸钲铙，以拟雹击之声，今铜锣其遗事也。

[鼙]《内传》曰：玄女请帝制鼓鼙以当雷霆，是则黄帝制之以伐蚩尤也。

[镜]《黄帝内传》曰：帝既与王母会于王屋，乃铸大镜十二面，随月用之。则镜始于轩辕矣。

[酒]《黄帝内传》曰：王母会帝于嵩山，饮金液流晖之酒，黄帝时已有其物。

从引用基本看不出仙化黄帝的意味，但玄女、王母本身就是神话中的人物，或者有之前神话属性。如果脱离这样的语境，我们是很难看出有仙化黄帝的倾向。这些佐证材料均出自于《黄帝内传》，是已佚的黄帝传记。张固也："《黄帝内传》很可能是唐高宗末年以后，为补《轩辕本纪》之未备而作，其内容以黄帝与西王母的交往为中心。进一步推测，它可能编撰于武则天时期，所述西王母事，多出时人编造，用以歌颂女主。在唐人黄帝传记三书中，《本纪》综合前代道典外书之黄帝传说，《内传》塑造唐代黄帝和西王母的新形象，都极有价值，却或佚或湮，久忽于世；而王瓘之书在《本纪》及其所据主要古书尚存的情况下，几乎没有多少史料价值可言，却最为学人所知重。"[①]

---

① 张固也：《唐人黄帝传纪三种叙录》，《宗教学研究》2010年第1期，第141—146页。

上文所录《古今事物考》引用《黄帝内传》条目中，玄女授黄帝法、玄女请黄帝制物，从而战胜蚩尤，诸侯来服的故事，在仙化黄帝的文献中，是如何记述的呢？再回到前文述《云笈七签》中"玄女传《阴符经》"，对比结果应当一目了然。

当然，《古今事物考》记述简略主要是行文本身要求所致，不可能展开如此详细的叙事。原玄女的神仙特性自然附着于引用当中，故而黄帝的神仙特性不可能完全剥离，但大为淡化确是事实。

二 《广博物志》

《广博物志》50卷，明人董斯张撰。所载始于《三坟》，讫于隋代，涉及黄帝的记述不多，其卷四《时序总·岁时》中主要记载了黄帝在天文五行的贡献，其载：

> 黄帝立子午十二辰以名月，又以十二名兽属之。
>
> 黄帝命大桡正甲子，探五行之情，而定之纳音。风后释之以致其用，而三命行矣。察三辰于上，迹祸福于下，经纬历数，然后天步有常而不倍。命容成作盖天，综六术以定气象。问于鬼臾区曰：天地周纪其有数乎？对曰：天以六节，地以五制，周天气者六期为备，终地气者五岁为周，五六合者，岁三十。七百二十气为一纪，六十岁，千四百四十气为一周。太过不及，斯以见矣。乃因五量治五气，起消息，察发敛，以作调历。岁纪甲寅，日纪甲子，立正父以配气，致重父以扺日，而时节定。是岁已朔旦南至，而获神策，得宝鼎，冕侯问于鬼容区，容区对曰：是谓得天之纪，终而复始，爰兴封禅，迎日推策，造十六神历。
>
> 黄帝受命，风后受图，割地布九州，置十二图。黄帝立四监，以治万国。唐有九州，舜置十二州有牧，夏为九州牧，殷周八命曰牧。

本部分记述的内容主要集中于黄帝"治五气""作调历"和画野分州。其他卷目记述了于峨眉拜见"天真皇人"、作书、造弓矢、造钱、制药医书、作服饰以及非常简略的谱系、妃子嫫母等，与《古今事物考》相比，

第五章　宋明时期轩辕黄帝文化的新发展

黄帝的文明开创已大为缩水，似反映了董斯张的审慎。

明人《古今事物考》《广博物志》两著似一反常态，剥离了大量的神仙故事，尤其是《广博物志》涉黄帝记述中，除了仍引述"黄帝体仙登遐，其臣扶微等敛其衣冠葬之""黄帝会鬼神于泰山，驾象车六蛟龙"外，似乎再也不见任何仙化语辞。这是明代黄帝叙事极为奇特的现象。就如同黄帝传记包括其他形式黄帝记述在宋代非常兴盛之后几乎戛然而止一样，令人不可思议。

但从另一方面来讲，明代黄帝仙化色彩减弱的同时，帝祖特征却得到了空前的强化。历代帝王庙祭祀表明，黄帝已经作为千古一帝来祭祀，或者说作为帝王之祖来祭祀，从而大大强化了明代的"治统"内涵，顺应了君主专制中央集权空前强化的历史趋势。这一趋势一直延续到清王朝覆亡之际。

第三节　宋明时期轩辕黄帝祭祀

一　宋元黄帝祭祀

宋元时期对黄帝的祭祀与前代相比稍有变化。从整体上来看，第一，沿袭了南郊祭天时五帝附祭和四时迎气之黄郊。《宋史》载："宋因前代之制，冬至祀昊天上帝于圜丘，以五方帝、日、月、五星以下诸神从祀。又以四郊迎气及土王日专祀五方帝，以五人帝配，五官、三辰、七宿从祀。"各祭坛的建制方位情况为："青帝之坛，其崇七尺，方六步四尺；赤帝之坛，其崇六尺，东西六步三尺，南北六步二尺；黄帝之坛，其崇四尺，方七步；白帝之坛，其崇七尺，方七步；黑帝之坛，其崇五尺，方三步七尺。"北宋仁宗赵祯天圣年间"诏太常葺四郊宫，少府监遣吏赍祭服就给祠官，光禄进胙，监祭封题"。此后在庆历、皇祐、嘉祐时对祭祀规制稍加改动："庆历用羊、豕各一，正位大尊、著尊各二，不用牺尊，增山罍为二，坛上簠、簋、俎各增为二。皇祐定坛如唐《郊祀录》，各广四丈，其崇用五行八七五九六为尺数。嘉祐加羊、豕各二。"[①] 第二，历代帝王庙中黄帝作为五帝之一受到祭

---

① 脱脱：《宋史》卷一〇五《礼八》，中华书局1977年版，第2459—2460页。

祀。宋初，有季秋祭祀，没有明堂祭祀，为此，从宋真宗时开始讨论明堂祭祀，至宋仁宗时确定下来："设五室于大庆殿"，并下诏"宜合祭皇地祇，奉太祖、太宗、真宗并配，而五帝、神州亦亲献之。日、月、河、海诸神，悉如圜丘从祀之数"，并命辅臣、礼官视设神位。于是"三配帝、五方帝、山罍各二，于室外神坐左"。这样，五帝明堂祭祀正式确定。《宋史》记载了皇祐二年（1050）九月二十四日的明堂祭祀情况，其载："九月二十四日未漏上水一刻，百官朝服，斋于文德殿。明日未明二刻，鼓三严，帝服通天冠、降纱袍，玉辂，警跸，赴景灵宫，即斋殿易衮圭，荐享天兴殿毕，诣太庙宿斋，其礼具太庙。未明三刻，帝靴袍，小辇，殿门契勘，门下省奉宝舆先入。及大次，易衮圭入，至版位，乐舞作，沃盥，自大阶升。礼仪使导入太室，诣上帝位，奠玉币于神坐，次皇地祇、五方帝、神州，次祖宗。奠币酌献之叙亦然。皇帝降自中阶，还版位，乐止。礼生引分献官奉玉币，祝史、斋郎助奠诸神坐，乃进熟。诸太祝迎上帝、皇地祇馔，升自中阶；青帝、赤帝、神州、配帝、大明、北极、太昊、神农氏馔，升自东阶；黄帝、白帝、黑帝、夜明、天皇大帝、轩辕、少昊、高阳氏馔，升自西阶；内中官、五官、外官、五星诸馔，随便升设。亚献将升，礼生分引献官俱诣罍洗，各由其阶酌献五人帝、日月、天皇、北极，下及左右夹庑、丹墀、龙墀、庭中五官、东西厢外官众星坐。礼毕，帝还大次，解严，改服乘辇，御紫宸殿，百官称贺。乃常服，御宣德门肆赦，文武内外官递进官有差。宣制毕，宰臣百僚贺于楼下，赐百官福胙及内外致仕文武升朝官以上粟帛、羊酒。"① 至宋徽宗又于京城筑九成宫，并作宝成宫，中置神灵殿，以祠黄帝。南宋于临安（今杭州）仿旧规而建景灵宫，初建三殿，圣祖（黄帝）居前殿，其他诸帝居中殿和后殿。第三，黄帝陵庙致祭。在宋元时期的黄帝祭礼中，黄帝陵陵庙致祭受到了高度重视。宋尊黄帝为圣祖，赵匡胤对轩辕黄帝的祭祀是很重视的。宋李昉《黄帝庙碑序》中记载，在开宝五年（972）时，赵匡胤降旨，凡前代帝王功德昭著泽及人民者都应崇奉，不得使其庙貌荒废。当时轩辕黄帝庙被列为重点加以整修维护。同时规定朝廷对轩辕黄帝庙每三年祭祀一

---

① 脱脱：《宋史》卷一百〇五《礼八》，中华书局1977年版，第2465—2468页。

第五章 宋明时期轩辕黄帝文化的新发展

次。宋真宗大中祥符六年（1013）六月丁丑，修葺诸州黄帝祠庙。

金时于坊州祭祀黄帝，三年一祭。《金史》："三年一祭，于仲春之月祭伏羲于陈州，神农于亳州，轩辕于坊州，少昊于兖州，颛顼于开州，高辛于归德府，陶唐于平阳府，虞舜、夏禹、成汤于河中府，周文王、武王于京兆府。"①

元代黄帝祭祀又有较大变化。《续文献通考》卷八五："成宗贞元初，命都国通祀三皇，如宣圣释奠礼。太昊伏羲氏以勾芒氏之神配，炎帝神农氏以祝融氏之神配，轩辕黄帝氏以风力牧之神配。黄帝臣俞跗以下十人姓名载于医书，从祀两庑。有司岁春秋二季行事，而以医师主之。"元朝官修《经世大典》言，三皇"祭仪略仿孔子之庙"。三皇庙始建于贞元年间，三皇及历代名医像置于其中。"王圻曰：贞元间建三皇庙，在明照坊内，有三皇并历代名医像。东有神机堂，内置铜人钟灸图二十有四，凡五脏旁注，为溪谷所会名为小窍，以导其原委。刻针灸经于石，其碑之题篆则宋仁宗御书。元世祖至元间自汴移至此。吴澄宜黄县《三皇庙记》曰：医有学，学有庙，庙以祀三皇，肇自皇元，前此未有也。"元代祭祀三皇，"医官行礼"，至顺帝至正十年九月，"命祭三皇如孔子礼，遣中书省臣代祀。初，三皇庙岁祀，以医官行礼"。元代黄帝祭祀的兴盛跟元政府的推动直接相关。实际上，金代已经有很多医士祭祀三皇为祖。蒙元统治者重视医士，元初颇多由医入仕者。各地"三皇庙"有时也称"药皇庙"。

宋元时期，除了朝廷对黄帝三年一祭外，还有一些名人到黄帝陵拜谒黄帝。如"文能治国，武能保疆"的北宋名臣范仲淹，于宋仁宗宝元三年（1040）到陕西就任后，专程上桥山致祭黄帝陵。元朝末年著名道士张三丰，也曾经来到桥山，瞻仰了轩辕黄帝庙。宋代名臣范仲淹曾写五绝《黄帝陵诗》二首，其一曰："红日竿头进，青云足下藏。轩辕龙驭古，百代景象裳。"其二曰："高陟桥山上，关河万里长。沮流河潺潺，柏干色苍苍。"元代著名道人张三丰在《谒桥陵》诗中写道："披云履水谒桥陵，翠

---

① 脱脱：《金史》卷三十五《礼八》，中华书局1975年版，第818页。

柏烟含玉露轻。衮冕霞飞天地老，文章星焕海山清。巍巍凤阙迎仙岛，渺渺龙车驻帝城。寂寞瑶台遗武帝，一轮皓月古今明。"

二　明代黄帝庙祭

明代对黄帝的祭祀也有较大的变化。首先，明代取消了郊天礼中用五方帝从祀的做法。明太祖朱元璋即位后，大兴百神之祀。洪武元年，命中书省集儒臣议祀典，李善长提出祭祀昊天上帝不必以五帝从祀。朱元璋采纳其建议，进一步简化繁缛礼仪，"厘正祀典，凡天皇、太一、六天、五帝之类，皆为革除"，改变了祭祀天地时以五方帝从祀的传统。明代也没有五时迎气的做法。其次，明代改革了帝王庙祭祀五帝制度。

明洪武六年（1373），南京建历代帝王庙："帝以五帝三皇及汉唐创业之君，俱宜于京师立庙致祭，遂建历代帝王庙于钦天山之阳。"确定每年春秋仲月上旬甲日致祭，开启了明王朝历代帝王庙祭祀的先河。当时仿照太庙"同堂异室"之制，建成正殿五室，分别为中一室三皇，东一室五帝，西一室夏禹、商汤、周文王，又东一室周武王、汉光武、唐太宗，又西一室汉高祖、唐太祖、宋太祖、元世祖。洪武七年（1374）八月，"帝躬祀于新庙"，即明太祖朱元璋亲临帝王庙拜祭。洪武二十一年（1388），因京师帝王庙发生火灾，改建于鸡鸣山。规定每年八月中旬，"择日遣官祭于本庙，其春祭停之"，而"附祭历代帝王于大祀殿"。同年规定：每三年遣祭各陵之岁，则停庙祭。在从祀历代名臣名单中，赵普、木华黎一出一进，略有变动。这样，朱元璋下诏最终确定的从祀名臣名单为风后、力牧、皋陶、夔、龙、伯夷、伯益、伊尹、傅说、周公旦、召公奭、太公望、召虎、方叔、张良、萧何、曹参、陈平、周勃、邓禹、冯异、诸葛亮、房玄龄、杜如晦、李靖、郭子仪、李晟、曹彬、潘美、韩世忠、岳飞、张浚、木华黎、博尔忽、博尔术、赤老温、伯颜，凡三十七人，"从祀于东西两庑"[1]。南京帝王庙是将轩辕黄帝作为三皇师之一，其陈设位次依次为三皇、二帝、五王：

---

[1] 张廷玉：《明史》卷五十，中华书局1974年版，第1293页。

皇师伏羲氏圣位

皇师神农氏圣位

皇师轩辕氏圣位

帝师陶唐氏圣位

帝师有虞氏圣位

王师夏禹王圣位

王师商汤王圣位

王师周文王圣位

王师周武王圣位

接下来依次为先圣周公之位、先师孔子之位等。

明成祖迁都北京，在京城建历代帝王庙前，一度将历代帝王附属于天地祭祀，南京帝王庙由南京太常寺官行礼祭祀。嘉靖九年（1530），南郊祭天时停罢从祀历代帝王，并停止了南京庙祭。同年，明世宗下令在北京城西修建历代帝王庙，并规定每年仲春秋致祭。嘉靖十年（1531）二月，因为历代帝王庙尚未建成，故而庙祭在文华殿进行。嘉靖十一年（1532），复在北京建历代帝王庙，恢复常规的致祭。历代帝王庙取名景德崇圣之殿。大殿共五室，东西有两庑，殿后有祭器库，殿前为景德门。同年八月，世宗亲祭历代帝王庙，"帝由中门入，迎神、受福胙、送神各两拜。嗣后岁遣大臣一员行礼，四员分献"。嘉靖二十四年，据礼科大臣陈棐上奏，撤元世祖陵庙之祀，及从祀木华黎等，恢复唐太宗与宋太祖祭祀之位。至此，明朝历代帝王庙祭祀历代帝王共十五位，从祀名臣三十二人。

三　明代黄帝陵祭

朱元璋即位之初，就认为轩辕黄帝不仅是医家的祖师，也是中华民族的远古祖先。洪武三年（1370），他派遣使臣到全国各地调查，查明各行省有先代帝王陵寝79处。"礼官考其功德昭著者，曰伏羲，神农，黄帝，少昊，颛顼，唐尧，虞舜，夏禹，商汤、中宗、高宗、周文王、武王、成王、康王、汉高祖、文帝、景帝、武帝、宣帝、光武、明帝、章帝，后魏文帝，隋高祖，唐高祖、太宗、宪宗、宣宗，周世宗，宋太祖、太宗、真宗、仁宗、孝宗、理宗，凡三十有六。各制衮冕，函香币。遣秘书监丞陶谊等往修祀礼，亲制祝文遣之。每陵以白金二十五两具祭物。陵寝发者掩之，坏者完之。庙敝者葺之。无庙者设坛以祭。仍令有司禁樵采。岁时祭祀，牲用太牢。"① 又派遣秘书监丞陶谊等人对桥山黄帝陵庙进行勘察、修葺，筹备祭祀仪式。同年，朱元璋降旨废除了各地建立的"三皇庙"和"由十大医师祭祖"的礼制，规定祭祀黄帝由皇帝或派遣大臣祭祀。桥山黄帝陵列为国家祭祀始祖的圣地，要求每次祭陵的祭文、祭祀日期、祭品名称、数量和主祭、陪祭官员姓名都要刻石立碑。又特遣中书省管勾甘赴黄帝陵致祭，这次祭祀留下了我们所见的最早的一篇祭祀黄帝的祭文。为了保护祭祖圣地，黄帝陵庙设五品护陵官二人。后来县令即为护陵官，由五品官担任。洪武四年（1371），"礼部定议，合祀帝王三十五。在河南者十：陈祀伏羲、商高宗，孟津祀汉光武，洛阳祀汉明帝、章帝，郑祀周世宗，巩祀宋太祖、太宗、真宗、仁宗；在山西者一：荥河祀商汤；在山东者二：东平祀唐尧，曲阜祀少昊；在北平者三：内黄祀商中宗，滑祀颛顼、高辛；在湖广者二：酃祀神农，宁远祀虞舜；在浙江者二：会稽祀夏禹、宋孝宗；在陕西者十五：中部祀黄帝，咸阳祀周文王、武王、成王、康王、宣王、汉高帝、景帝，咸宁祀汉文帝，兴平祀汉武帝，长安祀汉宣帝，三原祀唐高祖，醴泉祀唐太宗，蒲城祀唐宪宗，泾阳祀唐宣宗"②。洪武七年（1374），明太祖降旨在轩辕庙大殿内塑造轩辕黄帝坐像一尊，以利后世瞻仰祭奠。

此后，三年一大祭，大祭时由皇帝亲写祭文，由太常寺派遣大臣携带香帛、贡品前往桥山祭祀。根据《陕西省志·黄帝陵志》记载，明代皇帝遣官祭祀黄帝陵庙14次，其中明太祖2次，明宣德、代宗、英宗、武宗、正德各1次，明世宗3次，其中一次是御制祭文。以后明穆宗1次，明神宗2次，均为御制祭文，明熹宗1次。洪武四年（1371）、二十九年

---

① 张廷玉：《明史》卷五十，中华书局1974年版，第1291—1292页。
② 张廷玉：《明史》卷五十，中华书局1974年版，1292页。

(1396)，永乐十二年（1414），宣德元年（1426），景泰元年（1450），天顺六年（1462），正德元年（1506）、十一年（1516），嘉靖十年（1531）、三十一年（1552），隆庆四年（1570），万历元年（1573）、二十八年（1600），天启元年（1621），均遣使赴黄帝陵祭祀。今黄陵保存有明太祖、成祖、宣宗、代宗、英宗、武宗、世宗、穆宗、神宗、熹宗等皇帝遣使到黄陵致祭的碑文。

明代黄帝祭祀统计表

朝代	时期	祭祀（次）	祭文（篇）	备注
明代	洪武	2	2	
	建文			
	永乐			致祭碑文1篇
	洪熙			
	宣德	1	1	
	正统			
	景泰	1	1	
	天顺	1	1	
	成化			
	弘治			
	正德	2	2	
	嘉靖	3	1	
	隆庆	1	1	
	万历	2	2	
	泰昌			
	天启	1	1	
	崇祯			
小计		14	12	

在此仅摘录其中两篇。

明太祖洪武四年（1371）祭文：

皇帝谨遣中书管勾甘，敢昭告于黄帝轩辕氏：朕生后世，为民于草野之间。当有元失驭，天下纷纭，乃乘群雄大乱之秋，集众用武。荷皇天后土眷祐，遂平暴乱，以有天下，主宰庶民，今已四年矣。君生上古，继天立极，作烝民主，神功圣德，垂法至今。朕兴百神之祀，考君陵墓于此，然相去年岁极远；观经典所载，虽切慕于心，奈禀生之愚，时有古今，民俗亦异。仰惟圣神，万世所法，特遣官奠祀修陵，圣灵不昧，其鉴纳焉！尚飨！①

这是明太祖朱元璋第一次派大臣前往黄帝陵祭祀黄帝，并留下来的第一篇黄帝祭文。时值洪武四年，天下基本平定，在前一年的实地考察并确定黄陵为黄帝陵寝之地的基础上，派大臣前往黄帝陵祭祀黄帝，各种时机均已成熟。祭文既上告他平定天下的事迹，也表达了对黄帝的"切慕于心"，尊崇黄帝继天立极、垂法至今的功绩。致祭黄帝，"万世所法"，当然效法。本篇黄帝祭文为后世黄帝祭文提供了范本，后世绝大多数黄帝祭文一般都包括黄帝功业的评价和当时形势的概括两个部分，尤其是今天的黄帝祭文更是如此。

明世宗嘉靖三十五年（1556）祭文：

维嘉靖三十有五年，岁次丙辰，四月乙丑朔，六日甲午，户部左侍郎邹守愚率陕西布政司右参政朱用、谢淮、左参议粟永禄、按察司副使徐贡元、都司指挥申绍祖，以牲礼香帛致祭于黄帝轩辕氏之神曰：惟帝睿心天授，玄德神侔，口离褒而能言，聪明卓冠于千古；身绝世而首出，文武逖耀于八埏。乘土德以统天，握乾符而驭宇。总百口而祇役，密阐道真；抚万国以咸宁，诞敷皇极。抚群生而开栋宇，法两仪而肇□。阳雨应期，勋离邃代，凤麟献瑞，治比华胥。乃若王屋受经，崆峒问道，天老迎□启符；丹灶飞珠，荆山铸鼎，仰仙踪而滋邈，抱皇谍而独尊，信天地之与烝，□□民亡未有也。守愚等处将帝命亲履灵封，

---
① 黄陵管理局编：《黄帝祭文集》，西北大学出版社2014年版，第3页。

敢少磬于蚁衷，冀俯临于云驭，与乎同天而如在。阳沛德泽而□□，垂德异世而弥馨，常乘化机而幽赞。神之听之，伏惟尚飨！①

本篇祭文是对黄帝建功立业的综合的高度评价，主要有两大特点：一是与大多数祭文不同，没有对当时形势的描述文字；二是对黄帝一生事功论述很全面，其他祭文难以企及。

四　明代三皇与圣师祭祀

1. 停止通祀三皇

明初仍承元制，以每年三月三日、九月九日通祀三皇。洪武元年（1368），朱元璋下令三皇祭祀时采用牛、羊、豕俱用的太牢祭祀规制。洪武二年（1369），朱元璋又命以句芒、祝融、风后、力牧左右配祀，以俞跗、桐君、僦贷季、少师、雷公、鬼臾区、伯高、岐伯、少俞、高阳等十大名医从祀。祭祀仪式同于奠祭先圣先师。就这样，明初祭祀三皇之制一直延续到洪武四年，朱元璋才意识到"以天下郡邑通祀三皇为渎"。当时礼臣言："唐玄宗尝立三皇五帝庙于京师。至元成宗时，乃立三皇庙于府州县。春秋通祀，而以医药主之，甚非礼也。"即礼臣认为以医药或医师之内涵身份的祭祀显然降低了三皇的身份地位，不符合礼制。朱元璋更是认为："三皇继天立极，开万世教化之原，汩于药师可乎？"继天立极的三皇怎能屈就于药师呢？这是亵渎，因而下令天下郡县"毋得亵祀"。由此，从金朝肇始，元朝大力推行天下的医师身份的三皇通祀基本结束。然而，三皇庙并没有就此退出历史舞台。时至今日，三皇庙、三皇爷仍在历史中延续。嘉靖间，建三皇庙于太医院北，名景惠殿，"中奉三皇及四配"，其从祀东西两庑二十八人。

三皇通祀叫停，伏羲庙就此建立起来。正德十一年（1516），根据巡按御史冯时雄的上奏，在秦州立伏羲氏庙。从此，天水伏羲庙一直延续至今，成为祭祀伏羲的圣地。

---

① 黄陵管理局编：《黄帝祭文集》，西北大学出版社2014年版，第10—11页。

天水伏羲庙

2. 圣师祭祀

"圣师"祭祀之议，开启于洪武初年，当时司业宋濂建议，采用建安熊氏之说，"以伏羲为道统之宗，神农、黄帝、尧、舜、禹、汤、文、武，以次列焉。秩祀天子之学，则道统益尊"。因未征得朱元璋的同意，此事停格。到了明世宗嘉靖时期，"世宗仿其意行之"，其中"九圣"分为"皇师"伏羲氏、神农氏、轩辕氏三人，"帝师"陶唐氏、有虞氏二人，"王师"夏禹王、商汤王、周文王、武王四人，"九圣南向"。另外，还有左先圣周公、右先师孔子，分别为东西向。每岁春秋开讲前一日，"皇帝服皮弁，拜跪，行释奠礼"，"辅臣礼卿及讲官俟行礼讫，入拜"。嘉靖十六年，"移祀于永明殿后，行礼如初"。此后常常遣官代祭。隆庆初年，又恢复于文华殿东室祭祀行礼。

第六章

清季以黄帝为中心的国家认同构建及晚清王朝认同的崩塌

清王朝汲取了元朝短暂而亡的深刻教训，并未像元政府那样把域内民族划分为三六九等，而是以民族基本平等和民族融合取代民族分化，特别是在对待几个人数较多的民族上，采取较为审慎的态度和避免冲突的政策。从崇祀三皇五帝、孔子等来看，清王朝在极力地消除满汉隔阂。满洲贵族围绕黄帝乃至于三皇五帝进行的国家认同（民族认同、文化认同）构建不遗余力，也起到了实质性的效果，从而避免了元朝短命的历史轨迹。

然而，晚清民主革命者的下层诉求与满洲贵族的上层努力反向而动，满洲贵族竭力构建和经营的国家认同一步步地被革命的民族主义所蚕食、摧折——没有民族、文化认同的国家必将走向四分五裂、贫弱直至灭亡。虽然孙中山的革命纲领与朱元璋之口号不可同日而语，但从国家认同的解构意义上讲是一致的，其效果是等同的。

第一节 清王朝以轩辕黄帝祭祀为中心的国家认同建构

黄帝祭祀被历朝历代所重视，即便是政权并立的魏晋南北朝时期，或是辽宋时期，通过黄帝祭祀以建构对王朝的认同是普遍和有效的手段。清朝统治者在黄帝祭祀上也是不遗余力，以此强化其统治的合法性。清承明制，对轩辕黄帝的祭祀主要有陵祭和庙祭两种形式。

一 陵祭黄帝

清政府承继明代致祭黄帝陵传统，凡遇重大事件，一般会遣官致祭黄帝。顺治八年（1651），确定帝王陵寝祀典，淮宁伏羲、中都轩辕等"各就地飨殿行之，或因陵寝筑坛"。乾隆二十六年（1761），定帝王陵寝与岳镇海渎、先师阙里皆遣官祭祀。清朝对黄帝陵庙的祭祀，仪式隆重，规模宏大，次数较多。除常规之祭外，逢皇帝登基、太后寿辰、国家庆典、平息叛乱、水旱灾害、五谷丰登、大功告成等重大事件，特别是需要团结御敌，或获重大成功需要祭告祖先在天之灵时，也常由皇帝决定祭祀黄帝。清朝对黄帝陵的祭祀，见于记载的有30次：清世祖顺治八年（1651）派专官到黄帝陵进行祭祀。清圣祖康熙元年（1662）敬遣专官到黄帝陵祭祀；清圣祖康熙七年（1668）遣工部杨运昌祭告黄帝陵；清圣祖康熙二十一年（1682）遣工部右侍郎加一级苏拜致祭于黄帝陵，陪祀官有督理陕西等处地方粮储道副使加四级李国亮、延安府知府毛文堃、中部县知县金兰芝等；清圣祖康熙二十七年（1688）遣鸿胪寺卿刘楷致祭黄帝陵，陪祀官有延安府知府张伟、州知州胡正著、洛川县知县许廷佑、中部县知县李暄、宜君县谢裁秋、儒学训导阎仕、典史葛琪等；清圣祖康熙三十五年（1696）因岁歉为民祈福，遣都察院协理院事左佥都御史常继圣致祭于黄帝陵；清圣祖康熙四十二年（1703）为康熙帝五旬大寿并亲阅黄淮堤工回銮，派遣大理寺少卿莫音代致祭于黄帝陵，陪祀官有延安知府吴存礼、官州知州高怡、洛川县知县萧长祚、宜君县知县卢兆鲲、中部县知县黄觐光、典使孙时铉、儒学训导阎仕等；清康熙四十八年（1709）为皇太子废而复立，遣户部右侍郎加二级张世爵致祭黄帝陵，陪祀官有延安知府加一级孙川等，从祀官州知州高怡、洛川县知县萧长祚、宜君县知县李之、中部县知县祝文彬等；清圣祖康熙五十二年（1713）为康熙帝六旬大寿，遣内阁学士兼礼部侍郎蔡升元致祭于黄帝陵，陪祀官为延安知府加二级孙川，从祀官有州知府加一级功加记录二次张云鹤、洛川县知县加一级向兆麟、宜君县知县加一级李良模、中部县知县加一级邰衡等；清圣祖康熙五十八年（1719）遣左春坊左赞善兼翰林院检讨吴孝登致祭黄帝陵，陪祀官

第六章　清季以黄帝为中心的国家认同构建及晚清王朝认同的崩塌

有州知州加一级功加记录二次张云鹤、洛川县知县加一级军功记录一次向兆麟、中部县知县加一级杜乔等。清世宗雍正元年（1723）遣通政使司右通政钱以垲致祭黄帝陵；清世宗雍正二年（1724）遣都察院左副都御史江球致祭黄帝陵，陪祀官为整饬榆林中西二路兼分巡道陕西按察使司布政司参议朱曙荪，从祀官有延安府正堂加三级记录二十五次沈廷正、州正堂加一级孙毓诠、署肤施县正堂加一级徐珩等；清世宗雍正十三年（1735）太常寺少卿鲁国华致祭黄帝陵，从祀官有直隶州知州李如沅、中部县知县何任、宜君县知县许克家等。清高宗乾隆二年（1737）为世宗配享圜丘礼成，遣翰林院侍读学士世臣致祭黄帝陵，从祀官有礼部文林郎加一级邢通、直隶州知州加三级李如沅、署直隶州同州府通判加三级商北麟等；清高宗乾隆十四年（1749）遣太常寺少卿钟衡致祭于黄帝陵，陪祭官为分巡凤邠盐道按察司副使永敏，从祀官有同州府通判署直隶州事赵铨、洛川县知县方楚正、中部县知县杨必名、宜君县知县许治、中部县儒学训导王运会等；清高宗乾隆十七年（1752）为慈宁太后万寿晋号，遣太常寺少卿涂逢震致祭黄帝陵，陪祀官有州直隶知州加三级武敬、洛川县知县老尔昌、署宜君县朱家濂、中部县知县王纲等，从祀官为同州府盐通判加一级赵铨；清高宗乾隆二十年（1755）为荡平准部、太后晋号，遣太常寺卿熊学鹏致祭黄帝陵，陪祭官有候补知府署州知府雷正、州直隶州知州记录十次英德、中部县知县王纲等；清高宗乾隆二十五年（1760）遣都察院左副都御史赫庆致祭黄帝陵，陪祭官有直隶州知州刘麟勋、中部县知县巩敬绪、宜君县知县侯於蓟、中部县儒学训导李凤冈等；清高宗乾隆三十七年（1772）为太后万寿晋号，遣宗人府府丞李友棠致祭黄帝陵，陪祭官有州知州阿林、州分州吴廷试、洛川县知县温崧曾、中部县知县董廷楷、宜君县知县袁维丰、州儒学训导李如坤等；清高宗乾隆四十一年（1776）为阿桂平定大小金川，遣内阁学士唐吉泰致祭黄帝陵，陪祭官有候补直隶州署州加三级记录五次林苹范、洛川县知县加三级记录五次温崧曾、中部县知县加三级记录五次董廷楷、署宜君县知县加三级记录三次任重、中部县儒学训导江自岚等；清高宗乾隆四十五年（1780）为乾隆帝七旬寿诞，遣内阁学士钱载致祭黄帝陵，陪祭官有洛川县知县加三级记录黄辉、中部县知县加五级记录五次董廷楷、中部县儒学训导江自岚等;清高宗乾隆五十年（1785）遣内阁学士胡高望祭告黄帝陵;清高宗乾隆五十五年（1790）遣内阁学士依兰泰祭告黄帝陵。清仁宗嘉庆元年（1796）遣陕西副都统花向阿祭告黄帝陵;清仁宗嘉庆五年（1800）为高宗配享圜丘礼成,遣户部右侍郎周兴岱祭告黄帝陵;清仁宗嘉庆二十四年（1819）为嘉庆帝六十寿诞,遣都察院左副都御史和桂致祭黄帝陵,陪祭官有州直隶州知州鄂山、中部县知县恒亮,执事官有中部县训导朱体元、宜君县马兰镇巡检刘询等。清宣宗道光元年（1821）遣西安副督统哈兴阿致祭黄帝陵,陪祭官为署州直隶州知州硕庆,执事官有中部县训导赵炳、宜君县知县邓培绶、中部县典史韩廷楷等;清宣宗道光十六年（1836）为太后万寿晋号,遣陕西榆绥镇总兵官郭维昌致祭黄帝陵,陪祭官为州直隶州知州吴明捷,执事官有中部县训导张云瑞、中部县典史毛诗、前署中部县典史赵洙等;清宣宗道光二十六年（1846）又为太后万寿晋号,遣西安右翼副都统甘露致祭黄帝陵,陪祭官为署州直隶州知州张其翰、中部县知县郭云章;清宣宗道光三十年（1850）遣西安左翼副都统常春致祭黄帝陵,陪祭官为署州直隶州陈捷魁、中部县知县郭云章,执事官有中部县训导李荣春、洛川县训导路三登、宜君县训导孙震生等。30次中,清世祖顺治在位18年,祭陵1次;清圣祖康熙在位61年,祭陵9次;清世宗雍正在位13年,祭陵3次;清高宗乾隆在位60年,祭陵10次;清仁宗嘉庆在位25年,祭陵3次;清宣宗道光在位30年,祭陵4次。①

以上史实足以说明清王朝对黄帝祭祀的重视程度。

那么,明代的情况如何呢?根据《陕西省志·黄帝陵志》记载,明代皇帝遣官祭祀黄帝陵庙14次,其中明太祖2次,明宣德、代宗、英宗、武宗、正德各1次,明世宗3次,其中一次是御制祭文。以后明穆宗1次,明神宗2次,均为御制祭文,明熹宗1次。

可见,即便明朝统治时间比清朝还长,但从对黄帝陵的祭祀来看,显

---

① 根据《陕西省志·黄帝陵志》记载,明代皇帝遣官祭祀黄帝陵庙14次,其中明太祖2次,明宣德、代宗、英宗、武宗、正德各1次;明世宗3次,其中一次是御制祭文。以后明穆宗1次,明神宗2次,均为御制祭文;明熹宗1次。

第六章 清季以黄帝为中心的国家认同构建及晚清王朝认同的崩塌

然要少很多。清政府对黄帝祭祀的高度重视是满洲贵族极力构建民族文化认同的重要表现，也是其主要手段之一。这也是大清江山能够长治久安的重要因素。

为了说明这一点，有必要跟元朝作一较为具体的对比，见下表。

在一般的表述中，我们习惯于用较为笼统的"宋元时期"，从而使有些问题被无形中掩盖起来。对于黄帝祭祀，学者的表述也采用了这一习惯，似乎元政府和两宋政府对黄帝的重视程度是一样的，其实这是有很大误区的。宋尊黄帝为圣祖，于京都开封城内端礼街兴建景灵宫以供奉，后诏示："诸州有黄帝庙，并加崇葺。"至宋徽宗时又于京城筑九成宫，并作宝成宫，中置神灵殿，以祠黄帝。南宋于临安（今杭州）仿旧规而建景灵宫，初建三殿，圣祖（黄帝）居前殿，其他诸帝居中殿和后殿。可见，宋代是将黄帝作为直系的祖先予以对待和重视。这是元代远不能及的。

元明清黄帝陵祭对比一览表

朝代	统治时间（年）	祭祀次数	频次	备注
元	98	0	/	
明	276	14	19.7	
清	268	30	8.9	

明朝初年由宋濂（1310—1381）、王祎（1321—1373）主编的《元史》之《祭祀一》中，对元朝皇帝的祭祀活动有一个总体的概述，其载：

> 元之五礼，皆以国俗行之，惟祭祀稍稽诸古。其郊庙之仪，礼官所考日益详慎，而旧礼初未尝废，岂亦所谓不忘其初者欤？然自世祖以来，每难于亲其事。英宗始有意亲郊，而志弗克遂。久之，其礼乃成于文宗。至大间，大臣议立北郊而中辍，遂废不讲。然武宗亲享于庙者三，英宗亲享五。晋王在帝位四年矣，未尝一庙见。文宗以后，乃复亲享。岂以道释祷祠荐禳之盛，竭生民之力以营寺宇者，前代所未有，有所重则有所轻欤？或曰，北陲之俗，敬天而畏鬼，其巫祝每

以为能亲见所祭者，而知其喜怒，故天子非有察于幽明之故、礼俗之辨，则未能亲格，岂其然欤？①

即便是"稍稽诸古"的祭祀活动，也并未能自始至终，而往往屡兴屡废，皇帝不能亲祀是常态。"稍"已能说明元帝对祭祀黄帝的忽视和懈怠。按照《祭祀志》的说法，其天子亲遣使致祭者有社稷、先农和宣圣三类，其他如"岳镇海渎"为"代祀"。而且，社稷、三皇、宣圣以及"岳镇海渎""风师雨师"等的祭祀是礼官常规化祭祀，所谓由"有司常祀"。

大德三年（1299），对于当时祭祀三皇之制，陕西行台提出异议，上咨中书省，太常寺依据《唐会要》拟出初步意见，大意是说因为伏羲、神农、黄帝"创物垂范"，故而春秋二季致祭，并以勾芒、祝融、风后、力牧配享。这是万世不易之定制。但现行制度大大降低了三皇地位。其文如下：

> 《唐会要》所载，三皇创物垂范，候言藻鉴，宜有钦崇，于是伏羲、神农、黄帝俱有庙貌之设，春秋二时致祭，仍以勾芒、祝融、风后、力牧各附配享之位。稽诸典礼定规，虽百世不易也。况所谓创物垂范，是即开天建极、立法作则之义。今乃援引夫子庙堂十哲为例，拟十代名医从而配食。果若如此，是以三皇大圣，限为医流专门之祖，揆之以礼，似涉太轻。兼十代名医考之，于史亦无见焉。合无止令医者于本科所有书内，照勘定拟相应？本部参详：太常寺所拟，即系祀典所载，古今之大义。今后配享三皇，宜从太常寺所拟相应，具呈照详。②

从至大二年（1309）正月湖广行省咨询中书省三皇祭祀配享之事来看，已经恢复《唐会要》所记之礼制。其时，礼部拟称：

---

① 宋濂：《元史》卷七十二《郊祀上》，中华书局1976年版，第1779—1780页。
② 陈高华等点校：《元典章》卷三十《礼部》卷三《配享三皇体例》，天津古籍出版社、中华书局2011年版，第1073页。

第六章 清季以黄帝为中心的国家认同构建及晚清王朝认同的崩塌

三皇开天立极，泽流万世，有国家者所当崇祀。自唐天宝以来伏羲以勾芒配，神农以祝融配，黄帝以风后、力牧配。按礼记月，令春三月，其帝太皞，其神勾芒；夏三月，其帝炎帝，其神祝融；又《史记》称：黄帝得风后、力牧以治民。其配享坐次宜东西相向，以勾芒、祝融居左，风后、力牧居右。若其相貌、冠服年代辽远，无从考证，不可妄定。当依古制以木为主，书曰"勾芒氏之神"、"祝融氏之神"、"风后氏之神"、"力牧氏之神"。所谓十大名医，依文庙大儒从祀之例，列置两庑，如此，尊卑先后之序，似为不紊。①

同年农历十月初十，集贤院、翰林院、太常礼仪院等官一起讨论，最终议定："三皇配享事理，合依礼部所拟，定为通例相应。具呈照祥。"② 至此，单从祭祀的基本礼制来看，三皇已经跟普通所谓十大药师区分开来，"三皇开天立极，泽流万世"也算是三皇地位的客观认识。此后在延祐四年正月，江州路申请增加祭祀物费，得到政府同意："三皇并宜胜春秋二祭：每祭各元降中统钞一定，今次添钞一定，通作二定。"③ 三皇与宣胜同等待遇。

另外，元初也命地方郡县祭祀三皇：

元贞元年，初命郡县通祀三皇，如宣圣释奠礼。太皞伏羲氏以勾芒氏之神配，炎帝神农氏以祝融氏之神配，轩辕黄帝氏以风后氏、力牧氏之神配。黄帝臣俞跗以下十人，姓名载于医书者，从祀两庑。有司岁春秋二季行事，而以医师主之。④

---

① 《元典章》卷三十《礼部》卷三《三皇配享》，天津古籍出版社、中华书局2011年版，第1074页。
② 《元典章》卷三十《礼部》卷三《三皇配享》，天津古籍出版社、中华书局2011年版，第1074页。
③ 《元典章》卷三十《礼部》卷三《添祭祀钱》，天津古籍出版社、中华书局2011年版，第1076页。
④ 宋濂：《元史》卷七十六《郊祀五》，中华书局1976年版，第1902页。

由此，与前朝更进一步的是，由于元初中央政府的推动，元朝地方政府祭祀要比前代兴盛。时至今日，民间"三皇爷"的称呼依然流行。除此之外，对于作为宣圣的孔子的祭祀和尊崇，也比前代要突出。

依据以上分析，元朝迟至中叶已经开始重视三皇五帝的祭祀。这从14世纪初至30年代形成的郊祀之亲祀、摄祀制度亦可以看出。元代还有郊祀的三次亲祀，分别为文宗至顺元年（1330）十月，顺帝至正三年十月和十五年十一月，摄祀也有五次。于是有学者指出，即便是唐宋文治鼎盛时代，皇帝亲祀也并不多见，并由此认为元朝对祭祀的重视。[①]这一立论可用于元朝蒙古传统的本族祭祀以及祭天内容上。如元朝对于太庙、火室烧饭、岳镇海渎、风师雨师的祭祀活动，特别是祭天活动很重视。忽必烈在1261年、1275年、1276年有三次蒙古式的祭天活动。所以这一立论从宏观来讲基本上是没有问题的，但从具体来讲，似乎难以成立。且不说前面《元史·祭祀志》早早表达的那种遗憾甚至不满，就说实际中对祭祀三皇五帝，元与前朝宋和后朝明清是有很大差距的。在元代相关的祭祀文献中，大德六年（1302）三月的一次合祭屡屡出现，这次祭祀除了元代传统的祭祀昊天、地祇外还加有五方帝（其中包含黄帝）。[②]大德九年（1305），经过中书、翰林、集贤、太常等官员四次大讨论，郊祀制度终于确立下来。郊祀主要神位为：最上层有三位，分别是正位昊天上帝、皇地祇，配位有太祖成吉思汗；第二层九位，分别为五方帝（黑、白、青、黄、赤）以及大明、夜明、天皇大帝和北极。[③]直至至大三年（1310）才"五帝从享"。《元史·祭祀一》这样记载：

[①] 朱溢：《唐至北宋时期的皇帝亲祀》，《台湾政法大学历史学报》第34期（2010年11月），第1—51页；马啸林《元代国家祭祀研究》也认为，元后期出现三次亲祀已属不易，表明文宗、顺帝对汉法有相当程度的迁就与践行。博士学位论文，南开大学，2012年。

[②] 宋濂：《元史》卷七十二《郊祀上》，中华书局1976年版，第1781页。

[③] 马啸林：《元代国家祭祀研究》，博士学位论文，南开大学，2012年。

第六章　清季以黄帝为中心的国家认同构建及晚清王朝认同的崩塌

本朝大德九年，中书圆议，止依《周礼》，祀昊天上帝。至大三年圆议，五帝从享，依前代通祭。①

概而言之，元朝从大德六年到八年配享祭祀五方帝，大德九年又回到以前，再到至大三年重新确立了祭天配享五方帝的做法。也就是说，元前期30年对黄帝是忽略的，更谈不上重视。而被学者拿来作为依据的帝王郊祀亲祀最早的一次已经是1330年，也就是说元朝已经处于后30年的历史。而且，自汉魏以来形成的黄帝陵祭，② 终元一世，完全空白。

然而，金统治者的认识则更加肤浅。金宣宗贞祐四年二月，尚书省上奏曰：

辽东宣抚副使完颜海奴言，参议官王浍尝言："本朝绍高辛，黄帝之后也。昔汉祖陶唐，唐祖老子，皆为立庙。我朝迄今百年，不为黄帝立庙，无乃愧于汉、唐乎！"又云："本朝初兴，旗帜尚赤，其为火德明矣。主德之祀，阙而不讲，亦非礼经重祭祀之意。臣闻于浍者如此，乞朝廷议其事。"③

于是宣宗诏问有司，已是礼部尚书、太子太保的张行信回奏曰：

按《始祖实录》止称自高丽而来，未闻出于高辛。今所据欲立黄帝庙，黄帝高辛之祖，借曰绍之，当为木德，今乃言火德，亦何谓也？况国初太祖有训，因完颜部多尚白，又取金之不变，乃以大金为国号，未尝议及德运。近章宗朝始集百僚议之，而以继亡宋火行之绝，定为土德，以告宗庙而诏天下焉。顾浍所言特狂妄者耳。④

---

① 宋濂：《元史》卷七十二《郊祀上》，中华书局1976年版，第1786页。
② 《封禅书》又载：汉元封元年（公元前110），汉武帝"北巡朔方，勒兵十万。还，祭黄帝冢桥山，释兵须如"。这应是黄帝陵祭之先河。
③ 脱脱：《金史》卷一百〇七《张行信传》，中华书局1975年版，第2366—2367页。
④ 脱脱：《金史》卷一百〇七《张行信传》，中华书局1975年版，第2366—2367页。

· 149 ·

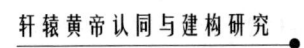

金立国百余年未立黄帝庙，自然谈不上尊祀黄帝。大金铁骑辉煌一时而草草落幕，其局限性由此可见一斑。由此而言，元要比金明智得多。

然而，从以上分析来看，元朝皇帝对于三皇实为怠慢，因而失去了凝聚各族、文化认同的一大基础。朱元璋振臂一呼而应者云集，既有大汉族主义的民族意识扭曲缘由，也有对民族分化政策的不满和仇恨，同时也是民族、文化认同被实际解构使然。

这里用如此多的笔墨来阐释元朝的黄帝祭祀，目的是要说明，同为少数民族入主中原的王朝，而且是盛极一时的王朝，为什么元朝短命而清王朝统治延续260余年。其中一个不能忽视的原因就是元朝对于民族文化认同的无意拆解——民族分化和对三皇五帝在构建民族文化认同效力认识不足。元朝向心力、认同基础得不到强力夯实，王朝因而很快土崩瓦解。相反，清朝则对黄帝崇祀不遗余力，因而建立起了一定的民族文化认同基础。进入康雍乾盛世以后，民族冲突已是相当缓和，对于延续其统治起到了至关重要的作用。

二　庙祭黄帝

清统治者继承中国古代特别是明代以来祭祀先代圣帝明王的传统，入关之初即在京城建造历代帝王庙，并多次对入祀的历代帝王和配飨名臣进行调整和增补，最终建构了一个包括少数民族政权在内的历代帝王一脉相承、绵延不绝的完整统绪，同时确定了配飨名臣的人选。清代对历代帝王以及配飨名臣的祭祀，昭示出多重的目的和用意。既有对人臣的劝诫、激励作用，也有对人君的借鉴和警示用心。而最根本的则是对治统、道统的重视和强调，反映了清统治者对中华统绪的认同和对中华文明的归属。[①]

清王朝除了重视黄帝陵祭外，一方面承前朝之制，设黄帝神像于帝王庙中，皇帝多次亲临致祭，即为庙祭；历代帝王庙祭，多由皇帝主祭，分春秋两次祭祀。另一方面皇帝派专员致祭黄帝陵，即陵祭。一般是每三年一次，

---

① 黄爱平：《清代的帝王庙祭与国家政治文化认同》，《清史研究》2011年第1期，第13—20页。

第六章　清季以黄帝为中心的国家认同构建及晚清王朝认同的崩塌

也有临时祭告。其他常年春秋之祭由地方官操办。

1. 历代帝王庙祭

清因明制，也建历代帝王庙，祭祀历代帝王。黄帝处于正殿，以太牢礼祭祀。

《清史稿·礼志》载：

> 顺治初，（历代帝王庙）建都城西阜成门内，南乡，正中景德崇圣殿，九楹，东西二庑各七楹，燎炉各一……届日，大臣一人祭正殿，殿祀伏羲、神农、黄帝、少昊、颛顼、帝喾、唐尧、虞舜、夏禹、商汤、周武王、汉高祖、光武、唐太宗、宋、辽、金太祖、世宗、元太祖、世祖、明太祖，凡廿一帝，祀以太牢。分献官四人祭两庑，庑祀风后、力牧、皋陶、夔、龙、伯益、伯夷、伊尹、傅说、周公旦、召公奭、太公望、召虎、方叔、张良、萧何、曹参、陈平、周勃、邓禹、冯异、诸葛亮、房玄龄、杜如晦、李靖、郭子仪、李晟、张巡、许远、耶律赫噜、曹彬、潘美、张浚、韩世忠、岳飞、尼玛哈、斡里雅布、穆呼哩、巴延、徐达、刘基，凡功臣四十一，祀以少牢。①

即将黄帝作为三皇之一以历代帝王身份殿祀，这时被列入祭祀的包括三皇在内的历代帝王已经达41人。顺治十四年（1657），顺治皇帝亲临历代帝王庙"躬祭"，"届时致斋毕，翼日昧爽，驾出西华门，至庙降，入幄次盥讫，入直殿就位上香。三皇位前，二跪六拜，奠帛、爵，读祝，俱初献时行。凡三献，分献官祀两庑如仪。遣官则衣朝服。王、公承祭，入景德左门，升左阶，位阶上，余入右门，位阶下，俱三跪九拜，不饮酒、受胙，不陪祀"②。顺治在三皇位前行二跪六拜大礼，而王公们则要行三跪九拜之最高礼节。雍正帝于二年（1724）亲祭帝王庙，而乾隆帝更是于三年（1738）、二十九年（1764）、四十年（1775）、四十八年（1783）和五十年（1785）先

---

① 赵尔巽等：《清史稿》卷八十四《礼三》，中华书局1976年版，第2525页。
② 赵尔巽等：《清史稿》卷八十四《礼三》，中华书局1976年版，第2526页。

后五次"亲诣行礼如常仪"。

清朝尊祀包括黄帝的三皇五帝,成为努力构建以三皇五帝为中心的民族文化认同,借此将各族纳入统一文化视域之内(即便确实隐含着满族作为主导者的地位),以形成较强的民族融合和民族凝聚力,维持长治久安的一统王朝。因此,围绕三皇五帝的民族文化认同构建便成为清朝统治达260余年的解释之一。

然而,即便庙祭一如既往,但黄帝的地位却大为下降,特别是过分重视了黄帝的治统意义,却忽视了黄帝作为民族先祖的文化意义。

在清代庙祭中,将黄帝供奉于帝王庙中(伏羲、神农、黄帝三皇居于正中位置),与其他杰出帝王代表一同受祭,此时黄帝更多的是以历史人物的形象出现。这有助于强化黄帝的真实性、历史性,但实际上大大降低了黄帝的人文始祖的文化地位。康熙帝在位期间,先于元年(1662)恢复帝王庙原奉祀二十一帝,随后又对入祀的历代帝王及从祀诸臣进行了大规模的增补。康熙帝认为,"历代帝王庙崇祀者,每朝不过一二位,或庙飨其子而不及其父,或配飨其臣而不及其君,皆因书生妄论而定,甚未允当。况前代帝王曾为天下主,后世之人俱分属臣子,而可轻肆议论,定其崇祀与不崇祀乎?今宋明诸儒,尚以其宜附孔庙奏请。前代帝王既无后裔,后之君天下者继其统绪,即当崇其祀典"①。历代帝王"凡曾在位,除无道被弑、亡国之主外,应尽入庙崇祀";并且,"从前所定配飨功臣,大概开国元勋居多","其治安之世,辅佐太平,有功军国者,反不得与配飨列,是皆未为允当也"。遂于六十一年(1722)下令朝臣集议。于是,议增夏启以下至明愍帝(崇祯)各代帝王计143人,并增黄帝臣仓颉以下至明刘大夏等历代名臣计40人。这一议案,很快得到了新皇帝的批准,雍正帝亲制祭文,"遣官致祭行礼如仪"。这样,合原奉祀各帝及从祀诸臣,计入祀历代帝王164人,历代名臣79人。乾隆帝继位之后,又一次对入祀的历代帝王作了增补和调整。乾隆元年(1736),以"明建文为太祖之嫡孙,缵承大统,在位四年,固俨然天下共主矣",下令予以增祀,并予谥"恭闵惠皇

---

① 《清圣祖实录》康熙六十年农历四月丙申日,康熙皇帝对大学士等人下口谕。

第六章 清季以黄帝为中心的国家认同构建及晚清王朝认同的崩塌

帝"。四十九年（1784），又以康熙帝当年的谕旨为依据，谕令增祀两晋南北朝及唐末五代时期有为之君。至五十年（1785），正式确定增祀晋元帝等二十五帝，撤出原祀汉桓、灵二帝。至此，历代帝王庙入祀标准及规模得以最终定型，总计奉祀三皇五帝以下至明崇祯帝等历代帝王凡188帝，从祀历代名臣凡79人。乾隆帝曾评论说："洪武之去辽、金而祀元世祖，犹有一统帝系之功。至嘉靖之去元世祖，则是狃于中外之见，而置一统帝系于不问矣。若顺治初之入辽、金而去前五代，则尔时议礼诸臣亦未免有左祖之意。孰若我皇祖之大公至明，昭示千古，为一定不易之善举哉！"这样，历代帝王庙中祭祀的历代帝王人数从开始的一二十位增加到乾隆时期的一百八十八人，增加了九倍之多。至此，黄帝除了治统之源的意义外，似乎已无特别之处。

据记载，入祀的历代帝王均各立神牌，安放于帝王庙正殿七室亦即七龛之中，伏羲、神农、黄帝三皇居于正中位置，五帝以下至明崇祯帝则分别左右，顺序安放。具体排列情形如下：

中室：太昊伏羲氏、炎帝神农氏、黄帝轩辕氏；

左室：少昊金天氏、颛顼高阳氏、帝喾高辛氏、帝尧陶唐氏、帝舜有虞氏；

右室：夏王禹、启、仲康、少康、杼、槐、芒、泄、不降、扃、廑、孔甲、皋、发，商王汤、太甲、沃丁、太庚、小甲、雍己、太戊、仲丁、外壬、河亶甲、祖乙、祖辛、沃甲、祖丁、南庚、阳甲、盘庚、小辛、小乙、武丁、祖庚、祖甲、廪辛、庚丁、太丁、帝乙；

次左：周武王、成王、康王、昭王、穆王、共王、懿王、孝王、夷王、宣王、平王、桓王、庄王、僖王、惠王、襄王、顷王、匡王、定王、简王、灵王、景王、悼王、敬王、元王、贞定王、考王、威烈王、安王、烈王、显王、慎靓王；

次右：汉高祖、惠帝、文帝、景帝、武帝、昭帝、宣帝、元帝、成帝、哀帝、光武帝、明帝、章帝、和帝、殇帝、安帝、顺帝、冲帝、昭烈帝，晋元帝、明帝、成帝、康帝、穆帝、哀帝、简文帝，宋

· 153 ·

文帝、明帝、孝武帝，齐武帝，陈文帝、宣帝，魏道武帝、明元帝、太武帝、文成帝、献文帝、孝文帝、宣武帝、孝明帝；

又次左：唐高祖、太宗、高宗、睿宗、玄宗、肃宗、代宗、德宗、顺宗、宪宗、穆宗、文宗、武宗、宣宗、懿宗、僖宗，后唐明宗，后周世宗，宋太祖、太宗、真宗、仁宗、英宗、神宗、哲宗、高宗、孝宗、光宗、宁宗、理宗、度宗、端宗，辽太祖、太宗、景宗、圣宗、兴宗、道宗；

又次右：金太祖、太宗、世宗、章宗、宣宗、哀宗，元太祖、太宗、定宗、宪宗、世祖、成宗、武宗、仁宗、泰定帝、文宗、宁宗，明太祖、惠帝、成祖、仁宗、宣宗、英宗、景帝、宪宗、孝宗、武宗、世宗、穆宗、愍帝位。

均南向。凡异代同室者，皆隔别之。①

清代经顺治、康熙、雍正、乾隆诸帝构建和完善的始自远古伏羲、炎帝、黄帝三皇，迄于明崇祯皇帝，历代帝王一脉相承、后先相继的完整统绪，既是治统的体现，同时也是道统的象征。而列入国家常规祭礼的帝王庙祭，不仅仅是对历代帝王的尊崇，而且还是对代代相传的儒学道统的承继。所谓"自古帝王，受天明命，维道统而新治统。圣贤代起，先后一揆。功德载籍，炳若日星"②。

由此观之，清代祭天时已不再以五帝从祀，而是将黄帝供奉于帝王庙中，与其他杰出帝王代表一同受祭，甚至连黄帝元妃西陵氏以蚕神地位而纳入其中。

还需注意的是，据现有资料表明，自道光三十年（1850）之后，清朝统治者有关黄帝的陵祭完全停顿。相反，陵祭黄帝却被同盟会重视起来。

---

① 来保、李玉鸣等奉敕撰：《大清通礼》卷九《吉礼·历代帝王》，收入《四库全书》第655册，台湾商务印书馆影印本，第157—158、168页。
② （嘉庆）《中部县志》卷四《艺文志·皇清顺治八年四月初七日祭告黄帝文》，嘉庆十二年修，1935年重刊，收入《中国方志丛书·华北地方》，第301册，台湾成文出版社1970年影印本，第286页。

第六章　清季以黄帝为中心的国家认同构建及晚清王朝认同的崩塌

2. 先师祭祀

在清朝的国家祭祀中，还有一个现象值得注意。史载：

> 顺治十四年，沿明制举经筵，祭先师孔子弘德殿。康熙十年续举，遣官告祭。二十四年，规建传心殿，位文华殿东。正中祀皇师伏羲、神农、轩辕，帝师尧、舜，王师禹、汤、文、武，南乡。东周公，西孔子。祭器视帝王庙。岁御经筵，前期遣大学士祇告。祭传心殿自此始。①

康熙二十四年建传心殿中祀"皇师"伏羲、神农、轩辕等。康熙二十五年，经筵之前，诏言："先圣、先师，传道垂统，炳若日星。朕远承心学，效法不已，渐近自然。施之政教，庶不与圣贤相悖，其躬诣行礼。"祭祀时，"帝御衮服，行二跪六拜礼"。此后太子春秋会讲，亦先祭告。乾隆六年，乾隆皇帝亲祭传心殿，在位满六十年传位嘉庆时，又一次亲自于传心殿祭祀。此后清仁宗、清宣宗、清文宗，均亲诣祇告。

自康熙二十四年在传心殿将孔子和黄帝一同祭祀以后，黄帝除了"先帝"身份之外，还包含"先师"形象。这也使得清王朝通过国家祭祀行为在极力构建自三皇五帝以来延续至清朝皇帝的治统的同时，也开始注重以黄帝、孔子等为核心的道统体系的建构。这样，通过一脉相承的帝王谱系——治统建构，清王朝强化统治的合法性、权威性；而黄帝等人先师形象的塑造——道统建构，清王朝增加了又一层权威保障。换言之，无论是从治统还是从道统上讲，大清统治都是合法的。

3. 先蚕祭祀

在古代黄帝叙事中，黄帝元妃嫘祖始教民育蚕，因而被后世奉为蚕神，相传自周开始，王后主祭先蚕，进而历代封建王朝由皇后主祭先蚕。"《周礼》王后蚕于北郊，而汉法皇后蚕于东郊。"《后汉书·礼仪志上》言："祠先蚕，礼以少牢。"也就是说，汉代是以少牢祀礼来祭祀先蚕的。南北朝时

---

① 赵尔巽等：《清史稿》卷八十四《礼三》，中华书局1976年版，第2532页。

期除了将祭祀礼制升格为太牢礼外,其他基本依照汉制施行。然而,据《隋书》的记载,北齐政权是将黄帝作为先蚕来祭祀:"每岁季春,谷雨后吉日,使公卿以一太牢祀先蚕黄帝轩辕氏于坛上,无配,如祀先农。"[1] 即黄帝代替其妃嫘祖成为先蚕而祭祀。后周,皇后乘翠辂,率三妃等人"以一太牢亲祭,进奠先蚕西陵氏神",明确先蚕是西陵氏,即为嫘祖。隋朝一如前制,宫北三里为坛,高四尺。季春上巳,皇后率众祭祀。唐代皇后亲祀先蚕较为常见,但据"昊天上帝、五方帝、皇地祇、神州及宗庙为大祀,社稷、日月星辰、先代帝王、岳镇海渎、帝社、先蚕、释奠为中祀,司中、司命、风伯、雨师、诸星、山林川泽之属为小祀",可知黄帝并非先蚕。宋代五方帝祭祀则属于"大祀";绍兴七年,"季春巳日享先蚕",列于"中祀"。《唐会要》:"皇帝遣有司享先蚕如先农可也。"这说明黄帝和先蚕并非一人。

蚕神祭礼,明初未列祀典。嘉靖时,都给事中夏言请改各宫庄田为亲蚕厂公桑园,"令有司种桑柘,以备宫中蚕事"。嘉靖九年(1514)再次上疏言"耕蚕之礼,不宜偏废"。世宗命礼部曰:"古者天子亲耕,皇后亲蚕,以劝天下。自今岁始,朕亲祀先农,皇后亲蚕,其考古制,具仪以闻。"后"作先蚕坛于北郊",开始了明代先蚕祭祀之礼,"皇后享先蚕",其制一如旧制。清初先蚕也未列祀典。康熙时,丰泽园立蚕舍,开始大兴蚕业。乾隆五十九年(1794),规定"浙江轩辕黄帝庙蚕神暨杭、嘉、湖属蚕神祠,岁祭列入祀典,祭器视先农"[2]。即蚕神祭祀亦纳入每岁祭典,祭祀用祭器与祭祀先农礼器相同。

除了《隋书》所记北齐"祀先蚕黄帝轩辕氏"外,前后均不见先蚕与黄帝结合的说法。因此,将黄帝作为先蚕祭祀《隋书》记载就成为一条孤证。由此来看,本条记载应为记述错误,"先蚕黄帝轩辕氏"其本意可能是黄帝元妃西陵氏。

4. 同盟会陵祭黄帝

1908年重阳节,同盟会成立三年之后,其分支陕西同盟会祭扫黄帝

---

[1] 魏徵:《隋书》卷七《礼仪二》,中华书局1973年版,第145页。
[2] 赵尔巽等:《清史稿》卷八十三《礼二》,中华书局1976年版,第2519—2521页。

第六章　清季以黄帝为中心的国家认同构建及晚清王朝认同的崩塌

陵。这次祭祀的祭文由郭希仁和张赞元起草，参加祭祀的有陕西16人，四川7人，甘肃、山西各3人，广东1人，共20多人。并决定每年农历二月二日祭陵一次，祭扫时必须有"告墓文"，后改称"誓墓文"。1912年，中华民国成立，3月，孙中山派人祭祀黄帝陵。

第二节　黄帝的民族记忆

有元一代，除官修正史以及马端临《文献通考》、胡一桂《史纂通要》等之外，其他笔记类史著如白珽《湛渊静语》、王恽《玉堂嘉话》、张光祖《言行龟鉴》、俞琰《席上腐谈》、黄溍《日损斋笔记》、俞德邻《佩韦斋辑闻》、陶宗仪《南村辍耕录》、伊世珍《琅嬛记》、纳新《河朔访古记》等，大都只是提及而已，稍细者也多属转述，轩辕黄帝民族记忆的传承本就不多，更鲜有"层累"之贡献。

清代事涉黄帝的笔记类史书至少四十余部，部分对黄帝记述和考证甚详。比如赵翼《陔余丛考》卷十六、十九，以《五帝本纪》和《帝王世纪》为起点，对黄帝有较详细的考述，其卷二、二十一、二十三、三十、三十四、三十五、三十六、四十二等也直接涉及黄帝；再如刘献廷《广阳杂记》对黄帝谱系的考证、徐时栋《徐偃王志》有黄帝至尧舜的一传系谱记述，以及其他著作关于黄帝诸多文明的碎片化记忆。但考证书写黄帝最为精细者，要数马骕撰《绎史》，可以说无出其右者。《绎史》被誉为"清代三大奇书"（马骕《绎史》、顾祖禹《读史方舆纪要》及李清《南北史合注》）之一，第一部分为太古三皇五帝，共10卷（全书共160卷），其中《黄帝纪》，考订极为精详，容纳材料相当全面，中华书局点校整理之版本达40页之多。书后还列世系图表与正文配合。一定意义上讲，中国古代的黄帝文化以《五帝本纪》开其端，中间《帝王世纪》《轩辕黄帝传》和《轩辕本纪》是重要的里程牌，以《黄帝纪》作总结。

《黄帝纪》能较为完好地保存下来，跟康熙有关。史载，康熙四十四年（1705），康熙皇帝南巡到苏州，特别垂问《绎史》之事，命大学士张玉书搜集马骕所撰史籍，令人至马氏本籍邹平，以二百两白金买下他所有著作的雕版，运抵京师，由内府收藏。这样，其卷五《黄帝纪》也自然被保存下来。

《黄帝纪》从《史记》开始，对历来有关黄帝的记载较为详细地搜罗整理，为此后黄帝的研究保存下来大量的资料，甚至包括一些很难得的资料。《黄帝纪》开篇就是《史记》之《五帝本纪》的内容："黄帝者，少典之子，姓公孙，名曰轩辕。生而神灵，弱而能言，幼而徇齐，长而敦敏，成而聪明。"接着，马骕依据《帝王世纪》《河图握拒》（现存光绪十四年刻本《河图握拒记》）《拾遗记》《孝经钩命诀》《白虎通》等著考证了这一内容的演进。《帝王世纪》云："黄帝，少典之子，姬姓也。母曰附宝，见大电绕北斗，枢星照郊野，感附宝，孕二十四月，生黄帝于寿丘，长于姬水，有圣德，受国于有熊，居轩辕之丘，故因以为名，又以为号。"(《帝王世纪》的重要贡献——寿丘说的产生）如果按照学者"层累"之说，皇甫谧算是轩辕文化"层累"的重要贡献者之一。比如，在第四条记述中，《帝王世纪》不是补正或者演进者的角色，而是如同《史记》一样，也有新的研究成果。其曰："神农氏衰，黄帝修德抚民，诸侯咸去神农而归之，黄帝于是乃扰驯猛兽，与神农氏战于阪泉之野，三战而克之。"（但阪泉之战并没有得到马骕的演进考证）用这样一种方式，《绎史》把轩辕黄帝或者轩辕文化进行了系统全面的梳理考证。

但令人费解的是，《绎史》关于黄帝的考证几乎停步于《帝王世纪》，或者说止步于魏晋时期，对于隋唐及之后的文献几乎没有涉及。从其精神志趣来看，马骕在竭力地使用尽可能更早一些的文献。这是否意味着马骕对于后世文献的不信赖？即便魏晋时期的文献，除了《帝王世纪》因其里程碑的地位似乎成为绕不过的文献而加以引证外，而对其他文献比如《水经注》等则持回避态度。

第三节　晚清轩辕文化认同构建及王朝崩塌

一　族源黄帝认同

前文用大量篇幅论述了清王朝对黄帝的崇祀，其本质是反映了清王朝

第六章　清季以黄帝为中心的国家认同构建及晚清王朝认同的崩塌

以黄帝尊崇来构建文化民族认同乃至国家认同的史实。晚清时期，除了崇祀黄帝之外，文化阐释也是一项重要的手段。在晚清革命排满洪流之背景下，满洲宗室亲贵盛昱[①]写下了五言诗《题廉惠卿（泉）补万柳堂图》一首，全文达470字，其云：

> 北人入中土，始自黄炎战。营卫无常处，行国俗未变。
> 淳维王故地，不同不窋窜。长城绝来往，哑哑南北雁。
> 耕牧风俗殊，壤地咫尺判。李唐一代贤，代北殷士粿。
> 辽金干戈兴，岛索主奴怨。真人铁木真，一怒九州奠。
> 畏吾廉孟子，秀出中州彦。烟波万柳堂，裙屐新荷谳。
> 《诗》《书》泽最长，胡越形无间。色目多贤才，耦俱散州县。
> 中州《石田集》，淮上《廷心传》。终怜右榜人，不敌怯薛健。
> 台阁无仁贤，天下遂畔乱。沙顿亦名家，凄凉归旧院。
> 文正孔子戒，哲人有先见。至今食旧德，士族江南冠。
> 孝廉尤绝特，翩翩富文翰。薄宦住京师，故国乔木恋。
> 堂移柳尚存，憔悴草桥畔。当年歌骤雨，今日车飞电。
> 绘图属我题，使我生健羡。捉笔意酸辛，铺卷泪凝霰。
> 我朝起东方，出震日方旦。较似却特家，文治尤纠缦。
> 岂当有彼我？柯叶九州遍。小哉洪南安，强分满蒙汉。
> 阛阓生齿繁，农猎本业断。计臣折扣余，一兵钱一串。
> 饮泣持还家，当差赎弓箭。乞食不宿饱，弊衣那蔽骭？
> 壮夫犹可说，市门娇女叹。奴才恣挥霍，一筳金大万。
> 津门德国兵，镶辉八两半。从龙百战余，幽絷同此难。
> 异学既公言，邪会真隐患。兴凯入彼界，铁轨松花岸。
> 北归与南渡，故事皆虚愿。圣人方在御，草茅谁大谏？
> 起我黄帝胄，驱彼白种贱。大破旗汉界，谋生皆任便。

[①] 盛昱（1850—1899），字伯熙，肃武亲王豪格七世孙。光绪三年（1877）进士，授编修、文渊阁校理、国子监祭酒。史称他"因直言进谏，不为朝中所喜，遂请病归家。讨测经史、舆地及本朝掌故，皆能详其沿革"。

能使手中宽，转可头目捍。易世不可言，当时亦清晏。
越肃坟上松，百亩垂条干。万柳补成阴，春城绿一片。
载酒诗人游，嘉树两家擅。①

盛昱本诗是从"黄炎战"说起而终于清朝的历史诗，有意将清王朝纳入华夏文明的体系之中。其中"起我黄帝胄，驱彼白种贱。大破旗汉界，谋生皆任便"句是近代民族主义思想的反映，是将"黄帝胄"与白种人加以区分，以消除满汉边界。同时，在民主主义革命浪潮中，盛昱有意缓和满汉矛盾，并将矛盾转移到域内和域外的民族矛盾。且不说其目的能否达到，但就目的本身而言，消弭满汉冲突，稳定国内形势，应该是高明之举。然而，这是否表明满洲贵族真心诚意地向华夏祖先黄帝认祖归宗，主动同化？"这话也可以理解为借满族归祖黄帝以求得汉族对满族的民族认同，以弥合满汉畛域。"②留日满洲旗人乌泽声在《大同报》（1907年创办）发表长文《满汉问题》指出，满汉已经同化为一个民族。证据是"满与汉，既然在同一块土地上生活了数百年之久，操同一语言、同一土地居住生活、信仰同一宗教，又属于同一种族"。他虽然承认二者间仍然存在

---

① 《郁华阁遗集》卷二，第5—6页。按"小万柳堂"旧称廉庄，位于浙江省杭州市西湖区，是著名的金石、书画收藏家、无锡人廉惠卿所建，是廉惠卿夫妇的隐居之地。

② 至于被当下学者多方引用的"起我黄帝胄"二句，陈衍评说是"仍拘墟之见、过当之言矣"。陈衍：《石遗室诗话》卷七，台湾商务印书馆1961年版，第10页。拘墟，系指井底之蛙，多用来形容见识的浅薄狭隘，显然对盛昱这两句口号式的说法不以为然，或亦如革命派那样痛诋其"彼以异种，自惭形秽，乃托于炎黄之裔，觊觎神州"亦不可知。但从全诗表达的情感来看，盛昱对于向汉人祖先黄帝的认祖归宗，至少并不像今天有人所看到的那样"心甘情愿"，但是否如沈松侨先生所说，是"企图从'黄帝'身上，寻得或虚构出一套新的满族祖源记忆，以期消弭满汉畛域于无形"，并且是"假黄帝之符号，启动'结构性失忆'之机制，试图创造一套新的满族祖源记忆，其目的当然都是在融合满汉，以铸造一个超越满汉族群界限的更大的认同对象——中国国族认同"，沈松侨先生的《我以我血荐轩辕——黄帝神话与晚清的国族建构》（载《台湾社会研究季刊》第28卷，1977年）和《近代中国民族主义的发展：兼论民族主义的两个问题》（载《政治社会哲学评论》第3期，台北，2002年）我认为也未必有这样明确的意识。总之，此诗并非慷慨激昂的爱国诗，而表现出一种彷徨、无奈和对自己民族命运的深切伤感，反映了一部分满人当时的思想状态，把这种状态说成是心甘情愿地向汉族人的祖先黄帝认祖归宗，未免过于简单，用"找不到北"来形容，也许更确切些。定宜庄：《晚清时期满族"国家认同"刍议》，载《纪念王钟翰先生百年诞辰学术文集》编委会编《纪念王钟翰先生百年诞辰学术文集》，中央民族大学出版社2013年版。

第六章 清季以黄帝为中心的国家认同构建及晚清王朝认同的崩塌

某种区别,但这是"同民族异种族"的问题,而"满汉两种人之关系,只问民族,不必问种族,民族既同,斯无种族问题以生也"。鼓吹满汉平等:"故请先求满汉自由、满汉平等……吾所主张之满汉平等分为三类:一军事上平等,二经济上平等,三政治上平等。"①

在革命者构建"国族"的理论体系中,黄帝是国族之源,是华夏祖先,但满洲在这一体系之外。因此,盛昱之诗可以解读为满洲贵族在主动地将自己纳入新民族主义的"国族"体系之中。换言之,在革命洪流面前,与整个大清和中国被动地被卷入世纪大潮之中一样,满洲统治者也是非常被动地向革命者妥协,一步步地丧失了曾经的天朝上国的自信、主动和国家主导。

相比较而言,即便在清初相当长的时间里,满汉冲突并不缓和,但这并没有击倒大清统治者的自信坚定、主动和气吞山河的魄力,很多时候都显得游刃有余,似闲庭信步。对黄帝或者三皇五帝的祭祀与其说是满洲统治者向汉文化的靠拢,对民族文化的认同,不如说是在极力地构建整个域内民族的民族文化认同,更确切地说是汉族对满族统治的国家认同(或者王朝认同),以夯实清王朝的统治根基,整个行为和思想的主导性、自信心一览无余。

二 文化同源构建

福格(1796—1870)著有《听雨丛谈》,其卷二《玛克什密》言:

> 玛克什密,舞也。朝廷燕飨大典,百舞咸进。扬烈舞,衣铠胄,持戈戟。喜起舞,披一品衣,佩仪刀。起舞翩跹,宣扬功烈,皆以侍卫充之,命之曰喜起舞大臣。其余诸舞,各有职司,不用侍卫。按古人君臣燕飨,每起舞上寿,即韶舞、七德舞之制也,后世此礼渐失。我朝事法三代,斯礼犹存古风。王伯厚《玉海》云:"乐之在耳者为声,在目者曰容。"故圣人假干戚羽旄以表其容,发扬蹈厉以见其意。

---

① 定宜庄:《晚清时期满族"国家认同"刍议》,载《纪念王钟翰先生百年诞辰学术文集》编委会编《纪念王钟翰先生百年诞辰学术文集》,中央民族大学出版社2013年版。

黄帝时有云门舞,颛顼有承云舞,陶唐氏有咸池舞,舜有韶舞、干羽舞、籥舞、八伯乐舞。……《礼记·明堂位》:朱干玉戚,冕而舞大武;皮弁素积,裼［而］舞大夏。《内则》云,十有三年舞勺,成童舞象,二十舞大夏。《春官》注云,学士、卿大夫诸子学舞,二千石及六百石、关内侯、五大夫,取适子高七尺以上、年二十到三十、颜色和顺、身体修治者为舞人,与古用卿大夫同义。又《玉海》周祀天圜丘注云,古制天子亲在舞位云云。按此数说,是古人舞礼最尊,天子公卿皆在舞列,与今之玛克什密同也。①

意思是说,玛克什密是一种舞乐,其有些礼制与黄帝以来的礼制相同。其内涵是在说明文化的同源性。

三 黄帝祭文的民族文化认同建构意义

清代黄帝陵祭及祭文一览表

时期	祭祀（次）	祭文（篇）	备注
顺治	1	1	
康熙	9	8	
雍正	3	3	
乾隆	10	8	
嘉庆	3	2	
道光	4	4	
咸丰			
同治			
光绪			
宣统			
合计	30	26	

---

① 福格:《听雨丛谈》卷二《玛克什密》,中华书局1997年版。

第六章　清季以黄帝为中心的国家认同构建及晚清王朝认同的崩塌

这些祭文,从内容上看,顺治和康熙前期的祭文中,都明确讲"治统""道统"。先看看"清圣祖康熙四十二年(1703)为五旬万寿并亲阅黄淮堤工回銮祭告祭文":

> 维康熙四十二年,岁次癸未,五月乙巳朔,越十三日丁巳,皇帝遣大理寺少卿莫音代致祭于黄帝轩辕氏之陵曰:自古帝王,继天立极,出震承乾,莫不道洽寰区,仁周遐迩。朕钦承丕绪,抚驭兆民,思致时雍,常殷惕励,历兹四十余载,今岁适届五旬,宵□兢兢,无敢暇逸,渐致民生康阜,国运升平。顷因黄淮告成,亲行巡历,再授方略,善后是期,睹民志之欢欣,滋朕心之斡恤。□回銮驭,大沛恩膏,用遣专官,敬修祀典,冀默赞郅隆之治,益弘仁寿之庥。尚要精忱,俯垂歆格!①

自古帝王,继天立极,而我康熙大帝"钦承丕绪",足见强调"继统"之意明显。这样的意图多见于顺康时期的黄帝祭文:

> 顺治八年(1651)祭文开篇言:"自古帝王,受天明命,继道统而新治统。"
> 康熙元年(1662)祭文开篇言:"帝王继天立极,功德并隆,治统道统,昭垂奕世。"
> 康熙二十一年(1682)祭文开篇亦言:"自古帝王,受天显命,维道统而新治统。"
> 康熙二十七年(1688)祭文开篇言:"自古帝王,受天明命,御历膺图。时代虽殊,而继治同道,先后一揆。"②

由此可见,至少在清初的近半个世纪里,清王朝在以祭祀黄帝为介

---

① 黄陵管理局编:《黄帝祭文集》,西北大学出版社2014年版,第23页。
② 黄陵管理局编:《黄帝祭文集》,西北大学出版社2014年版,第17—20页。

质,型塑统治合法性、合理性形象。"继道统"是说明统治的合法性,而"新治统"在阐释相对于朱氏江山而言,清王朝新统治的合理性。

到了康熙三十五年(1696),因为岁歉为民祈福,即便在亲征噶尔丹,仍遣使祭黄陵,但其祭文开篇则为:"自古帝王,继天出治,道德兼隆,莫不慈惠嘉师,覃恩遐迩。"全文已经不见"治统""道统"字眼。而且此后的黄陵祭文均未再提"治统""道统"。这种变化实际上是清朝统治日趋稳定的重要反映。康熙中期,平三藩、收台湾、征噶尔丹、多伦会盟、签订《中俄尼布楚条约》等,既成就了一代帝王的丰功伟业,也奠定了一代统治的长治基础。换言之,康熙中期,清王朝似乎已经认识到了这种积极的变化,因此,接下来的黄帝祭祀,重点阐发的核心要义已不在于此。

康熙时期是清王朝由初期进入中期的快速上升时期,因而可以看到黄帝祭祀祭文的微妙变化。康熙在位60年,是古帝王在位时间最长的皇帝,从现存黄帝祭文来看,一生八次遣官陵祭黄帝,是文献中可见祭祀黄帝次数最多的帝王。

综观这些祭文,其关键词有"治统道统""继天立极"(受天景命)、"特(敬)遣专官""鉴此精诚"等。从文风来看,清初比较拘谨,中期以后越发活跃,似反映出满洲统治者从清初的拘谨到中期开创盛世以后的洒脱与自信。当然,这不是重点,重点是通过祭祀黄帝来构建国家认同。

首先,清统治者是将黄帝作为真实的历史人物来看待,所谓"自古帝王"的说法,即黄帝的历史是信史。"自古帝王,继天立极",那么"朕受天眷命""仰荷天庥"顺理成章,由此确立大清帝王与"自古帝王"自然包含黄帝一样的天子权威,因而承继黄帝之治统和道统,君临天下,抚驭四方,天命之使然。这里并没有说将满族纳入黄族体系之内,但至少是将满洲帝王"朕"纳入到整个中国帝王体系之中。一方面反映出满洲贵族对黄帝文化的认同,另一方面更多的是在主动纳入中原文化过程中,特别是帝王文化中,借以确立起域内人民对满洲帝王的认同——国家认同或王朝认同,亦可视为民族认同、文化认同。而后者才是其根本目的,切不可停伫于表象地以为满洲贵族在主动地融入中原文化这一肤浅层面。故而可以说,晚清以前的清朝统治者是主动的、自信的,是主动地去适应迅速扩张

第六章　清季以黄帝为中心的国家认同构建及晚清王朝认同的崩塌

的版图上的文化，以退为进，达到巩固统治之目的。

其次，从"朕受天眷命""朕仰荷天麻"到"朕钦承帝祖"的转变，标志着新理论——清朝帝王谱系论的诞生。康熙五十八年三月戊辰朔，康熙帝特遣左春坊左赞善、翰林院检讨臣吴孝登致祭黄帝陵，曰：

> 自古帝王，受天景命，建极绥猷；垂万世之经常，备一朝之典祀。朕钦承帝祖，临御九围，夙夜惟寅，敬将祀典。兹以皇妣孝惠仁宪端懿纯德顺天翼圣奉皇后神主升太庙礼成，特遣专官，代将牲帛；用展芬之敬，聿昭祀之虔。仰冀明灵，尚其歆享！

以"帝祖"谱系取代族群谱系，反映出其认识深化和理论日趋精致，目的是希望将原有黄族族群谱系理论把满族拒之门外的尴尬束之高阁。当然，这里的"帝祖"是将黄帝视为帝王之祖，其理论不能与商周时期的"帝祖"一元思想相混淆。以新理论代替旧理论的愿望能否变成现实，或新理论能被多少汉族所接受当然另当别论。这里至少我们还看不出辛亥革命时期满洲贵族的应对仓皇，而显得从容有余。然而，这一理论在接下来的帝王祭文中再也没有出现，由此可知后世皇帝对这一理论并未予以足够重视，或者认识不够深刻，因而也不会产生更大现实意义。

四　晚清王朝认同的崩塌

在《同盟会宣言》里，一些民主革命者再次拆解清统治者所苦心建构的国家、民族认同，其中"塞外"和"中国"言论的文化解构的杀伤力不可小觑。

民主革命者邹容在《革命军》第六章"革命独立之大义"里提出的革命措施有："一、中国为中国人之中国。我同胞皆须自认自己的汉种中国人之中国。""一、不许异种人沾染我中国丝毫权利。"[①] 这种民族主义的误区贯穿于民主革命，见于大多数民主革命者之言行，但从革命宣传和民族

---

① 邹容：《革命军》，上海大同书局1903年版。

认同解构的角度来看，确实效果明显。

在宣传和动员"汉人"进行革命中，民族主义走向极端，走入误区。虽然在辛亥革命后，民主革命者对狭隘的大汉族主义进行了纠正，但其破坏力相当严重。满洲贵族两百多年来苦心经营的国家认同瞬间土崩瓦解，实在耐人寻味。当然，革命者主导的新民族主义背景下的国家认同构建，与清王朝主导的国家构建内涵已经大不相同，前者是将满族排除在外，而后者在旧有轨迹上亦步亦趋直至丧失主导性，大清统治土崩瓦解似乎势所难免。

梁启超"满汉同源论"的所谓"大民族主义"① 具有很强的理论超越性或理论创新性，表现出极厚的文化功底，也与满洲贵族此种理论相呼应，这也进一步证明，在革命洪流面前，满洲贵族惶恐惊悚之中对立宪派理论的利用，或者受到的影响。

以黄帝为远古中国各族群共同祖源的"先祖"（genealogical ancestrality）概念，再到后来记忆的层累之后，满族是否应该纳入这一谱系，并不以某个人或某族人的意志为转移，而是整个域内民族（这种域内有时候是模糊不清的，有时候是和王朝统治体系重叠的，有时候是和疆域完全重叠，只有第三种情况时才是清楚的）的意志相向而动，比如匈奴、鲜卑、女真等。这与整个华夏民族的发展历史潮流相吻合，也与国家或王朝统治需要相一致。

---

① 梁启超1903年发表《政治学大家伯伦知理之学说》一文，清晰地对大民族、小民族赋予了较为科学的内涵。其称："吾中国言民族者，当于小民族主义之外，更提倡大民族主义。小民族主义者何？汉族对于国内他族是也。大民族主义者何？合国内本部属部之诸族以对于国外之族是也。……合汉合满合蒙合回合苗合藏，组成一大民族。"载《饮冰室合集》之十三，中华书局1989年版，第71—76页，并参见沈松侨《我以我血荐轩辕——黄帝神话与晚清的国族建构》，载《台湾社会研究季刊》第28卷（1977年）。

第七章

轩辕黄帝故里故都之争

轩辕黄帝故里以及故都、陵地的争论自古就有，时至今日仍争论不休。《史记》记载："余尝西至空桐，北过涿鹿，东渐於海，南浮江淮矣，至长老皆各往往称黄帝、尧、舜之处。"① 在汉代，即便是民间也对轩辕黄帝故里的讨论很是热烈。因为黄帝"迁徙往来无常处"，自然留下了诸多足迹，因而也为轩辕故里之争提供了一定的支持。同时，历史文献的记载也存在着不同的说法，所以，自先秦时期直至今天，关于轩辕故里故都问题的争论自有其一定的道理。

第一节 主要观点概说

一 轩辕故里"天水说"

黄帝生于轩辕之丘，轩辕之丘的位置成为轩辕故里的主要依据。根据《山海经》关于轩辕丘的记载，大致范围应在今天水境内。②

西晋皇甫谧《帝王世纪》开启"寿丘"说之后，③ 对寿丘的地理注脚

---

① 司马迁：《史记·五帝本纪》，中华书局1982年版。司马迁反倒很确定说黄帝"葬桥山"。
② 赵世明：《再论轩辕故里在清水》，载《陇右文化论丛》第四辑，三秦出版社2014年版。
③ 同时期略后的干宝《搜神记》载："黄帝有熊氏，少典之子。母曰附宝，其先即炎帝母家有熊氏之女，世与少典氏婚。及神农之末，少典氏又娶附宝。见大霓光绕北斗枢星，照郊野。附宝孕二十五月，生黄帝于寿丘。"由此而言，寿丘说并非一家之言。而且《帝王世纪》寿丘说的来源很可能是《纬书集成》，其《河图稽命徵》言："附宝见大电光绕北斗枢星，炤郊野，感而孕。二十五月而生黄帝轩辕于寿邱。"因为皇甫谧之前再无"二十五月"之说法。唯一所见《今本竹书纪年》有此说，但古本却没有，所以不足信。《尚书序》正义曰："《大戴礼》：'帝系出于《世本》。'"（齐鲁书社《世本》之《世本诸书论述》第1页，2010年）《国语》言"黄帝之子二十五人"。《世本》卷一《帝篇》："黄帝居轩辕之丘，娶西陵氏之女，谓之嫘祖，产青阳及昌意。"《大戴礼记》帝系第六十三："黄帝居轩辕之丘，娶西陵氏之子，谓之嫘祖氏，产青阳及昌意。"

就成为新的问题，也由此引发了南北朝时期以至于后世关于寿丘在天水还是在山东的争论。北魏时期郦道元《水经注·渭水注》并存了两种说法，以"未知孰是也"作结，其载："南安姚瞻以为黄帝生于天水，在上邽城东七十里轩辕谷。皇甫谧云生寿邱，邱在鲁东门北。未知孰是也？"① 但宋代罗苹却相当肯定地认为，黄帝出生于上邽。罗苹曰："寿丘，在上邽。或云济南，《世纪》又以为兖，俱非。详《水经注》。"②

轩辕故里"清水说"也见诸清代地方志。如《甘肃通志》《甘肃省志考异》《直隶秦州新志》《清水县志》记载了黄帝生于轩辕谷，轩辕谷在清水东南七十里，是对轩辕故里清水说的确认。

二 黄帝有熊氏名号及黄帝故都"新郑"说

《史记》言黄帝"南至于江，登熊、湘"，"自黄帝至舜、禹，皆同姓而异其国号，以章明德。故黄帝为有熊"③。这是关于"有熊"为黄帝国号的最早记载。后东汉班固《白虎通》仍继承司马迁说法，言"黄帝有天下，号有熊"。至西晋《帝王世纪》进一步确认，这样，"黄帝有熊氏"已成定论。梁元帝萧绎《金楼子》卷一《兴王篇一》载："黄帝有熊氏，号轩辕，亦曰帝鸿，少典之子，姬姓也。……受国于有熊，居轩辕之邱。"④《水经注》卷二十二《洧水注》则以引用的方式存疑："皇甫士安《帝王世纪》云：或言县故有熊氏之墟，黄帝之所都也。郑氏徙居之，故曰新郑矣。"⑤

《史记三家注》之张守节所撰《史记正义》、唐司马贞《史记索隐》

---

① 郦道元撰，陈桥驿校释：《水经注》，中华书局2009年版，第429—430页。
② 罗泌：《路史》卷十四《黄帝纪上》，《四库全书》第383册，台湾商务印书馆影印本，第114—115页。
③ 嘉靖年间出现的《今本竹书纪年》言黄帝"居有熊"。亦言："黄帝轩辕氏，母曰附宝，见大电光绕北斗枢星，光照郊野，感而孕二十五月，而生黄帝轩辕于寿邱。"但《古本竹书纪年》却没有此说法，故暂未采信。参见苏峰主编《黄陵文典·历史文献卷》，陕西人民出版社2008年版，第4页。
④ 梁元帝萧绎《金楼子》卷一《兴王篇一》，载苏峰主编《黄陵文典·历史文献卷》，陕西人民出版社2008年版，第71页。
⑤ 郦道元撰，陈桥驿校释：《水经注》，中华书局2009年版，第519—520页。

是唐代新郑说的代表。《史记三家注》文献言黄帝号有熊，抑或"有熊国君之子""涿鹿本名彭城，黄帝初都，迁有熊也""有熊国君，少典之子也""有熊，今河南新郑是也"① 等，肯定了黄帝即为"有熊氏"，且推论出新郑就是"有熊氏之墟，黄帝之所都"。因而唐代以来，"黄帝有熊氏"、黄帝都新郑已经被广泛采信。唐代李泰《括地志》卷六载："郑州：新郑县，本有熊氏之墟也。"② 杜佑《通典·州郡七》载："新郑，汉旧县，春秋郑国，至韩哀侯灭郑，自平阳徙都之。有溱洧二水，祝融之墟，黄帝都于有熊，亦在此地，本郑国之地。"③ 宋代大都引用或认可了《帝王世纪》的说法。清代大量文献言及故里故都，新郑说再次广泛传播。如《河南通志》《竹书纪年集证》《御批历代通鉴辑览》《大清一统志》《读史方舆纪要》《纲鉴易知录》《竹书纪年统笺》《历代统纪表》，等等。

三 黄帝故里山东说和黄帝故都涿鹿说由来及演变

1. 黄帝故里山东说的演变

轩辕故里抑或黄帝故里山东说同其他说法一样，亦早已有之。这一说法的源头依然是《帝王世纪》之黄帝生于"寿丘"，以及此后对寿丘的注解，这成为山东说的主要依据。《晋书·地理志》言："黄帝生于寿丘。而都于涿鹿。"如前文所言，北魏地理学家郦道元《水经注》载"皇甫谧云生寿邱，邱在鲁东门北"，成为山东说的主要依据。

唐宋时期，史家学者对黄帝生于寿丘几乎没有异议，但也有个别士大夫言及寿丘具体位置。如张守节曰："寿丘在鲁东门之北，今在兖州曲阜县东北六里。"④

唐代张守节的说法在宋代是否被学者广泛接受，似乎难以判断，但罗苹一口否定。宋代罗泌《路史·黄帝纪上》载："黄帝有熊氏，姓公孙，名荼。一曰轩，轩之字曰玄律。少典氏之子，黄精之君也。秘电绕斗轩而

---

① 司马迁：《史记》卷一《五帝本纪第一》，中华书局1963年版，第1—2页。
② 李泰：《括地志》，中华书局1980年版，第178页。
③ 杜佑：《通典·州郡七》，浙江古籍出版社2000年版，第939页。
④ 司马迁：《史记·五帝本纪》，中华书局1982年版，第10页。

震，二十有四月而生帝子寿丘，故名曰轩。"罗泌之子罗苹对此注曰："寿丘，在上邽。或云济南，《世纪》又以为兖，俱非。详《水经注》。"① 罗苹言"《世纪》又以为兖"，不知依据哪个版本，现存版本不见此记载。

2. 黄帝故都涿鹿说的演变

黄帝故都涿鹿说出现较晚，这是否出自于"涿鹿之战"的演绎，不得而知。在魏晋至隋唐时期，黄帝都涿鹿已见于文献。北齐人魏收《魏书》记载，因为迁都，魏高祖和大臣有一段对话。燕州刺史穆罴曰："臣闻黄帝都涿鹿。以此言之，古昔圣王不必悉居中原。"高祖曰："黄帝以天下未定，居于涿鹿；既定之后，亦迁于河南。"② 由对话可知，其时黄帝都涿鹿已有传闻。这一对话在唐李大师和李延寿等撰《北史》也有收录。另外，唐代房玄龄《晋书·地理上》亦载曰："黄帝生于寿丘，而都于涿鹿。"另一唐代史家张守节《史记》之正义直接引用《舆地志》曰："涿鹿本名彭城，黄帝初都，迁有熊也。"③ 唐魏王李泰撰《括地志·妫州》载："阪泉，今名黄帝泉，在妫州怀戎县东五十六里，出五里至涿鹿东北，与涿水合。又有涿鹿故城，在妫州东南五十里，本黄帝所都也。"④ 宋代持涿鹿说者仅见北宋张君房著《云笈七签·轩辕本纪》，其曰："（黄帝）遂克蚩尤于中冀，剪神农之后，诛榆冈于阪泉，而天下大定，都于上谷之涿鹿。"⑤

明代文献不见涿鹿说。清时，涿鹿说也不流行。清顾祖禹撰《读史方舆纪要·历代州域形势》考证引用前代文献，载："昔黄帝方制九州，列为万国。《周公职录》：黄帝割地布九州。《汉志》：黄帝方制万里，画野分州。《都邑考》曰：黄帝邑于涿鹿之阿。《括地志》：妫州怀戎县东南五十里有涿鹿山，城在山侧，黄帝所都也。"但同时在卷四七《河南二·开封府》中亦言黄帝都于古有熊之地的新郑，其曰："新郑县，在府西南二百二十里，古有熊地，黄帝都焉。周封黄帝后于此。"这种情况大概可以从清朱彝尊撰

---

① 罗泌：《路史》，《四库全书》第383册，台湾商务印书馆影印本，第114—115页。
② 魏收：《魏书》，中华书局1974年版，第359页。
③ 顾野王著，顾恒一等辑注：《舆地志辑注》，上海古籍出版社2011年版，第108页。
④ 李泰：《括地志》卷四，中华书局1980年版，第178页。
⑤ 张君房纂，蒋力生等校释：《云笈七签》，华夏出版社1996年版，第609页。

《日下旧闻考》中找到合理的解释，其卷二载："《舆地志》云：涿鹿，黄帝初都，迁有熊也。"即清人也接受了黄帝初都涿鹿而后迁有熊之说。

由上而言，黄帝故里山东说的源头是《帝王世纪》之黄帝生于寿丘，由寿丘的解释演绎而成（与此并行，也形成了另一种解释——上邽说）。相较而言，罗苹与郦道元的存疑笔法不同，他直接肯定了黄帝出生之地寿丘在"上邽"。黄帝故都涿鹿说来源较为突兀，据推测应与涿鹿之战有关。

四 桥山之争

司马迁《史记·五帝本纪》载："黄帝崩，葬桥山。"汉武帝率十余万大军北巡朔方，归来"祭黄帝冢桥山"。自此以后，桥山之名不胫而走，成为后人热议的地方。对于时人而言，大概桥山是一个很确切的唯一的地方，但越是往后，越争论不休。即桥山在哪儿？按照今天较为流行的看法，这个桥山应该在子午岭，但甘肃正宁、河北涿鹿是桥山所在地的说法仍被部分学者坚持，故而依然争论激烈。

从早期的文献记载来看，争论基本限于"假葬"和衣冠冢，对于桥山的地理位置并没有注脚，因此可以基本肯定桥山的地理位置是确定的。但到了唐代，这一局面被打破。《史记三家注》对"黄帝崩，葬桥山"的注解为：

[集解]：《皇览》曰："黄帝冢在上郡桥山。"
[索隐]：《地理志》：桥山在上郡阳周县，山有黄帝冢也。
[正义]：《括地志》云："黄帝陵在宁州罗川县东八十里子午山。地理志云上郡阳周县桥山南有黄帝冢。"案：阳周，隋改为罗川。尔雅云山锐而高曰桥也。[1]

由此可见，至少在唐代已经形成桥山在上郡阳周县和宁州洛川县两种说法。所以说，《史记三家注》开桥山之争之先河。

---

[1] 司马迁：《史记·五帝本纪》，中华书局1982年版，第11页。

宋代，官僚士大夫仍有采用黄帝归葬阳周"桥山"（或乔山）之说，如宋代李昉等撰《太平御览》卷七十九引《史记》《帝王世纪》等，言黄帝"葬于上郡阳周之乔山"。自宋以后，国家祭祀黄帝时，似乎看不到对黄陵之地的质疑。比如宋代重视整修黄帝庙、元代设立三皇庙、明洪武时期桥山黄帝陵列为国家祭祀始祖的圣地、清朝祭祀黄帝陵频见于史载。

然而，今天关于桥山地理位置的争论却较为热烈。

曲辰《桥山黄帝陵考辨》[①]一文的观点是涿鹿说的代表。该文认为："自东汉改制，在帝都明堂设神位以祭，帝王不再亲往桥山，这就给竭力攻击司马迁述史'甚多疏略，或有抵捂……又其是非颇缪于圣人'的班固提供了可乘之机，将桥山从涿鹿笔移于千里之外的陕北，在《前汉书·地理志》上郡阳周县条下自注云：'桥山在南，有黄帝冢。莽曰上陵畤。'此后，北齐的魏收，唐朝的肃德言、李吉甫，北宋的王钦若等又相继附会，由此，在中国史、地著作中，自后汉以来就依次出现了涿鹿、阳周、真宁、子午岭、中部等不同的桥山记载，造成了千古史谜。"曲辰甚至言"黄陵说"历时较短，反倒是"阳周说"历时长，是"黄陵说"的两倍。[②]

正宁桥山黄帝冢的说法主要来源于甘肃宁县人张耀民，其撰文《黄帝冢原址考——黄帝冢"在宁州罗川县东八十里子午山"》指出：

> 据《史记》记载子午岭上有"正南北相直"的秦直道或驰道。《读史方舆纪要》云："雕岭，真宁县东五十里，绵延高耸，亦即子午山别阜矣，上有秦时驰道，今有雕岭巡司，在县东百里。"《庆阳府志》亦云"秦直道在罗川县东九十里"。《元和志》云："因襄乐县（今宁县襄乐镇）东八十里子午山，始皇自九原抵云阳，即此道也。"县志在雕岭上，俗名圣人道，秦以天子为圣故名。经1989年考查证

---

① 此文原载于1996年4月台湾《历史》月刊第99期卷首，题为《黄帝陵千古之谜》。
② 曲辰：《桥山黄帝陵考辨》，《张家口职业技术学院学报》2000年第1期。该文引用的主要证据有：《后汉书·郡国志》于上谷郡涿鹿条下记："黄帝所都，有蚩尤城、阪泉地、（桥山）黄帝祠。"三国时之《魏土地记》载："下洛城（即今涿鹿城）东南四十里有桥山，山下有温泉，泉上有祭堂，雕檐华宇，被于浦上。"

实，此道在子午岭分水岭，由南向北行进，经庆阳地区内达290公里，至今遗址尚在。"应该说，主峰上早就存在着一条小道，直道是在原有基础上修建的"。（详见《甘肃社会科学》1991年第3期《甘肃庆阳地区秦直道考查报告》一文）秦直道或驰道遗址证实，黄帝"西至于空桐，登鸡头"，秦始皇"巡陇西、北地（今宁县），出鸡头，过回中"以及汉武帝"北巡朔方"等，皆经此道，汉武帝也绝不会拐道二百里（《中部县志》云子午岭在县西二百里）而去"还祭黄帝冢桥山"的。秦直道遗址更证实：《括地志》云："黄帝陵在宁州罗川县东八十里子午山"，《地理志》云："上郡阳周桥山南有黄帝冢"以及《庆阳府志》云"秦直道在罗川县东九十里"等记载是完全属实的。秦直道或驰道遗址证实了黄帝冢确实在罗川县东九十里秦直道之间；黄帝冢在秦直道或驰道西侧，也绝不会在子午岭主峰东侧，距秦直道约二百里之"桥山东麓"，这也是无可置疑的。

以上两说自成一家之言。目前学界的主流仍然认可"黄陵说"，主要原因是黄陵桥山黄帝庙祭祀已千余年，为其他地方所不能及。最初，黄帝庙在黄帝陵一侧，后毁而修、修而毁常常发生。唐代宗大历七年（772），唐王朝开始在这里大兴土木，修建黄帝庙。从此，这里成为了官方唯一指定的祭祀黄帝场所，黄陵的祭祀黄帝典礼正式升格成为国家祭典。宋太祖年间，因山体滑坡，将轩辕庙迁到今址。也有人认为原址地方狭隘，不便于祭祀，也是为了避免水患，遂将处于桥山西麓的黄帝庙迁到了桥山东麓。现今的轩辕黄帝庙，是在此基础上修建而成。（此说多见于相关官网）因为历史久远的黄帝陵祭，留下了大量的有关祭祀的碑刻、文献等记载，所以"黄陵说"似难以撼动。

第二节　先秦至隋唐时期轩辕故里之争及演进

与轩辕故里相联系的地理概念，先秦秦汉时期基本上有轩辕丘、姬水，魏晋以后出现寿丘、天水，以及与轩辕故都紧密相连的"有熊"

(既是姓氏，也是国号) 而产生的有熊氏之地、墓葬之地桥山等，对于这些概念的认识分歧而产生诸多轩辕故里、故都，争论不休。在此过程中，皇甫谧的《帝王世纪》和司马迁的《五帝本纪》具有里程碑意义，基本奠定了轩辕故里、故都的讨论范围和路径。明以后，轩辕故里在相关的地方志中非常清晰。

一 轩辕故里问题的产生

轩辕故里问题的产生有两个原因，一是先秦秦汉时期有关黄帝的历史文献记载少，且记录文字简单；二是地理概念处于变迁之中，某些已经难以考证，故对当时的地理所指后世难以准确知晓。正因为记载简单甚至模糊，因而解读各异，以致形成了后世不同的轩辕（黄帝）故里之说。随着时间的推移，也就形成了不同的演进路径。

先秦秦汉时期，有关轩辕黄帝的记载寥寥无几。《国语》《史记》《大戴礼记》《焦氏易林》《五帝本纪》等文献记载均很简略。《国语》记载，司空季子曰："昔，少典娶于有蟜氏，生黄帝、炎帝。黄帝以姬水成，炎帝以姜水成。成而异德。故，黄帝为姬，炎帝为姜。二帝，用师以相济也，异德之故也。"[①] 显然，《国语》反映出时人地域意识的觉醒。其"黄帝以姬水成，炎帝以姜水成"引发了后世对于姬水的疑问、考究或引用，由此形成了轩辕故里讨论的中心之一——姬水所在地为轩辕故里。

司马迁在《五帝本纪》中说："黄帝居轩辕之丘，而娶于西陵之女，是为嫘祖。"[②] 戴德之《大戴礼记》也载："黄帝居轩辕之邱，娶于西陵氏之子，谓之嫘祖。"[③] 这些说法应该说来源于《世本》，说法略有不同，基本意思一致，其言："黄帝居轩辕之丘，而娶于西陵之子，是为嫘祖，产青阳及昌意。"[④] 因为"黄帝居轩辕之丘"，所以对"轩辕之丘"的考证推究便形成了又一个讨论中心——轩辕之丘所在地就是轩辕故里。

[①] 左丘明：《国语》卷十，上海古籍出版社1978年版，第98页。
[②] 司马迁：《史记》卷一，中华书局1982年版，第10页。
[③] 王聘珍：《大戴礼记解诂》，中华书局1983年版，第137页。
[④] 宋衷注，秦嘉谟辑本：《世本》卷一，中华书局2008年版，第12页。

第七章 轩辕黄帝故里故都之争

对于"黄帝以姬水成""黄帝居轩辕之丘"的说法,后世乃至当今没有人质疑,故一直被采信。但对于姬水、轩辕之丘在何处却争论不休,难以达成共识。特别是在人们地域观念强化的明清以后,更是难以达成一致。

二 魏晋至隋唐时期新问题的产生及演进

在仍未弄清楚姬水、轩辕之丘等问题之时(或许时人对此并无异议,只是在后来才弄不清楚这些问题),新的问题产生了。

(一)问题一:黄帝生于寿丘还是天水(上邽)?

1. 黄帝生于寿丘?

晋代皇甫谧《帝王世纪》既认可了此前姬水、轩辕之丘之说,并说出了轩辕黄帝出生、建都等,其言:

> 黄帝有熊氏,少典之子[①],姬姓也。母曰附宝。其先即炎帝,母家有蟜氏之女,世与少典氏婚,故国语兼称焉。及神农氏之末,少典氏又取附宝,见大电光绕北斗枢星,照郊野,感附宝,孕二十五月,生黄帝于寿丘。长于姬水,龙颜,有圣德,受国于有熊,居轩辕之丘,故因以为名,又以为号。[②]

可以说,自此以后,轩辕故里的《帝王世纪》时代开始了。同时期略后,东晋干宝《搜神记》、梁萧绎《金楼子》的记述与此一致,只不过后者并未明言黄帝生于何地。[③]

[①] 王献唐认为:"黄帝乃有熊氏之后,与少典无涉,后世传为少典者,殆黄族欲收服炎族之心,故以同族自居,亦谓少典之裔也。"《炎黄氏族文化考》,青岛出版社2006年版,第7页。按照此说,黄帝有熊氏的说法应该有误。

[②] 皇甫谧著,徐宗元辑:《帝王世纪》,中华书局1964年版,第14页。

[③] 《搜神记》载:"黄帝有熊氏,少典之子。母曰附宝,其先即炎帝,母家有熊氏之女,世与少典氏婚。及神农之末,少典氏又娶附宝。见大霓光绕北斗枢星,照郊野。附宝孕二十五月,生黄帝于寿丘。"萧绎《金楼子》卷一《兴王篇一》载:"黄帝有熊氏,号轩辕,亦曰帝鸿,少典之子也,姬姓也。又姓公孙。少典娶有乔女附宝,见大电光绕北斗枢星照郊野,附宝孕二十月生黄帝。龙颜,有圣德。生而神灵,弱而能言,幼而徇齐,长而敦敏,成而聪明。受国于有熊,居轩辕之邱,乃与炎帝战于阪泉之野,三战然后得行其志。"

2. 黄帝生于天水？

北魏地理学家郦道元《水经注》卷十七《渭水》载：

> 渭水又东南合泾谷水，水出西南泾谷之山，东北流，与横水合，水出东南横谷。西北径横水圹，又西北入泾谷水，乱流西北，出泾谷峡。又西北，轩辕谷水注之，水出南山轩辕溪。南安姚瞻以为黄帝生于天水，在上邽城东七十里轩辕谷。皇甫谧云生寿邱，邱在鲁东门北。未知孰是也？①

在《帝王世纪》的时代，"黄帝生于天水"是这个时代主流学说的一大缺口。

皇甫谧的《帝王世纪》和司马迁的《五帝本纪》同样具有里程碑意义。《帝王世纪》记载得如此清楚，将轩辕黄帝的基本生平如此具体地呈现出来，来源或文献、或口头相传，想必是有一定依据的，但依据是什么却不得而知。同时，其中许多神秘化的记述同样具有里程碑意义。

大概因为寿丘说不胫而走，在魏晋乃至隋唐时期，都很流行，也成为后世学者的重要依据。所以，唐代基本承袭了魏晋时期的观点，甚至完全引用其说法。在寿丘的理解上基本上也承袭了魏晋时期"邱在鲁东门北"即山东之说。

唐初高祖下令编修的类书《艺文类聚》卷十一《帝王部一·黄帝轩辕氏》则完全照搬了《帝王世纪》。张守节《史记正义》中关于黄帝，也是完全引用前人皇甫谧的说法。房玄龄等人著《晋书》之《地理志四上》同样认为"黄帝生于寿丘，而都于涿鹿"。唐初《轩辕黄帝传》② 应该是首次为黄帝立传，其曰："轩辕黄帝，姓公孙，有熊国君少典之次子也。其母西乔氏女，名附宝。瞑见大电光绕北斗枢星，照于郊野。附宝感之而有

---

① 郦道元撰，陈桥驿校释：《水经注》，中华书局2009年版，第429—430页。
② 据张固也《〈轩辕黄帝传〉考》认为《轩辕黄帝传》并非南宋之作，而是唐初作品，晚唐王瓘《广黄帝本记》实即增广此书而成。《社会科学战线》2008年第1期，第79—83页。

娠。以枢星降，又名天枢。怀之二十四月生轩辕于寿丘。"① 而李贤注《后汉书》也完全引用《帝王世纪》："生黄帝于寿丘，在鲁城东门之北。"②

这样，有唐一代，整个官僚士大夫基本采信了《帝王世纪》的说法，以至于其他文献中几乎千篇一律：黄帝生于寿丘，长于姬水，都于涿鹿后迁有熊，葬于桥山。因此，整个隋唐时期，寿丘山东说占据统治地位，南安姚瞻"黄帝生于天水"说一度销声匿迹。由此可以进一步看出《帝王世纪》的里程碑意义。

只不过到了宋代，除了山东说继续流行之外，罗苹为其父罗泌所著《路史》作注时，否定了《帝王世纪》关于寿丘山东说和其父采用的皇甫谧之说，言"寿丘，在上邽"。因为有了《帝王世纪》说、罗苹说等说法，后世便有了充分的材料依据而加以引证，故而争论不休。

因为魏晋及以后，轩辕故都、墓地等问题有时与轩辕黄帝故里相为表里，互为印证，故有必要对此也做一基本梳理。由此就有以下两个问题：

（二）问题二：黄帝都于何处？

1. 有熊（新郑）说

黄帝名号比较流行的说法有二：一是轩辕氏，二为有熊氏。早期的文献如《左传》引郯子语，曰："吾祖也，我知之。昔者黄帝氏以云纪，故为云师而云名。"即黄帝以"云"为名号。汉以前的文献几乎不言黄帝名号，直言"黄帝"。直至汉代，黄帝"轩辕"名号才流行并确立，并一直相传至今。如《大戴礼记》引孔子语言"黄帝，少典之子，曰轩辕"；《史记》曰："黄帝，少典之子，姓公孙，名曰轩辕。"此后"黄帝轩辕氏"被广泛采信，且何以黄帝号"轩辕"便成为学者阐释的内容之一。

黄帝有熊氏名号同样为《史记》所奠基，此后经班固、皇甫谧等肯定，至宋代已无争议。因为"有熊氏"之名号，其地便成为注解的重要概念，并由此产生了黄帝都"有熊"，而新郑为古有熊国之地，所以得出新郑为黄帝故都之结论。《史记三家注》肯定了黄帝即为"有熊氏"，且推论

---

① 《轩辕黄帝传》，中华书局1991年版，第1页。
② 范晔：《后汉书》，中华书局1965年版，第3430页。

出新郑就是"有熊氏之墟，黄帝之所都"。因而唐代以来，"黄帝有熊氏"、黄帝都新郑已经被广泛采信。唐代李泰《括地志》卷六载："郑州新郑县，本有熊氏之墟也。"[1] 杜佑《通典·州郡七》载："新郑，汉旧县，春秋郑国，至韩哀侯灭郑，自平阳徙都之。有溱洧二水，祝融之墟，黄帝都于有熊，亦在此地，本郑国之地。"[2]《史记三家注》之唐代张守节所撰《史记正义》、唐司马贞《史记索隐》是其代表，其言：

（黄帝者）【集解】：徐广曰："号有熊。"【索隐】：案：有土德之瑞，土色黄，故称黄帝，犹神农火德王而称炎帝然也。此以黄帝为五帝之首，盖依《大戴礼·五帝德》。又谯周、宋均亦以为然。而孔安国、皇甫谧帝王代纪及孙氏注系本并以伏牺、神农、黄帝为三皇，少昊、高阳、高辛、唐、虞为五帝。注"号有熊"者，以其本是有熊国君之子故也。亦号轩辕氏。皇甫谧云："居轩辕之丘，因以为名，又以为号。"又据《左传》，亦号帝鸿氏也。【正义】：《舆地志》云："涿鹿本名彭城，黄帝初都，迁有熊也。"案：黄帝有熊国君，乃少典国君之次子，号曰有熊氏，又曰缙云氏，又曰帝鸿氏，亦曰帝轩氏。母曰附宝，之郊野，见大电绕北斗枢星，感而怀孕，二十四月而生黄帝于寿丘。寿丘在鲁东门之北，今在兖州曲阜县东北六里。生日角龙颜，有景云之瑞，以土德王，故曰黄帝。封泰山，禅亭亭。亭亭在牟阴。

（少典之子）【集解】：谯周曰："有熊国君，少典之子也。"皇甫谧曰："有熊，今河南新郑是也。"【索隐】：少典者，诸侯国号，非人名也。又案：《国语》云"少典娶有蟜氏女，生黄帝、炎帝"。然则炎帝亦少典之子。炎黄二帝虽则相承，如帝王代纪中间凡隔八帝，五百余年。若以少典是其父名，岂黄帝经五百余年而始代炎帝后为天子乎？何其年之长也！又案：《秦本纪》云"颛顼氏之裔孙曰女脩，吞鸟之卵而生大业，大业娶少典氏而生柏翳"。明少典是国号，非人名也。黄帝即少典

---

[1] 李泰：《括地志》，中华书局1980年版，第178页。
[2] 杜佑：《通典·州郡七》，浙江古籍出版社2000年版，第939页。

第七章 轩辕黄帝故里故都之争

氏后代之子孙，贾逵亦谓然，故《左传》"高阳氏有才子八人"，亦谓其后代子孙而称为子是也。谯周字允南，蜀人，魏散骑常侍征，不拜。此注所引者，是其人所著古史考之说也。皇甫谧字士安，晋人，号玄晏先生。今所引者，是其所作帝王代纪也。姓公孙，名曰轩辕。【索隐】：案：皇甫谧云"黄帝生于寿丘，长于姬水，因以为姓。居轩辕之丘，因以为名，又以为号"。是本姓公孙，长居姬水，因改姓姬。①

关于轩辕黄帝的姓氏，有轩辕氏②、有熊氏③等说法。围绕轩辕氏，产生轩辕丘的概念；围绕有熊氏，产生有熊国号。在考证黄帝故都时，黄帝之号有熊氏成为一个非常重要的证据。

司马迁《史记·五帝本纪》："自黄帝至舜、禹，皆同姓而异其国号，以章明德。故黄帝为有熊，帝颛顼为高阳，帝喾为高辛，帝尧为陶唐，帝舜为有虞。"④

魏晋时期，黄帝都"有熊"说较为流行。《帝王世纪》言"受国于有熊，居轩辕之丘"似乎是说黄帝建都和居住地为同一地方。东晋王嘉《拾遗记》载："轩辕黄帝出自有熊之国，母曰'吴枢'，以戊己之日生，故以土德称王，时有黄星之祥。"⑤魏晋时期已经完成了"有熊"由氏族之号到国号或都名的转变。《帝王世纪》之"受国于有熊"几为后世之圭臬。经常看到这样的现象：一些学者引经据典时，似乎有意无意模糊原文献和后人注之间的关系，把原文献和注不加区别一并引入，使读者

---

① 司马迁：《史记·五帝本纪》，中华书局1963年版，第1—2页。
② 据《罗氏拾遗》记载，轩辕和黄帝并非一人，其言："庄子注轩辕氏后，始有赫胥氏、尊卢氏、祝融氏、伏羲氏、神农氏、黄帝氏，《六韬》亦著轩辕氏在骊连氏、赫胥氏之间。轩辕，自古帝王一号也。古币亦有轩辕、黄帝之分，轩辕币始作货，黄帝币又作布，则轩辕黄帝为二。又轩辕以车得名，轩辕睹转蓬之风，法制车轮。轩，车横木，辕，车直木。因以为号。黄帝见大螾，曰土气胜，土色黄，因号为黄帝。司马迁不详，乃玭黄帝名轩辕，后人从而讹，执古为信。"宋代罗璧《罗氏拾遗》卷八《轩辕黄帝》，《丛书集成初编》单行本，中华书局1991年版，第96页。
③ 徐旭生先生说："古书中只谈到少典，没有谈过有熊，有熊一名同黄帝、少典二名发生关系大约是比较晚近的事情，不足为信据。"《中国古史的传说时代》，广西师范大学出版社1985年版，第41页。
④ 司马迁：《史记·五帝本纪》，中华书局1982年版，第45页。
⑤ 王嘉：《拾遗记》，中华书局1991年版，第13页。

误以为均来源于该文献。比如："焦赣《焦氏易林》载：'黄帝，有熊国君少典之子。有熊，即今河南新郑是也。'"其实这是后人加的注。还有学者将后世的理解变成了原文献的内容，如"东汉班固《白虎通·号篇》：'黄帝有天下，号曰有熊。'"其实原文献为："黄帝有天下，号曰自然，独宏大道德也。"① 只是后世有人认为"自然"应为"有熊"。故使很多学者引用时"自然"变成"有熊"，让人误认为《白虎通·号篇》记载是"有熊"。

隋唐时期这一说法的统治地位基本确定下来。李吉甫《元和郡县图志》卷八言："新郑县，紧。东北至州九十里。本有熊氏之墟，又为祝融之墟。"② 李泰《括地志》卷四言："郑州新郑县，本有熊氏之墟也。"③ 杜佑《通典·州郡七》载："新郑，汉旧县，春秋郑国，至韩哀侯灭郑，自平阳徙都之。有溱洧二水，祝融之墟，黄帝都于有熊，亦在此地，本郑国之地。"④ 由此而言，有熊由最初的姓氏之号而逐渐演变为都之号，至唐以后，被基本确定下来。自唐以后，有熊说非常流行，居于主导和统治地位。

2. 先都涿鹿，后迁有熊

同时期仍流行另外一种说法，即黄帝先都涿鹿，后迁有熊。

《魏书》记载，高祖欲迁都，燕州刺史穆罴："臣闻黄帝都涿鹿。以此言之，古昔圣王不必悉居中原。"高祖曰："黄帝以天下未定，居于涿鹿；既定之后，亦迁于河南。"⑤ 唐李大师和李延寿等撰《北史》也有相同收录。间接地证明了黄帝初都涿鹿，后迁都河南。这一说法得到部分唐人的认可而采用。《史记》之《正义》载：

《舆地志》云："涿鹿本名彭城，黄帝初都，迁有熊也。"案：黄

---

① 班固：《白虎通·号篇》，湖北崇文书局光绪元年版，第7页。
② 李吉甫：《元和郡县图志》卷八，中华书局1983年版，第205页。
③ 李泰：《括地志》卷四，中华书局1980年版，第178页。
④ 杜佑：《通典》卷七，浙江古籍出版社2000年版，第939页。
⑤ 魏收：《魏书》，中华书局1974年版，第359页。

帝有熊国君，乃少典国君之次子，号曰有熊氏，又曰缙云氏，又曰帝鸿氏，亦曰帝轩氏。母曰附宝，之祁野，见大电绕北斗枢星，感而怀孕，二十四月而生黄帝于寿丘。寿丘在鲁东门之北，今在兖州曲阜县东北六里。生日角龙颜，有景云之瑞，以土德王，故曰黄帝。封泰山，禅亭亭。亭亭在牟阴。少典之子。①

但对于涿鹿认识也有分歧，一说河北涿州，一说江苏彭城。唐人似乎对于彭城说认可度并不高。江苏彭城说的依据来自于《舆地志》，其载："涿鹿本名彭城，黄帝初都，迁有熊也。"② 这一说法虽被唐张守节在《正义》中引注，但并未认可涿鹿即彭城的说法。在《史记·五帝本纪》"北过涿鹿"一语中张守节云："涿鹿山在妫州东南五十里，山侧有涿鹿城，即黄帝、尧、舜之都也。"妫州，唐朝州名。治在今河北省涿鹿县城西南二十里的保岱（天宝初年改妫州为妫川郡。乾元元年恢复妫州。后晋天福三年作为燕云十六州的一部分被割让给契丹。契丹改名为可汗州），故而张守节仍然认可河北涿州说。如下图：

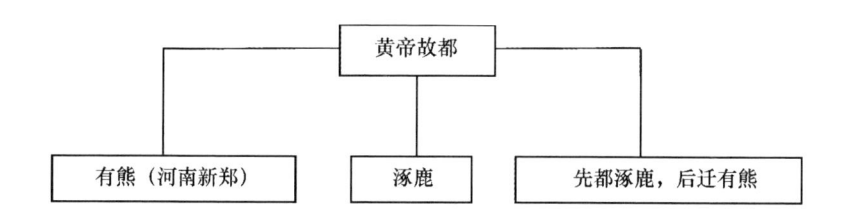

```
              ┌─────────────┐
              │  黄帝故都    │
              └──────┬──────┘
        ┌────────────┼────────────┐
┌───────┴──────┐ ┌───┴───┐ ┌──────┴──────────┐
│有熊（河南新郑）│ │ 涿鹿  │ │先都涿鹿，后迁有熊│
└──────────────┘ └───────┘ └─────────────────┘
```

黄帝故都诸说图

（三）问题三：桥山在哪儿？

《史记》卷二八《封禅书》载：

> 其来年冬，上（汉武帝）议曰："古者先振兵释旅，然后封禅。"

---

① 司马迁：《史记·五帝本纪》，中华书局1982年版，第10页。
② 顾野王著，顾恒一等辑注：《舆地志辑注》，上海古籍出版社2011年版，第108页。

乃遂北巡朔方，勒兵十余万，还祭黄帝冢桥山，释兵须如。上曰："吾闻黄帝不死，今有冢，何也？"或对曰："黄帝已仙上天，群臣葬其衣冠。"既至甘泉，为且用事太山，先类祠太一。①

东汉班固《汉书·地理志》上郡阳周县条下注云："桥山在南，有黄帝冢。"由此可见，汉代已经基本形成桥山为黄帝衣冠冢之地的认识，也被后人所认可。

汉魏之间的刘向《列仙传》指出黄帝"假葬桥山"。其载：

黄帝者，号轩辕。能劾百神朝而使之。弱而能言，圣而预知，知物之纪。自以为云师，有龙形。自择亡日，与群臣辞。至于卒，还葬桥山，山崩，柩空无尸，唯剑舄在焉。仙书云：黄帝采首山之铜，铸鼎于荆山之下，鼎成，有龙垂胡髯下迎帝，乃升天。群臣百僚悉持龙髯，从帝而升，攀帝弓及龙髯，拔而弓坠，群臣不得从，望帝而悲号。故后世以其处为鼎湖，名其弓为乌号焉。神圣渊玄，邈哉帝皇。莅万物，冠名百王。化周六合，数通无方。假葬桥山，超升昊苍。②

唐代仍继承这一说法。唐代《广黄帝本行记》言，黄帝乘龙登天，"有臣左彻削木为黄帝像，率诸侯而朝奉之。臣僚追慕，取几杖立庙而祭之。取衣冠置墓而守之，于是有乔山之冢"③。

约魏晋后期至隋唐时期，对于桥山的理解出现了分化，如前文引用《史记三家注》形成的两种说法。

此后，官僚士大夫仍有采用黄帝归葬阳周"桥山"（或乔山）之说，如宋代李昉等撰《太平御览》卷七九引《史记》《帝王世纪》等，言黄

---

① 司马迁：《史记·封禅书》，中华书局1982年版，第1396页。
② 刘向撰，王叔岷校笺：《列仙传》，中华书局2007年版，第9页。
③ 王瓘：《广黄帝本行记》，中华书局1991年版，第7页。对乔山之冢，嘉庆年间顾广圻注曰："在上郡阳周县有桥山，又肤施县有黄帝祠，坊州桥山有黄帝冢。"

帝"葬于上郡阳周之乔山"①。但分化是明显的，而且，除了宁州说②外，黄陵说逐渐占据统治地位。徐旭生说，"近代的书全说它在黄陵县境内"，北宋以前的书全说它在阳周县境内。③ 如前文所言，曲辰考证认为桥山在涿鹿。

三 轩辕故里问题

因为问题较多，内容庞杂，故这里以轩辕故里为核心做一粗浅分析。

据现有掌握的文献来看，轩辕故里的概念出现在唐初。成书于唐太宗贞观十年（636）的《隋书》记载说，刘昉（博陵望都人，今河北安定）早年因为"定策"之功，被高祖授以大将军，封为黄国公。其"自恃其功，颇有骄傲之色"。高祖受禅后，升任柱国，改封为舒国公，闲居无事，郁郁不得志。后来与柱国梁士彦、宇文忻数相来往，相与谋反，答应推梁士彦为帝。事遭泄露，高祖欲诛杀，下诏曰："（刘昉）尝共士彦论太白所犯，问东井之间，思秦地之乱，访轩辕之里，愿宫掖之灾。唯待蒲坂事兴，欲在关内应接。"④ 这与《北史·刘昉传》记载完全相同。⑤

刘昉所问"东井之间"，所思"秦地"，所访"轩辕之里"应该相距不远。《战国策》载："外自弘农故关以西，京兆、扶风、冯翊、北地、上郡、西河、安定、天水、陇西皆秦地。"一说"秦地"在今甘肃天水一带，是指秦的封地。"轩辕之里"应是今天"轩辕故里"之意。这是笔者所见最早的"轩辕故里"的概念。

---

① 李昉等：《太平御览》卷七九，中华书局1995年版，第367页。
② 《庄子·外篇》至乐第一八载："昆仑之虚，黄帝所休。"这是黄帝墓葬之地之意，是关于黄帝墓葬的最早记载。这与后来的《汉书》、唐代《括地志》《元和郡县志》《通典》相呼应。《括地志》云："黄帝陵在宁州罗川县东八十里子午山。"《元和郡县志》卷三《关内·道宁州》云："子午山，亦曰桥山，在县东八十里，黄帝陵在山上，即群臣葬衣冠之处。"中华书局1983年版，第65页。
③ 徐旭生：《中国古史的传说时代》，文物出版社1989年版，第42页。
④ 魏徵：《隋书》，中华书局1973年版，第1134页。
⑤ 《北史》是汇合并删节记载北朝历史的《魏书》《北齐书》《周书》而编成的纪传体史书。但后三史均未记载此诏。

(一) 早期路径分析

1. 汉代轩辕故里之争

司马迁在《五帝本纪》末,以"太史公曰"论述了学者关于黄帝的认识,并讲述了他所到之处的见闻,曰:"学者多称五帝,尚矣。然尚书独载尧以来;而百家言黄帝,其文不雅驯,荐绅先生难言之。孔子所传宰予问五帝德及帝系姓,儒者或不传。余尝西至空桐,北过涿鹿,东渐于海,南浮江淮矣,至长老皆各往往称黄帝、尧、舜之处,风教固殊焉,总之不离古文者近是。予观《春秋》、《国语》,其发明五帝德、帝系姓章矣,顾弟弗深考,其所表见皆不虚。书缺有间矣,其轶乃时时见于他说。"①

从司马迁之语中我们可以获取以下信息:第一,学者据《尚书》所言五帝缺乏信度,因为《尚书》自尧开始;第二,百家之言理性考证不够;第三,民间存有轩辕故里之争;第四,《春秋》和《国语》"表见皆不虚",即为信史。

民间对黄帝故里的认识和争论,反映了当时社会对黄帝的尊崇和重视,从中亦能看出民间的地域意识、文化意识,甚至正统意识的觉醒。司马迁所言其到之处皆有轩辕故里之说,与黄帝"迁徙往来无常处"有关,言黄帝故里者,亦必然留下黄帝的遗存,故不足为奇。但这或许成为后世轩辕故里之争的源头。

然而,司马迁在《五帝本纪》中,仍表达了他关于轩辕故里的看法,说:"黄帝居轩辕之丘,而娶于西陵之女,是为嫘祖。"即轩辕故里在轩辕之丘,但轩辕之丘是何地却不得而知。因为司马迁对文献的研究考证和四处走访,故其可信度高,所以这是一条非常有价值的记载。由此,轩辕之丘成为考证轩辕故里的主要思路之一。

先秦秦汉时期的文献,涉及轩辕故里其地线索的记载并不多。与前记《五帝本纪》同样的记载来源于《大戴礼记》,其载:"黄帝居轩辕之邱,娶于西陵氏之子,谓之嫘祖。"② 由此,轩辕之丘的地理位置成为又一个关

---

① 司马迁:《史记·五帝本纪》,中华书局1982年版,第46页。
② 王聘珍:《大戴礼记解诂》,中华书局1983年版,第137页。

键问题。《焦氏易林》言:"黄帝所生,伏羲之宇。兵刃不至,利以居止。"因为伏羲出生天水地区,故黄帝所生之地就在天水地区。这是一条有力的证据。但焦延寿之言并没有引起当时及后世学者的足够重视,造成这一探究路径基本断裂,迟至今日才有学者予以关注。[①] 根据《山海经》等文献,也可以大致推断出,轩辕之丘应在今甘肃清水县境内。[②]

2. 姬水

《国语》之"黄帝以姬水成",其内涵应有两种可能:一是黄帝"生"和"长"于姬水,二是只长于姬水。如果属于前者,那么就可肯定轩辕故里在姬水流域;如属于后者,这一记载就并无"轩辕故里"的直接价值意义,而只能据此推断。从前文所引文献来看,后世的注解基本为后者,因为大约自晋代《帝王世纪》伊始,黄帝生于寿丘,长于姬水,葬于桥山,几成定论。

对后人来说,另一个更为关键的问题是姬水在哪儿。因姬水所在,史无明载;所以,《国语》给后人留下了诸多想象和推理的空间,也引发了激烈的争论。学者不得不依靠其他史料加以印证、佐证。今天,对姬水所在有三种说法:第一,陕西渭水支流,武功县漆水河或黄陵县沮河。[③] 第二,今新郑溱水可能是古有熊国之姬水。认可此观点的学者较多。[④] 第三,渭河上游。范三畏先生说:"黄帝族的发祥地,应在渭河中上游及其支流,耤河、牛头河一带,其南境则为西汉水上源及其支流永宁河上源一带。黄帝及其后裔在这一带所建之国,可考者有轩辕之国、氐人之国、西鲁之国

[①] 李清凌:《华夏文明的曙光》,中国社会科学出版社2013年版,第36页。

[②] 赵世明:《再论轩辕故里在清水》,载雍际春主编《陇右文化论丛》第四辑,三秦出版社2014年版,第83—91页。

[③] 杨东晨:《从南北民族迁徙与文化交流论炎帝遗迹》(《宝鸡文理学院学报》1994年第2期)一文认为:"黄帝氏族,居于天水,后东徙,居于姬水,再经正宁入居桥山。"高光晶《两晋时期北方的民族融合》(复印报刊资料《中国古代史》1981年第3期)认为:"据说姬水流域即今关中平原北部,住着黄帝的姬姓部落群。"

[④] 可参见刘文学《黄帝所居"姬水"新观察——今新郑溱水可能是古有熊国之姬水》(《黄河科技大学学报》2012年第4期)。另外,河南省炎黄文化研究会等于1993年4月17日在新郑县辛店乡联合举办了学术研讨会。研讨会着重讨论了轩辕故里与姬水河的关系问题、少典活动遗迹与姬水的关系、姬水—溱水之变化,"到会专家学者通过各个学科充分研讨和论证,一致认为,溱水就是姬水,今后,应重新用姬水河原名"。

等。"他还认为,古姬水就是渭河。何光岳先生认为清水县城东约 30 里的白沙乡的汤浴河是"姬水"。① 具体见下图:

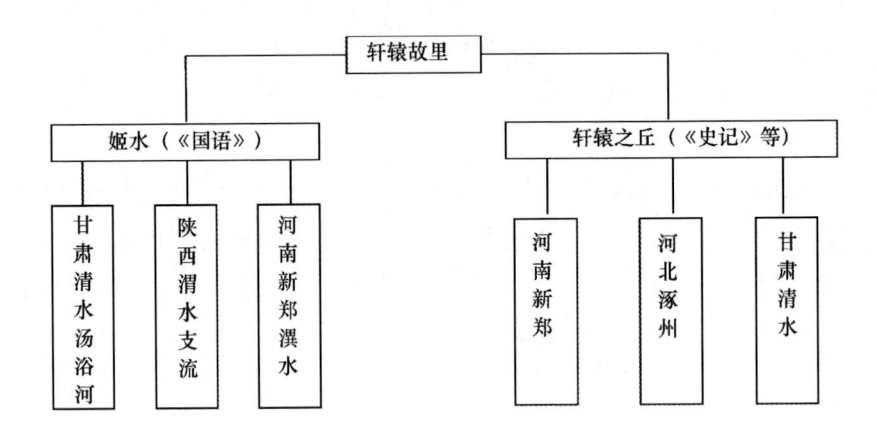

```
                        轩辕故里
                   ┌───────┴───────┐
             姬水(《国语》)      轩辕之丘(《史记》等)
           ┌─────┼─────┐      ┌─────┼─────┐
          甘肃  陕西  河南    河南  河北  甘肃
          清水  渭水  新郑    新郑  涿州  清水
          汤浴  支流  溱水
          河
```

黄帝故里诸说图

(二) 魏晋以后路径分析

作为里程碑意义,且被后世广泛采引的《帝王世纪》明言黄帝出生于"寿丘",无论正史,还是笔记小说,几乎均无异议。总体而言,寿丘乃"鲁东门北"之说长期占据统治地位。

先秦秦汉时期的文献并未明载轩辕之丘为何地,但《帝王世纪》言"黄帝受国于有熊,居轩辕之丘",使轩辕之丘与有熊国联系在一起,因而演绎出后来轩辕之丘在新郑之说,在宋明时期非常流行,似乎"居"和"生"已经成为同一概念。而且,因为魏晋时期有黄帝"生于寿丘",故而对轩辕之丘的注解似乎显得不那么重要。隋唐时期对于黄帝葬于何处的讨论着力更多,所以关于轩辕之丘已经少人问津。直到宋代,该问题才重新得到关注,轩辕之丘又一次被提了出来,因而问题又回到了最初状态,形成一条沿着轩辕之丘的分析路径。这时,一则轩辕之丘的地理位置很明

---

① 何光岳:《黄帝轩辕氏发祥地及其祭祀略论》,《轩辕故里》2010 年第 6 期。有学者认为姬水就是今渭水。参见刘起釪《古史续辨》,中国社会科学出版社 1991 年版。

确，二则"居"变成了"生"。① 与此同时，天水说在宋代又被提出。宋代罗泌《路史》卷一四《黄帝纪上》载："黄帝有熊氏，姓公孙，名荼。一曰轩，轩之字曰玄律。少典氏之子，黄精之君也。秘电绕斗轩而震，二十有四月而生帝子寿丘，故名曰轩。"罗苹对黄帝生于寿丘加注曰："寿丘，在上邽。或云济南，《世纪》又以为兖，俱非。详《水经注》。"② "详《水经注》"语，是说他所依据的是郦道元的《水经注》之记载。这样，问题又回到了原初——《帝王世纪》之寿丘。

《水经注》之记载南安姚瞻认为"黄帝生于天水，在上邽城东七十里轩辕谷"之言是今天"清水说"的重要依据。此后甚至有"戊己日生黄帝于天水"之说。③ 而且，仍需重视的是，《水经注》卷一七《渭水》卷所记"东亭水"和"桥水"，以及"泾谷水""轩辕谷水""轩辕溪"等水系，按照渭水的流域来看，均在今清水县境内，大致在清水县东南区域。这也是轩辕故里是清水的有力依据。见下图：

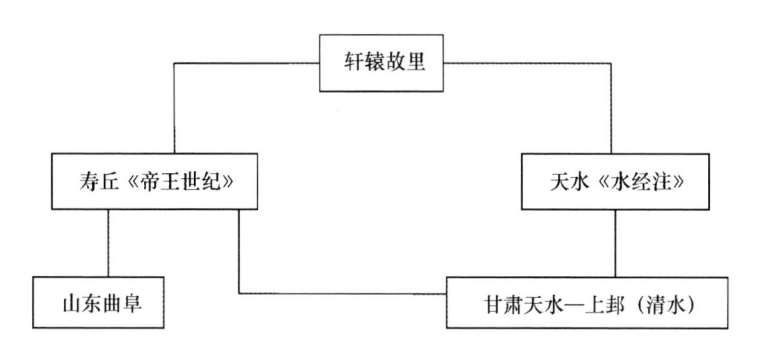

黄帝故里结论图

---

① 宋代潘自牧《记纂渊海·郡县部》载："轩辕丘在新郑县境，黄帝生此。"王钦若《册府元龟》卷二《帝系》载：黄帝轩辕氏，少典之子，有熊国君少典之子，姓公孙。一云姬姓，母曰附宝，居轩辕之丘，因以为名。李昉等撰《太平御览》卷七九《皇王部四》载："黄帝有熊氏，少典之子，姬姓……生黄帝于寿丘。长于姬水，因以为姓。受国于有熊，居轩辕之丘，故以为名，又以为号。"刘恕《通鉴外纪》卷一载：黄帝居轩辕之丘。明李贤《明一统志》卷二六《河南布政司》载："轩辕邱在新郑县境，古有熊氏之国。轩辕黄帝生于此，故名。"明代陆应明《广舆记》："轩辕丘新郑，古有熊氏之国。黄帝生此因名。"明曹学佺《天下名胜志》载："新郑县城内有轩辕丘。"

② 罗泌：《路史》卷一四《黄帝纪上》，《四库全书》第383册，台湾商务印书馆影印本，第114—115页。

③ 梁玉绳：《汉书人表考》卷一，《丛书集成初编》，商务印书馆1937年版，第20页。

明以后，因为距离今天较近，故很少存在对同一地名的天壤分歧。而且，地方志的繁荣，也为相关说法做了丰富的注脚。

从以上分析可知，沿着早期姬水、轩辕之丘之路径的探讨被魏晋时期寿丘说的出现而基本阻断。直至宋以后，以轩辕之丘作为轩辕故里依据的讨论再次高涨，但这已经是基于魏晋时期的认识之上的讨论，轩辕之丘往往和有熊氏、寿丘等概念联系在一起，故而结果倾向性较为明显。魏晋时期的寿丘说是整个轩辕故里问题的又一重要源头，沿着寿丘的讨论热度一直不降。而与之并行的天水说直到宋代被人重视，明清时期才得以流行起来。魏晋时期轩辕故里的争论基本上决定了后世争论的主要范围和结论。

对于今天而言，轩辕故里（黄帝故里）的重要性似乎超越了以往任何时候，学者的研究自然较之以往更加不遗余力。但需要指出的是，轩辕故里演变到今天说法种种，一个重要的原因是与其路径演进主线的偏离有一定关系。同时，概念性的模糊（有意无意似乎均存在）也是其中一个重要因素。剔除不必要的干扰因素，秦汉魏晋时期的说法对时人来说本就没有异议，故而沿着"轩辕之丘"和"寿丘"的路径，想必得出的是较为客观的结论。

对于寿丘的两种结论——山东（鲁城东门北）和上邽，今天的学者对其理解已很深刻："鲁国本为'少皞之墟'，是东夷集团的大本营，华夏集团的黄帝决不能生在那里。"① 顾颉刚先生认为："黄帝诚发源于西北，其故事大本营在西北，唯以崇拜之者浸多，自能传播而至东方。"并言"黄帝所以在西北者，祠之之秦人国于西北其大原因也。"② 费孝通《中华民族多元一体格局》一书依据《路史》《汉书人表考》等史书，认为"黄炎亲缘及姜水地理推断，则黄帝起源于陇山西侧的天水地区为近是"③。由此而言，机械地照搬是不可取的。同时，对于明清地方志的说法，也需辩证来看。

---

① 徐旭生：《中国古史的传说时代》，文物出版社1989年版，第41页。
② 顾颉刚：《史林杂识》，中华书局1963年版，第179页。
③ 费孝通：《中华民族多元一体格局》，中央民族大学出版社2003年版，第83—84页。

第七章 轩辕黄帝故里故都之争

第三节 宋元明清时期轩辕故里故都问题论争的新趋势

宋明时期，一方面，黄帝故里山东说和天水说并行发展，新郑说初创，形成三种说法，但相较而言，天水说认可度较高。另一方面，记载黄帝故都的文献至少有十余种之多，可见学者对黄帝故都问题的讨论着力更多。这些文献大都认为黄帝都新郑，使新郑说在宋代得以确立。同时，涿鹿说也见之史著。由此而言，宋明时期或者说宋代奠定了今天黄帝故里故都问题论争的基本格局。

一 宋代黄帝故里"天水说"成为后世的主要依据

先秦秦汉时期知识分子似乎不很在意黄帝故里故都，或者说这本身就不是问题。如《国语》仅言"黄帝以姬水成"，《史记》仅言黄帝"居轩辕之丘"。但根据《史记》记载："余尝西至空桐，北过涿鹿，东渐于海，南浮江淮矣，至长老皆各往往称黄帝、尧、舜之处。"① 可见民间倒是很热衷黄帝故里的讨论。

西晋皇甫谧《帝王世纪》开启"寿丘"说之后，② 对寿丘的地理注脚就成为新的问题，也由此引发了南北朝时期以至于后世关于寿丘在天水还是在山东的争论。北魏时期郦道元《水经注》卷十七《渭水注》里并存了两种说法，以"未知孰是也"做结，虽置于《渭水注》给人一种较为明确

---

① 司马迁：《史记·五帝本纪》，中华书局1982年版。司马迁反倒很确定地说黄帝"葬桥山"。
② 同时期略后的干宝《搜神记》载："黄帝有熊氏，少典之子。母曰附宝，其先即炎帝母家有熊氏之女，世与少典氏婚。及神农之末，少典氏又娶附宝。见大霓光绕北斗枢星，照郊野。附宝孕二十五月，生黄帝于寿丘。"由此而言，寿丘说并非一家之言。而且《帝王世纪》寿丘说的来源很可能是《纬书集成》，其《河图稽命徵》言："附宝见大电光绕北斗枢星，炤郊野，感而孕。二十五月而生黄帝轩辕于寿邱。"因为皇甫谧之前再无"二十五月"之说法。唯一所见《今本竹书纪年》有此说，但古本却没有，所以不足信。《尚书序》正义曰："《大戴礼》：'帝系出于《世本》。'"（齐鲁书社《世本》之《世本诸书论述》，2010年，第1页）《国语》言"黄帝之子二十五人"。《世本》卷一《帝系篇》："黄帝居轩辕之丘，娶西陵氏之女，谓之嫘祖，产青阳及昌意。"《大戴礼记》帝系第六十三："黄帝居轩辕之丘，娶西陵氏之子，谓之嫘祖氏，产青阳及昌意。"

·189·

的倾向，但本质上还是未下结论。

但到了宋代，罗苹却相当肯定地认为，黄帝出生于上邽。从宋代罗泌《路史》卷十四《黄帝纪上》的记载（前文已引述）来看，罗苹并没有新发现，依据仍然是《水经注》。罗苹如此肯定地说寿丘在天水，且言其他说法"俱非"，但《水经注》对于南安姚瞻的说法并不置可否。所以，罗苹如此斩钉截铁，让人费解。由于罗苹的依据依然是《水经注》，这样，问题又回到了南安姚瞻说，进一步其实是回到了原初——《帝王世纪》所开创之寿丘说。

二 宋明黄帝有熊氏名号及黄帝故都"新郑"说的确立

进入宋代以后，黄帝建都有熊——新郑的说法已经非常普遍，几成定论。如《续汉书·郡国志》载："河南尹新郑县，古有熊国，黄帝之所都。"[1] 刘恕《通鉴外纪》载："黄帝，有熊国君少典之子，姓公孙，名轩辕。生于寿丘，长于姬水，改姬姓。"[2] 欧阳忞《舆地广记》卷四《京西北路》载："新郑县，古有熊国，黄帝所都也。"[3] 这样的记载频见史端。[4]

宋代黄帝都有熊的说法，大都引用或认可了《帝王世纪》的说法，现将主要文献的记载罗列如下：

南宋郑樵《通志》卷一《三皇纪·黄帝》载："轩辕氏，亦曰地皇，亦曰有熊氏，亦曰帝鸿氏，亦曰归藏氏。或言有土德之瑞，故曰黄帝；有轩冕之服，故曰轩辕；作都于有熊，故曰有熊。少典娶于有蟜氏，孕二十

---

[1] 钱林书编著：《续汉书郡国志汇释》，安徽教育出版社2007年版，第22页。
[2] 刘恕：《通鉴外纪》，光绪庚寅上海积山书局石印。
[3] 欧阳忞著，李勇先等校注：《舆地广记》，四川大学出版社2003年版，第59页。
[4] 刘昫《旧唐书·天文志》："新郑为轩辕、祝融之墟，其中东鄙则入寿星。"宋代《御览》卷一百五十五载："黄帝都有熊，今河南新郑是也。"宋罗泌《国名记》："有熊帝之开国，今郑之新郑。"宋乐史《太平寰宇记》："新郑县，黄帝都于有熊即其地。"宋张君房《云笈七签》："轩辕黄帝，姓公孙，有熊国君少典之次子也。伏羲生少典，少典生神农及黄帝，袭帝位，居有熊之封焉……始学于大颠，长于姬水。帝年十五，心虑无所不通，乃受国于有熊，袭封君之地。在郑州新郑县。"明李贤《大明一统志·沿革》卷二六："新郑县，上古有熊国，在州城东北九十里，周时黄帝后于此为郐国，春秋时为郑武公之国，名曰新郑。"明大学士李东阳奉敕撰《历代通鉴纂要》："黄帝轩辕氏，姓公孙，改姓姬，名轩辕，有熊（今新郑县）国君少典之子，以土德王。神农氏衰，诸侯相侵伐，轩辕修德治兵，擒杀蚩尤于涿鹿（今涿州），诸侯咸尊轩辕为天子。"

· 190 ·

第七章 轩辕黄帝故里故都之争

四月,而生帝于寿丘。本姓公孙,以长于姬水,故改姓姬。帝生而神灵,弱而能言……聪明无不徇通。"

《稽古录》使用了"黄帝有熊氏"的说法。未言及"所都"。

《太平寰宇记》卷九《河南道九·新郑县》言:"昔黄帝都于有熊即此,其地又为祝融之墟。"

《舆地广记》卷九《京西北路》言:"新郑县,古有熊国,黄帝所都也。"

《皇王大纪》卷二《五帝纪》言:"母曰附宝,生轩辕于寿丘。长于姬水","都于有熊"。

《路史》卷十四《后纪五·黄帝纪上》言:"黄帝有熊氏,姓公孙,名荼,一曰轩。"(卷七《前纪七·轩辕氏》,记述上,轩辕与黄帝非一人)

北宋张君房《云笈七签》卷八五《轩辕黄帝》(同《列仙传》)、卷一百《轩辕本纪》亦认为轩辕黄帝为"有熊国君少典之次子也"。

《史记集解》为南朝宋时期裴骃所著,言:"谯周曰:'有熊国君,少典之子也。'皇甫谧曰:'有熊,今河南新郑是也。'"(谯周,三国蜀汉,公元201—270年。但《平津馆丛书》本《古史考》未载"有熊国君,少典之子也"语。)对"黄帝居轩辕之丘"注曰:"皇甫谧曰:'受国于有熊,居轩辕之丘,故因以为名,又以为号。山海经曰在穷山之际,西射之南。'张晏曰:'作轩冕之服,故谓之轩辕。'"

王钦若《册府元龟》卷二《帝系》载:"黄帝轩辕氏,少典之子,有熊国君少典之子,姓公孙。一云姬姓,母曰附宝,居轩辕之丘,因以为名。"

李昉等撰《太平御览》卷七九《皇王部四》载:"黄帝有熊氏,少典之子,姬姓……生黄帝于寿丘。长于姬水,因以为姓。受国于有熊,居轩辕之丘,故以为名,又以为号。"

南宋《轩辕黄帝传》言:"黄帝都于涿鹿城。"

南宋范晔《后汉书·郡国志》言:"河南尹新郑,黄帝之所都。"

元代胡一桂《史纂通要》卷一《黄帝》载:"黄帝有熊氏,姓公孙,有熊国君少典之子。都于轩辕之丘,以土德王。"胡一桂认为黄帝"都于轩辕之丘"，这是关于黄帝所都的又一开创之说。

到了明代，这一情况发生很大变化。明人似乎对黄帝并不热衷，鲜有文献对黄帝进行详细的考证或传述，这与唐宋时期黄帝传记之兴盛形成强烈的反差，实令人大惑不解。明人王三聘《古今事物考》①、董斯张《广博物志》两著是不可多得的涉及黄帝内容稍详的文献。两著均重在建构黄帝的文明开创，而对黄帝故里故都问题却避而不谈。大学士李东阳奉敕撰《历代通鉴纂要》中述及黄帝故都问题，其言："黄帝轩辕氏，姓公孙，改姓姬，名轩辕，有熊（今新郑县）国君少典之子，以土德王。神农氏衰，诸侯相侵伐，轩辕修德治兵，擒杀蚩尤于涿鹿（今涿州），诸侯咸尊轩辕为天子。"算是明代较为罕见的黄帝名号和新郑故都说的一个支撑。

特别有意思的是，明代正史似乎并未采信宋人说法。《大明一统志》卷二六《河南布政司·新郑县·襄城县》言："轩辕丘，在新郑县境，古有熊氏之国，轩辕黄帝生于此，故名。"即新郑为"黄帝故里"，而非唐宋流行的"黄帝故都"。这成为明代有关黄帝问题的第二个不得其解。这大概是明代关于黄帝故里问题的唯一记载。

由上而言，宋明时期是黄帝故都新郑说的确立时期，而明代则又成为黄帝故里新郑说的开创时期。黄帝故里故都新郑说的源头，仍可上溯到先秦秦汉时期的黄帝居轩辕之丘和"有熊氏"之名号的出现。中间惊人的转折是《帝王世纪》之黄帝生于寿丘。

然而，清代一改明代疏落黄帝之状况，一方面，大量文献言及故里故都，新郑说再次广泛传播。如《河南通志》《竹书纪年集证》《御批历代通鉴辑览》《大清一统志》《读史方舆纪要》《纲鉴易知录》《竹书纪年统笺》《历代统纪表》等。另一方面，轩辕故里"清水说"也见诸清代地方志。如《甘肃通志》《甘肃省志考异》《直隶秦州新志》《清水县志》记载了黄帝生于轩辕谷，轩辕谷在清水东南七十里，是对轩辕故里清水说的确认。这两个方面成为今天轩辕黄帝故里故都发展的重要历史依据和基础。

---

① 该著《帝王陵寝》言："湖广鄠县祭炎帝神农氏，陕西延安府祭黄帝轩辕氏。"

三 宋元明清时期黄帝故里山东说和黄帝故都涿鹿说由来及演变

1. 宋元明清时期黄帝故里山东说的演变

轩辕故里抑或黄帝故里山东说同其他说法一样，亦早已有之。这一说法的源头依然离不开《帝王世纪》之黄帝生于"寿丘"，以及此后对寿丘的注解，这成为山东说的主要依据。

《水经注》卷十七《渭水》载：

> 南安姚瞻以为黄帝生于天水，在上邽城东七十里轩辕谷。皇甫谧云生寿邱，邱在鲁东门北。未知孰是也！①

此段文末存在一个断句问题。"邱在鲁东门北"是谁之言便成为断句的关键。笔者以为这是郦道元之语。即是说皇甫谧仅言黄帝"生寿邱"，而"邱在鲁东门北"是郦道元的解释。郦道元对天水和寿丘的具体地点并无任何疑问，而发出"未知孰是也"，只是对"天水说"和"寿丘说"的不确定。所以，在此切不可认为皇甫谧认为寿丘在鲁东门北。恰恰是这一点上，似乎引起后世的误读。

唐宋时期，史家学者对黄帝生于寿丘几乎没有异议，但少有言及寿丘的具体位置。言及者也认为，寿丘在山东曲阜，如张守节曰：

> 黄帝有熊国君，乃少典国君之次子，号曰有熊氏，又曰缙云氏，又曰帝鸿氏，亦曰帝轩氏。母曰附宝，之祁野，见大电绕北斗枢星，感而怀孕，二十四月而生黄帝于寿丘。寿丘在鲁东门之北，今在兖州曲阜县东北六里。生日角龙颜，有景云之瑞，以土德王，故曰黄帝。封泰山，禅亭亭。亭亭在牟阴。少典之子。②

---

① 郦道元撰，陈桥驿校释：《水经注》，中华书局2009年版，第429—430页。
② 司马迁：《史记·五帝本纪》，中华书局1982年版，第10页。

正如前文所言，罗苹是否存在误读？即本属于郦道元的解释内容，是否误以为是皇甫谧之言，因而寿丘在"兖"之说成为"《世纪》又以为"？笔者以为这是有很大可能性的。

2. 宋元明清时期黄帝故都涿鹿说的演变

黄帝故都涿鹿说出现较晚，这是否出自于"涿鹿之战"的演绎，不得而知。在魏晋至隋唐时期，黄帝都涿鹿已见于文献。

前文引述《魏书》中魏高祖和大臣穆罴的一段对话，可知其时黄帝都涿鹿已有传闻。这一对话除了唐李大师和李延寿等撰《北史》也有收录外，唐代房玄龄《晋书》卷一十四《地理上》亦载曰："黄帝生于寿丘，而都于涿鹿。"另一唐代史家张守节《史记》之正义亦直接引用，其载："《舆地志》：'涿鹿本名彭城，黄帝初都，迁有熊也。'"① 唐魏王李泰撰《括地志》卷四《妫州》载："阪泉，今名黄帝泉，在妫州怀戎县东五十六里，出五里至涿鹿东北，与涿水合。又有涿鹿故城，在妫州东南五十里，本黄帝所都也。"②

宋代持涿鹿说者仅见北宋张君房著《云笈七签》卷一〇〇《轩辕本纪》，其曰："黄帝都于涿鹿城（注：上谷郡涿州，地名独鹿，又曰浊鹿，声传记误也。）卷一一四：（黄帝）遂克蚩尤于中冀，剪神农之后，诛榆罔于阪泉，而天下大定，都于上谷之涿鹿。"③

此后，明时与其他情况之记载一样，未发现涿鹿说载之史端。清时，涿鹿说也不流行。清顾祖禹撰《读史方舆纪要》卷一《历代州域形势·唐虞三代》考证引用前代文献，载："昔黄帝方制九州，列为万国。《周公职录》：黄帝割地布九州。《汉志》：黄帝方制万里，画野分州。《都邑考》曰：黄帝邑于涿鹿之阿。《括地志》：妫州怀戎县东南五十里有涿鹿山，城在山侧，黄帝所都也。"但同时在卷四七《河南二·开封府》中亦言黄帝都于古有熊之地的新郑，其曰："新郑县，在府西南二百二十里，古有熊地，黄帝都焉。周封黄帝后于此。"这种情况大概可以从清朱彝尊撰《日

---

① 顾野王著，顾恒一等辑注：《舆地志辑注》，上海古籍出版社2011年版，第108页。
② 李泰：《括地志》卷四，中华书局1980年版，第178页。
③ 张君房纂，蒋力生等校释：《云笈七签》，华夏出版社1996年版，第609页。

下旧闻考》中找到合理的解释，其卷二载："《舆地志》云：涿鹿，黄帝初都，迁有熊也。"即清人也接受了黄帝初都涿鹿而后迁有熊之说。

总之，宋元明清时期有关黄帝故里故都问题的文献记载，就今天的认知而言，黄帝故里故都所涉地名的具体地理位置或大致范围已不存在多大争议，这与此前或者更早的记载有了很大不同，比如轩辕之丘、姬水等，直至今天依然没有定论。但宋代相关地理概念如上邽、新郑、兖等，其大致地理范围是清楚明确的。换言之，宋代的黄帝故里故都的记载成为今天争论相关问题的清晰依据，奠定了后世黄帝故里故都问题论争的基本格局。

第八章

轩辕故里清水轩辕黄帝祭祀

之所以选择清水—新郑—黄陵—缙云这样的撰述顺序，是通过对数千年来轩辕黄帝传说故事和文化发展的考察之后，坚持了这样一种观点：轩辕黄帝出生清水（轩辕故里）、都于新郑（轩辕故都）、葬于黄陵、祠庙缙云。由此形成的轩辕黄帝足迹图就成为现代轩辕黄帝祭祀地图形成的依据：轩辕故里清水黄帝祭祀、轩辕故都新郑黄帝祭祀、黄陵祭祀、缙云祠庙黄帝祭祀，以及其他足迹所到之处的黄帝祭祀。这种依据既有数千年来轩辕黄帝文化层累中的抽丝，也有黄帝神话化、仙化的剥茧，以及学者研究的支撑。

第一节 清水轩辕故里的由来及其轩辕文化建设

一 清水轩辕故里的由来

夏商周时期，清水为邽戎、绵诸戎居住地。西周孝王时，嬴姓部落首领非子因养马有功，封为王室附庸，封邑在今清水县秦亭镇境内。周庄王九年（公元前688），秦武公伐邽戎取其地，始置邽县，为中国历史上最早设置的县。秦惠公五年（公元前395），秦灭绵诸戎，置绵诸道（治今县西南贾川乡林河村），并筑城以加强管理。

秦时，清水县地属陇西郡上邽县（原邽县）、绵诸道。汉武帝元鼎二年（公元前115）析上邽，在关陇要冲置清水县、戎邑道（治今黄门乡）与陇县，至此，始有清水县名，县治在古城（今永清镇李崖村）。《太平御览》引述"《三秦记》云：'其坂九回，七日得越，上有清泉，四注而下.'下有县，因此而名"。西汉末年，王莽改清水为识睦。东汉明帝永平十七年（74），改清水县为口㕣聚，与绵诸道、戎邑道一起并入陇县。三国时期魏复置清水县。唐代大部分时间处于吐蕃占领之下。唐宣宗大中二年（848），凤翔节度使崔珙破吐蕃收复清水，隶凤翔府。因老城久废，移县治于牛头河南人口稠密处（即今城址）。宋代以后基本隶属秦州。1949年7月31日解放，8月7日成立清水县人民政府。

清水县在历史上处于丝绸之路南路的要冲，素有"陇右要冲，关中屏障"之称，因此历史文化底蕴深厚。

轩辕文化是清水文化中重要的要素。汉代焦延寿《焦氏易林》："黄帝所生，伏羲之宇。兵刃不至，利以居止。"[①] 通过北魏地理学家郦道元《水经注》、宋代罗泌《路史》的记载，清水轩辕故里才逐渐为人们所熟知。明清时期，清水县进一步确认了清水就是轩辕故里。陇上学者胡瓒宗撰文《轩辕黄帝出生清水考》，并题下了"轩辕故里"碑（现立于永清堡后的"三皇庙塬"的庙前）。轩辕黄帝故里在省州县志中均明确记载。《甘肃通志》（乾隆）载："轩辕谷隘，清水县东七十里，黄帝诞此。"《甘肃省志·考异》载："轩辕谷在上邽城东七十里，轩辕帝生处也。"《直隶秦州新志》载："帝生于轩辕之丘，名曰轩辕，今清水县有轩辕谷。"康熙《清水县志》云："轩辕谷，邑东南七十里，姚瞻谓黄帝产此。"康熙《清水县志》卷十一《人物纪·圣贤》载："黄帝：《水经》云生于上邽轩辕谷，今城东南七十里有谷与溪焉。县西郭外旧有轩辕故里坊。今立庙碑。"《秦州直隶州新志》（光绪）："黄帝生地，在今清水县轩辕谷。"

《清水县志》（乾隆）卷二《山川·古迹》载："轩辕谷，东南七十里，黄帝诞于此。"卷八《人物》载："黄帝者，少典国君之子……生于轩辕之丘，名曰轩辕（注云：县东南七十里有轩辕谷）。"民国《清水县志》与此记载完全相同。清人梁玉绳《汉书人表考》卷一载："（黄帝）姬姓，

[①] 清代尚秉和《焦氏易林》注卷一在这四句后作了注解："黄帝所生，伏羲之宇。兵刃不至，利以居止。通《大畜》。震为黄、为帝、为生，故曰黄帝所生。巽为伏，艮为宇，故曰伏羲之宇。艮刚在上为兵刃，艮止，故不至。巽为利，艮为居止。按：伏羲，都陈，黄帝为有熊国君，少典之子。皇甫谧曰：'有熊，今河南新郑，非陈地。'焦氏时古籍尚多，或别有所据欤。"

少典之子。少典取有蟜氏，名附宝，感大电绕枢，孕二十五月，以戊己日生黄帝于天水。"

元代认可了宋代流行的伏羲、神农、黄帝为"三皇"的三皇五帝体系，"命郡县通祀三皇"，由此，清水县与全国一道，进入三皇庙医祖祭祀时代。康熙《清水县志》卷二《地理纪》："三皇庙，在西郭故城下。"《清水县志》（民国）记载，清水三皇庙于清乾隆二年从窑庄沟第三次迁建于县城西南角永清堡下。

清水三皇庙建于何时不详，但民间依然口口相传着三皇故事。① 在清水县东南方向70里的地方有一条大峡谷，当地人称"三皇谷"或"三皇沟"。胡思九言："三皇沟之三，作序数词解：三皇之首为伏羲，次则神农，三则轩辕。故三皇沟即轩辕谷。"② 此一解释甚合民间称呼，如"三叔"之"三"只表明排行而已，非三个之意。古史记载一般称之为"轩辕谷"，在这里轩辕黄帝出生，当地人称其为"三皇爷""轩皇爷""轩王爷"。清代三皇庙几次搬迁，曾经一次搬迁至永清堡上，故而永清堡后塬就有了"三皇塬""三皇庙塬"的称呼。至今，清水人还有"轩皇的"（大致为玄乎的意思）的方言。

近代以来，清水轩辕故里影响在持续扩大。清水县城在民国时称"轩辕镇"，中华人民共和国初称"轩辕区"。县城北2公里处的上邽乡李崖村有两孔窑洞遗址，曰"轩辕窑"，亦称"轩口窑"，相传为轩辕之母携帝栖居之所。中华人民共和国成立前后，窑洞有画廊。此处断崖有大量的细泥，有龙山齐家文化陶片、灰坑等多处，属龙山齐家文化遗存。考古证明，龙山齐家文化与黄帝同时代。

当代学者也肯定了甘肃清水县是轩辕故里。费孝通《中华民族多元一体格局》一书依据《路史》《汉书人表考》等史书，认为"黄炎亲缘及姜水地理推断，则黄帝起源于陇山西侧的天水地区为近是"③。杨东晨《从南

---

① 可参阅温湘江《轩辕故里民间故事集》，天水新华印刷厂2006年版。
② 胡思九：《轩辕黄帝·轩辕文化·轩辕谷——抚今追古话轩辕》，载《轩辕文化研究论文集》，甘肃科学技术出版社2017年版，第101页。
③ 费孝通：《中华民族多元一体格局》，中央民族大学出版社2003年版，第83—84页。

第八章　轩辕故里清水轩辕黄帝祭祀

北民族迁徙与文化交流论炎帝遗迹》认为："黄帝氏族，居于天水，后东徙，居于姬水，再经正宁入居桥山。"① 田继周说："寿丘，一说在鲁，今山东曲阜县，一说在上邽，今甘肃天水市。根据黄帝的整个传说来看，我们倾向于后一种意见，即寿丘，应在今天水市地区，轩辕之丘，有说在天水市，有说在陕西南。"② 赵世超说："至于黄帝以姬水成的姬水在什么地方，这不是我们讨论的重点，但是徐旭生等前辈学者的推测是值得重视的，多数人认为是天水，天水有一长河称为轩辕谷，姬水应该在天水的轩辕谷，这和陈连开先生讲的，炎黄二帝者发祥在陇东、陕西西部，也就是古代的秦地等观点完全一致。古代的秦地范围很广，包括甘肃的一部分。这个说法是平实的，可以接受的，甚至是推不翻的。"③ 李晓伟说："现今的甘肃天水一带，包括陕西西部，即渭河的上游地区，相传是中国远古时代的三皇即伏羲、炎帝、黄帝的出生成长之地。"④ 范三畏说："黄帝族的发祥地，应在渭河中上游及其支流，耒昔河、牛头河一带，其南境则为西汉水上源及其支流永宁河上源一带。黄帝及其后裔在这一带所建之国，可考者有轩辕之国，氏人之国，西鲁之国等。"他还认为，古姬水就是渭河。⑤ 吴兴勇编著的《炎黄源流图说》一书中说："黄帝降生的地方叫寿丘，在今甘肃省天水市东70里的轩辕谷。……他们居住在黄土山上的窑洞里。"⑥ 刘起釪《古史续辨》认为："黄帝族在未向中原地区发展以前的居住活动区域，就在东起渭水北境，自陕西中部，西讫甘肃之境的地域。"⑦ 何炳武说："黄帝族最初活动的地域在今天陕甘边境和陕北黄土高原地区，

---

① 杨东晨：《从南北民族迁徙与文化交流论炎帝遗迹》，《宝鸡文理学院学报》1994年第2期。

② 田继周：《先秦民族史》，四川民族出版社1996年版，第106页；何光岳：《炎黄源流史》，江西教育出版社1992年版，第510页。

③ 赵世超：《阴阳五行学说与炎帝文化的南迁》，载《姜炎文化论》，三秦出版社2001年版，第25页。

④ 李晓伟：《昆仑山——探寻西王母古国》，天津社会科学院出版社2001年版，第69页。

⑤ 范三畏：《〈旷古逸史〉陇右神话与古史传说》，甘肃教育出版社1997年版，第141—145页。

⑥ 吴兴勇：《炎黄源流图说》，江西教育出版社1996年版。

⑦ 刘起釪：《古史续辨》，中国社会科学出版社1991年版，第179页。

在兴盛起来以后，逐渐向河南移动，最后在新郑建立了都城。"①彭曦《炎黄论》《我对黄帝和岐黄文化的新探索》认为第一代黄帝出生于清水轩辕谷，第二代黄帝从姬水河边长大。石兴邦说：至于黄帝的姬水在什么地方，有人主张在宝鸡这一带，也有人主张在天水，天水有一条轩辕谷，姬水可能就是天水轩辕谷中的那条水。②何光岳先生《黄帝轩辕氏发祥地及其祭祀略论》言："清水东有轩辕谷，乃第一代黄帝轩辕氏的诞生地，其下有轩辕溪，县城之北还有轩辕窑，所以，称清水为'轩辕故里'，当之无愧。"③何光岳《炎黄源流史》、杨东晨先生《渭水流域是华夏文化的重要源头》等文认为，离轩辕谷不远，应该有一个寿丘。寿丘位于清水县城东约30里的白沙乡汤浴村，离轩辕谷40里。寿丘山东侧，有一条发源于关山深处的河叫汤浴，就是姬水。翻过寿丘进入鲁沟村，村旁之河叫鲁沟河，次河就是鲁谷水。④

二 清水轩辕文化建设开发与研究概况

自2005年"天水市轩辕文化研究会"（清水县政府主管）成立以后，清水轩辕文化研究开始步入快车道。研究会立足于国内外轩辕文化学术研究的丰富成果，按照轩辕黄帝"生于清水、建都新郑、葬于黄陵"的学术研究方向，积极开展了以轩辕故里为内涵的，积淀丰厚的轩辕文化遗产的整理和研究工作。先后根据亘古以来留存清水的轩辕故里传说故事，编辑出版了《轩辕故里民间故事集》。收集国内外专家学者关于轩辕故里的学术研究成果，着眼集中反映清水轩辕故里历史文化定位，编辑出版了《轩辕故里》专集。立足整理和展现县内轩辕文化遗产资源，编著出版了《清水碑文研究》《轩辕故里清水文化》。编辑本会会刊《轩辕故里》，邀请国内外有关专家学者，组织本会会员，撰写了论证清水轩辕故里历史文化地

---

① 何炳武：《黄帝与中华文化》，陕西旅游出版社1999年版，第9页。
② 石兴邦：《有关炎帝文化的几个问题》，《文博》2000年第1期。
③ 何光岳：《黄帝轩辕氏发祥地及其祭祀略论》，《轩辕故里》2010年第6期。
④ 参见何光岳《黄帝轩辕氏发祥地及其祭祀略论》，《轩辕故里》2010年第6期；何光岳：《炎黄源流史》，江西教育出版社1992年版，第509页；杨东晨等：《渭水流域是华夏文化的重要源头》，《宝鸡文理学院学报》2002年第3期。

位的文章，何光岳、李子伟先生撰写的《黄帝轩辕氏发祥地及其祭祀略论》等一批文章，在一些学报学刊上发表，产生了积极影响。

在此基础上，清水县委、县政府为进一步推动轩辕故里文化的研究，经甘肃省民政厅批准，于2012年4月21日成立了"甘肃省轩辕文化研究会"（清水县政府主管），并开始了新一轮围绕清水轩辕文化的建设开发和研究工作，轩辕广场（黄帝像）、轩辕湖、轩辕桥、轩辕大剧院、轩辕殿等一批文化景观先后建成；精心创排了传奇歌舞剧《轩辕大帝》，拍摄制作了纪录片《屯田名将赵充国》等；清水县轩辕文化旅游节已举办了八届；甘肃省轩辕文化研究会年会也一年一届相继召开，围绕清水轩辕文化、经济发展等研究的学术成果已累计近百篇，同时创办《轩辕文化》期刊。2013年、2016年分别出版了李清凌先生的著作《华夏文明的曙光》（中国社会科学出版社）、《秦亭与秦文化》（中国社会科学出版社）；2017年，不但将之前的研究成果结集，出版了《轩辕文化研究论文集》（甘肃科学技术出版社），还出版了杨东晨先生的巨著《中华文明探源》（三秦出版社）。所有这些对清水影响力的提升和社会经济发展都起到了积极的推动作用，也为轩辕黄帝祭祀活动提供了重要的依据和场所。

轩辕湖

在原有研究基础上，研究会先后出版数部著作，两辑论文集，推动了清水轩辕故里文化的研究。李清凌先生《华夏文明的曙光》（轩辕故里——清水县历史文化研究丛书之一）一书"紧紧围绕'源头性'这一核心因素，揭示轩辕文化在华夏文明演进中的地位和作用"，"把地方性、区域性资料与史事和华夏文明起源等具有牵动全局的学术问题对接起来"，"从华夏文明总体发展的宏阔视野出发，来观照甘肃省清水县轩辕文化及其遗存"，"揭示轩辕氏创建华夏文明的过程和内涵，进而为华夏五千余年文明史确立了一个主要的源头和里程碑"[1]。杨东晨先生《中华文明探源》（轩辕故里——清水县历史文化研究丛书之三）系统整理了近20年的研究以及最新的成果，从创世、三皇文明、五帝文明、炎黄文化传承和发扬等方面，全面论述了中华文明的起源，进一步凸显了清水轩辕故里的文化地位和特色。

2017年出版的由雍际春主编的《轩辕文化研究论文集》（轩辕故里——清水县历史文化研究丛书之四）中收录了60余篇有关探讨轩辕故里的文章，是关于轩辕文化研究的最新成果，对轩辕文化进行了深入的研究探讨，并肯定了清水是轩辕故里。这些研究有新材料、新观点、新发现、新思维，增强了轩辕故里的说服力和文化影响力。《轩辕文化研究论文集》收入以下文章：杨东晨《再论清水县应是轩辕黄帝的故里——甘肃天水市三处轩辕故里的对比研究和分析》（第19—32页）对比了天水的三处"寿山（寿丘）"，并实地考察了清水县城东北约15公里的寿山等地，认为清水寿山更为确切；李清凌教授《一个伟大的传说》（第3—10页）进一步挖掘了"伏羲之宇，黄帝所生"的重要史料；雷紫翰先生的《人文始祖研究动因及轩辕故里之争论》（第11—18页）深入分析了郦道元《水经注》关于姚瞻说的学术价值和意义；雍际春先生的《轩辕黄帝事略》（第33—38页）除文献考证外，依据文字学方法论述了桥亭、氏族与有乔氏之间的关系；赵世明《论轩辕故里是清水》（第61—67页）以《山海经》记载为突破口，进一步论证了轩辕之丘的位置；赵世明《魏晋南北朝时期轩辕故里之争及演进》（第68—79页）系

---

[1] 黄小永：《轩辕文化研究的新探索——李清凌〈华夏文明的曙光〉评介》，载《轩辕文化研究论文集》，甘肃科学技术出版社2017年版，第404—407页。

统梳理了轩辕故里之争的由来和发展，指出《帝王世纪》《水经注》在轩辕故里之争中的里程碑意义；王尚达先生《在轩辕故里清水考察的感受和思考》（第261—265页）、李自宏先生《上邽、清水与轩辕故里——清水历史文化简论》（第47—51页）、侯丕勋先生《轩辕黄帝故乡问题考述》（第39—46页）等文也都进一步考证了清水轩辕故里问题。以上研究为清水轩辕故里提供了更有说服力的证据。《轩辕文化研究论文集》还探讨了轩辕黄帝文化、清水轩辕文化开发、清水文化等问题，形成了一批重要成果。

2021年以来，在清水县委、县政府的引导下，甘肃省轩辕文化研究会立足清水，专注康养，已产出《〈黄帝内经〉与康养》（李清凌）、《轩辕黄帝与中国养生学的发轫》（雍际春）、《〈黄帝内经〉养生理论之"和喜怒而安居处"论略》（赵世明）、《〈黄帝内经〉中"天人合一"的养生观》（蔡贵生）、《〈黄帝内经〉治未病思想简析》（王爱玉）、《清水县轩辕文化与生态旅游融合机制研究》（邱云慧、张小华）、《简论黄帝、老子及尹子养生文化》（温小牛）、《轩辕故里说轩辕　康养福地话康养——清水县康养及大健康产业前景展望》（靳爱军）、《以轩辕文化为引领推动康养产业发展——清水县康养产业创新发展模式探析》（刘小花）、《〈黄帝内经〉的医学地理学思想》（苏海洋）、《重视旅游开发，打造康养福地，打造文化圣地康养福地，推动文旅事业高质量发展》（范瑞琦）、《古籍里的健康哲理：上医治未病》（胡琳琳）、《从〈黄帝内经〉"上古天真论"看中医养生》（李纬才）等十余篇黄帝康养文化的研究成果。

第二节　清水轩辕黄帝祭祀活动

清水轩辕黄帝公祭大典始于2006年，时间基本确定在每年公历6月29日。在祭祀活动前一日，先至轩辕谷祭祀，目前一般由甘肃省轩辕文化研究会主祭。清水轩辕谷民间祭祀活动早已有之，目前难以考证。

为了全面了解祭祀活动情况，现摘录两篇祭祀活动的报道稿。

第一篇报道稿是2018年公祭黄帝活动的报道，来源于清水县政府网（6月29日），如下：

2018年（戊戌）祭祀轩辕黄帝活动在甘肃清水隆重举行

6月29日上午，2018年清水县轩辕文化旅游节系列活动之一轩辕黄帝祭祀活动在清水县轩辕广场隆重举行。众多嘉宾齐聚轩辕故里，传承华夏文明，瞻仰敬拜人文初祖轩辕黄帝，祈福中华民族繁荣昌盛。

出席今天祭祀活动的领导和嘉宾有：省人大常委会原副主任李膺，省政协原副主席张津梁，省军区原副政委、少将杨耀春，省军区原副司令、少将张臣刚，省军区政治部原主任、少将石新贵，天水市人大常委会主任蒋晓强，中共天水市委副书记、市长王军，天水市政协主席张明泰，省委政策研究室副巡视员傅良君，省商务厅巡视员张世恩，省商务厅党组成员、省经济合作局长陈锋彦，省社保局局长马定保，省林业厅三北局局长马立鹏，省引洮工程建设管理局副局长牛军，省社科院副院长张廷旭，省广播电视大学副校长魏兵海，省档案局副巡视员宋彩萍，三毛集团党委副书记、总经理李彦学，市委常委、市纪委书记、监察委主任王国先，市委常委、宣传部长张建杰，市人大常委会副主任、清水县委书记刘天波，市人大常委会副主任宋建平，市政府党组成员逯克宗，市政协副主席王振宇等。省直部门有关领导、市直部门、两区四县领导、友好县区、合作院校、帮扶单位

第八章　轩辕故里清水轩辕黄帝祭祀

领导、轩辕文化研究会会员和清水县四大组织领导、离退休老干部及城乡群众参加了祭祀活动。

祭乐奏起，全场肃立，全体领导、嘉宾和在场干部群众向轩辕黄帝像行施拜礼。击鼓34咚，象征全国34个省、市、自治区及香港、澳门特别行政区和台湾地区中华儿女共祭中华人文初祖轩辕黄帝；鸣钟9响，代表海内外中华儿女对人文初祖的无限敬仰。

天水市委副书记、市长王军恭读祭文；天水市政协主席张明泰主持祭祀活动；出席祭祀典礼的省、市领导向中华人文初祖轩辕黄帝敬献花篮；所有来宾面向轩辕黄帝圣像，行三鞠躬礼；来自清水县轩辕小学的200多名学生深情演唱了《黄帝颂》；由89名女青年组成的《乐舞敬拜》，以汉唐风格舞蹈语汇为主，贯穿礼、祭、拜、颂四部分，舞蹈舒缓大气，场面宏大壮观，气氛庄严肃穆，感情虔诚崇敬，用唯美的意境展现对先祖的敬畏，表达了对人文初祖轩辕黄帝的追思和敬仰之情。还表演了阵容庞大、气势恢宏的清水《轩辕鼓舞》。《轩辕鼓舞》由黄帝开国、先民生存、万邦和睦三部分组成，采用清水民间世代流传的鼓点韵律和舞蹈语言，通过豪迈奔放、简洁明快的艺术表演，阐述轩辕文化"敢于斗争，勇于创造，自强不息"的精神内涵，是清水人民对轩辕黄帝出生清水轩辕谷、发迹清水轩辕溪、创造人类福祉的深情缅怀和崇高礼赞。祭祀活动在《巨龙腾飞》中结束，共同祝愿清水腾飞、天水腾飞、甘肃腾飞、中华腾飞。

据悉，2018年清水县轩辕文化旅游节是第八届敦煌行·丝绸之路国际旅游节的分项活动之一，也是第29届天水伏羲文化旅游节系列活动的重要组成部分。由天水市人民政府主办，天水市文化和旅游局、清水县人民政府承办。这次活动的主题是"弘扬轩辕文化、传承华夏文明、培育旅游产业、建设大美清水"。活动从6月23日开始，7月3日结束，历时11天时间。在此期间，陆续开展活动内容共有18项。祭祀活动类2项，分别为2018年（戊戌）祭祀中华人文初祖轩辕黄帝、山门镇轩辕谷祭祀中华人文初祖轩辕黄帝活动；文化旅游体育活动类16项，分别是甘肃省百姓文化广场走进轩辕故里——清水大型文艺演出、清水县首届"轩辕杯"舞蹈大赛、甘谷秦腔现代戏《椒乡里的麻辣事》展演、清水县文化旅游产品暨农特产品展、"中华同根·水墨情深"海峡两岸书画名家作品展、2018年中国·清水第二届"天麟集团·轩辕杯"全国象棋公开赛、温泉养生旅游体验活动、西秦腔歌舞传奇剧《轩辕大帝》展演、甘肃省轩辕文化研究会第二届会员代表大会暨2018年学术研讨会、"翰墨清韵·情系轩辕故里"全国书画名家名作邀请展、非物质文化遗产展演、农村数字电影集中展演、2018年全国徒步大会甘肃·清水站暨第二届"轩辕杯"全民健步走活动、"咏唱经典诗文·弘扬传统文化"文艺晚会、清水县传统美食厨艺大赛、秦腔展演活动。

  近年来，清水县高举"轩辕文化"旗帜，奋力实施文化强县和旅游富县战略，特色文化大县建设初具规模。成立甘肃省轩辕文化研究会，出版发行了《华夏文明的曙光》等系列丛书，精心创排了传奇歌舞剧《轩辕大帝》，拍摄制作了纪录片《屯田名将赵充国》等；打造了轩辕广场、充国广场、轩辕湖等一批精品旅游景点，"轩辕文化"已成为全县文化品牌和文化旅游名片。先后荣获第五届和第六届全国文明城市提名县、全国文化工作先进县、全国退耕还林先进县、全国生态文明建设先进县、全国计划生育优质服务先进县、首批"四好农村路"全国示范县、全国第一批农村生活垃圾分类和资源化利用示范县、第四批全国法治县（市、区）创建活动先进单位、全省绿化模范县、全省体育先进县、省级平安县城、省级双拥模范县和中国民间文化艺术之乡、中国温泉之乡、甘肃省轩辕文化之乡等一系列殊荣。传承着轩辕黄帝敢于斗争、勇于创造、艰苦创业、自强不息伟大精神的清水人民，在崭新的顽强奋斗创新实践中，积极探索并大力弘扬"淳朴诚信、尚德务实、创新超越"的清水新精神，不断形成了风正劲足、心齐气顺、共识共动、众志成城、攻坚克难、谋求发展的强大合力。

  第二篇是2018年6月28日清水县轩辕谷民间祭祀黄帝的报道稿，来源于中新网（6月29日），如下：

第八章　轩辕故里清水轩辕黄帝祭祀

甘肃清水县轩辕谷民间祭祀中华人文初祖轩辕黄帝

28日，2018年（戊戌）轩辕谷民间祭祀中华人文初祖轩辕黄帝典礼在甘肃天水市清水县山门镇白河村轩辕谷举行，吸引了当地600余人参加祭祀。

主题为"缅怀人文初祖，振兴中华民族"的此次典礼，由山门镇轩辕宫管委会主办，甘肃省轩辕文化研究会、清水县民族宗教局、山门镇人民政府协办。

此次活动举办地轩辕殿，是前三皇殿旧址，曾有过延续数千年的民间祭祀经历，是人文初祖轩辕黄帝肇建国家、开创文明时代的历史见证。2013年，民间集资修建轩辕大殿，2015年又集资修建仿古戏楼，有关部门整合项目资金，初步完善了基础设施。轩辕宫的整体建成，实现了纷至沓来的华胄苗裔拜祖敬宗的心愿。

轩辕黄帝是中华民族的人文始祖。甘肃省清水县古称作上邽，是黄帝轩辕氏的诞生地，自古以来享有"轩辕故里"的殊荣。黄帝生于清水，史载颇多。《史记》云："黄帝居轩辕之丘。"《水经》云："黄帝生于上邽轩辕谷"，《甘肃通志》（乾隆版）载："轩辕谷隘，清水县东七十里，黄帝诞此。"

参加此次活动的相关部门负责人表示，清水是轩辕出生的地方，在当地民间口耳相传，清水的轩辕故里历史文化地位，古今学者渐有共识，明代学者胡缵宗撰写《轩辕黄帝生清水考》，为清水题"轩辕故里"碑；现代著名历史学家范文澜在《中国通史简编》中说"轩辕黄帝诞生于甘肃清水"。

据《水经注》记载："轩辕黄帝生于上邽东七十里轩辕谷。"轩辕黄帝创建了人类历史上最早的国家，实现了中华民族的第一次大融合、大统一，形成了中华民族的本源，体现出的创新精神、奉献精神、包容精神，不仅成为中华民族的文明源头，也始终是中华民族历史长河的文化动脉。

根据以上报道并查阅历年的祭祀典礼报道可知，清水轩辕黄帝祭祀典礼是依托"敦煌行·丝绸之路国际旅游节"之"清水县轩辕文化旅游节"所举办的核心活动之一，历年来群众参与度高、规模大、仪式庄重、社会影响力较高。两次报道略有不同，前者重在强调活动过程和活动平台以及意义，后者重在证明清水轩辕故里的依据。

清水县黄帝祭祀活动信息一览表

类别	公祭	民祭
开始时间	2006年（2006.5.20轩辕广场建成）①	当代有组织规模祭祀与公祭同步
日期	6.29	民祭在公祭前一日
品牌	轩辕故里·清水县轩辕黄帝祭祀典礼	轩辕谷民间祭祀中华人文初祖轩辕黄帝
主办	清水县	清水县山门镇政府、甘肃省轩辕文化研究会等
活动平台	清水县轩辕文化旅游节	
祭典仪程	奏祭乐、向黄帝像施行拜礼、击鼓鸣钟、恭读祭文、敬献花篮、行三鞠躬礼、演唱《黄帝颂》、乐舞敬拜、巨龙腾飞	鸣炮奏乐、敬献贡品、恭读祭文、鞠躬敬祭、祈福法会

---

① 民祭较早，时间难以确定。

续表

类别	公祭	民祭
研究平台	甘肃省轩辕文化研究会	
社会参与度	2018年祭典数万民众参与（中新网）	一般在五六百人
核心景观	轩辕谷（含轩辕丘和轩辕溪），华国锋"轩辕故里"题词，轩辕广场、黄帝像、轩辕湖、轩辕桥、轩辕大剧院、轩辕殿、轩辕大道	
宣传广度	2016年：CCTV 4、人民网、中国新闻网、中国网、中国工业网、网易、搜狐、凤凰网、新浪、甘肃日报、甘肃经济日报、甘肃法制报、兰州晨报、兰州晚报、中国甘肃网、每日甘肃网、天水日报、天水晚报、天天天水网、天水在线等，中国甘肃网官方微博、美丽清水微信公众平台等近百家（一般多报道公祭活动）	
影响学者	何光岳、杨东晨、李清凌、雍际春	
重要创新	歌舞剧《轩辕大帝》获2016年甘肃省推进戏剧大省建设优秀剧目展演特别奖	
核心宣传	轩辕故里，甘肃省轩辕文化之乡；纪录片《华夏文明之源——轩辕故里清水》、创办期刊《轩辕文化》	
影响力	"轩辕黄帝故里·华夏文明之源"特色文化基地、国家非物质文化遗产地，甘肃省华夏文明传承标志性文化区域；2011年被省民协和文化部先后授予"中国民间文化艺术之乡""轩辕文化之乡"	
核心依据	《水经》云："黄帝生于上邽轩辕谷。"《水经注》："南安姚瞻以为黄帝生于天水，在上邽城东七十里轩辕谷。"《路史》罗苹注确认	
总体分析	一流的活动平台、较好的研究平台、较高的宣传组织力、较高的影响力、较充分的文献依据、较丰富的研究成果支撑	

从全国来看，陕西黄陵、河南新郑、浙江缙云、安徽黄山、河南灵宝、河南开封、河北涿鹿、河北迁安、甘肃正宁、北京平谷等地黄帝祭祀活动也在不同程度地进行。

基于评价比较法，在考虑活动开展时间长短、参与度、平台、宣传组织力、创新能力、核心竞争力等因素的情况下，与全国黄帝祭祀活动相比，清水轩辕黄帝公祭大典虽起步晚，但声势较大，民众参与度很高，应该仅次于新郑拜祖大典；即便在研究团队数量偏低的情况下，仍有相当数量的研究成果不断涌现，甚至还有一流的学术成果问世；虽然清水轩辕黄帝祭祀大典尚不具备全国和国际影响力的品牌效应，但通过几年来的祭祀和一流的组织宣传，这种效应已经有所显现（网络宣传报道仅次于黄陵和新郑）。同时，还应该看到，清水轩辕黄帝祭祀有一流的活动平台和一流的研究平台作为强有力的支撑，也是其重要的优势所在。

第三节　清水轩辕黄帝祭祀祭文

2018年（戊戌）祭中华人文初祖轩辕黄帝文

惟公元2018年6月28日，岁次戊戌，时值仲夏，吉日辛卯。清水儿女聚首龙祖降诞圣地——上邽轩辕谷中，谨以太牢、雅乐、鲜花之仪，虔敬之心，致祭于我中华人文初祖轩辕黄帝圣殿前。

辞曰：
赫赫吾祖，上邽以降。承继羲皇，土德瑞象。
功冠五列，恩泽八方。风范天下，拱手垂裳。
开创百物兮，福祉永享。肇启文明兮，万世敬仰！

壮哉中华，乾坤朗朗。龙腾神州，国运恒昌。
光辉思想，指引方向。伟大复兴，舵手领航。
初心使命，须臾不忘。决战脱贫，决胜小康。
八个着力，造福陇上。家园如画，民生华章。
绿色崛起兮，自信自强。乡村振兴兮，再铸辉煌。

嗟我初祖，献瑞呈祥。风调雨顺，和谐安康。
蓝图巧绘兮，百业兴旺。大礼告成兮，伏惟尚飨！

2019年（己亥）祭中华人文初祖轩辕黄帝文

惟公元2019年6月28日，岁次己亥，时值庚午，吉日丙申。清水儿女，肃戴虔敬，聚首龙祖降诞圣地，汇集上邽轩辕谷中，谨以太牢、雅乐、鲜花之仪，庄严感恩之情，恭祭中华人文初祖轩辕黄帝圣灵。

辞曰：
伟哉我祖，世代景仰。肇启文明，光被遐荒。
创立轨制，教化农桑。舟车指南，抚度四方。

造福黎元，协和万邦。修德怀远，载宁祯祥。
勋绩彪炳兮，与日月同光。惠泽绵延兮，并江河共长！

壮哉中华，巨龙腾翔。赫赫神州，乾坤朗朗。
改革开放，民富国强。七十华诞，伟业辉煌。
思想旗帜，指引方向。复兴梦想，舵手领航。
牢记使命，初心不忘。四个意识，如铁如钢。
两个维护，铭刻胸膛。八个着力，造福陇上。
脱贫攻坚，全面小康。乡村振兴，书写华章。
绿色家园，如画如廊。

祈愿我祖，降瑞呈祥。风调雨顺，县民安康。
砥砺奋进兮，意气高昂。大礼告成兮，伏惟尚飨！

庚子年（2020）民间祭祀轩辕黄帝文

维公元2020年6月28日，岁次庚子，五月初八。邽山巍丽，桥水依依。轩辕故里清水儿女，汇集上邽轩辕谷中，聚首龙祖降诞圣地，肃立人文初祖殿前。以敦诚敦敬之心，追远感恩之情，谨备尊礼，拜祭圣灵，恭颂吾祖煌煌肇造功德。

辞曰：
赫赫吾祖，位列三皇。开辟鸿蒙，土德称王。
礼乐蚕桑，历数岐黄。厚德载物，文明曙光。
精神标识，世代景仰。中华巨龙，屹立东方。
神州新姿，伟业辉煌。战疫大考，优势显彰。
指挥若定，世界赞赏。生命至上，人民至上。
最美逆行，温暖心房。六保六稳，重大考量。
民生福祉，逆势而上。三大攻坚，步履铿锵。
扫黑除恶，惠风和畅。庄严承诺，同心齐唱。
百年梦想，势不可挡。轩辕故里，奋进华章。

初心使命，坚守担当。两个维护，如铁如钢。
尽锐出战，冲刺硬仗。决战决胜，全面小康。
咬定目标，至诚至善。吃穿卧暖，解困纾难。
花舞北山，莺啼邦园。大美清水，美如画卷。
城乡和谐，童叟欢颜。绿色崛起，功成毕现。
乡村振兴，重任在肩。清水腾飞，乘风扬帆。
祈愿吾祖，护佑福祥。风调雨顺，国泰民康。
大礼告成，伏惟尚飨！

2021年（辛丑）公祭中华人文初祖轩辕黄帝典礼祭文

惟公元二零二一年七月十八日，岁次辛丑乙未丁卯，中华儿女聚首轩辕故里清水，怀虔敬之心，谨以太牢之礼，鲜花、雅乐之仪，致祭于中华人文初祖黄帝轩辕氏。

辞曰：
大哉轩皇，中华荣光。道启鸿蒙，德泽八荒。
建屋制陶，冠冕垂裳。五谷蚕桑，历数岐黄。
凿井用火，辨析阴阳。舟车致远，文字华章。
划野分疆，礼乐斯张。文明化成，天下敬仰。
继三皇创世伟业，开万世龙脉永昌。
炎黄子孙，历经沧桑。浴火重生，强且弥壮。
百年建党，开来继往。披荆斩棘，百炼成钢。
众志成城，宏图共襄。改天换地，道路康庄。
凝心聚力，改革开放。红色基因，屹立东方。
新中国繁荣昌盛，新时代梦圆在望。
核心领航，初心不忘。人民江山，本固基强。
经济腾飞，民生至上。共同富裕，和谐安康。
创新创造，科教兴邦。同心抗疫，山河无恙。
火星探秘，天和翱翔。蛟龙深潜，航母巡洋。
建成小康，自信高昂。美丽中国，再创辉煌。

第八章 轩辕故里清水轩辕黄帝祭祀

五星红旗高高飘扬,民族复兴号角嘹亮。

海峡两岸,龙脉情长。港澳回归,繁荣共享。

华夏一统,民心所向。一带一路,共赢共创。

文明互鉴,道义高亢。命运与共,大国担当。

大变局行稳致远,新征程步履铿锵。

八个着力,腾飞有纲。陇原儿女,乘风破浪。

富民兴陇,凯歌奏响。绿色发展,惠风和畅。

乡村振兴,如意吉祥。西部开发,相得益彰。

轩辕故里,全新气象。健康清水,百业兴旺。

齐心协力,践行梦想。十全十美,民风淳良。

山川秀美,园林城乡。无愧圣望,福祐无疆。

先祖教化辉耀千古,大道直行前途无量。

陇山苍苍,清水泱泱。吾祖轩皇,恩泽流芳。

盛世中华,国运隆常。爰成大礼,伏惟尚飨!

第九章

新郑、黄陵、缙云等地轩辕黄帝祭祀

如前文所言,除作为轩辕故里的甘肃清水进行轩辕黄帝祭祀外,还有河南新郑轩辕黄帝祭祀、陕西黄陵轩辕黄帝祭祀、浙江缙云祠庙轩辕黄帝祭祀,以及河北涿鹿、迁安,河南灵宝、开封,安徽黄山,山西曲沃,甘肃正宁,北京平谷以及港澳台等地的轩辕黄帝祭祀活动。相较而言,黄陵、新郑轩辕黄帝祭祀声势浩大、影响遐迩,其他地方的祭祀影响较小。

第一节 河南新郑"黄帝故里拜祖大典"

一 学术争鸣

据前文考证,晋皇甫谧之《帝王世纪》开创了两个路径:黄帝受国有熊,有熊在新郑;黄帝居轩辕之丘。而轩辕之丘在新郑,其开创此说者为《大明一统志》。郭袁恒《历代帝都考》注意到了《水经注》之黄帝生于寿丘,但明确寿丘在新郑县。《舆地志》则注意到涿鹿的地位,言:"涿鹿本名彭城,黄帝初都,迁有熊也。"新郑成为有熊国之黄帝所都,最早也来源于《帝王世纪》,其载:"黄帝受国于有熊。"后于宋刘恕《通鉴外纪》(卷一)引其注时,变成了"新郑,古有熊国,黄帝之所都,受国于有熊,居轩辕之丘"。此后唐杜佑《通典州郡典七》,宋代郑樵《通志都邑略》、罗泌《路史》、欧阳忞《舆地广记》、王钦若《册府元龟》卷二《帝系》、司马光《稽古录》、乐史《太平寰宇记》(卷五)等,清代顾祖禹《读史方舆纪要》及河南地方志等均有记载。

现代学术界认同新郑为黄帝故里或故都的代表学者以及其主要观点,

第九章 新郑、黄陵、缙云等地轩辕黄帝祭祀

大都收录于朱士光总主编的《黄帝故里故都历代文献汇典》①。其中钱穆、戴逸、顾颉刚、赵国鼎、李学勤、朱士光、张岂之、张振犁、许顺湛、黄爱平、张光远（中国台湾）等一批有影响力的学者，从多角度对新郑是黄帝故里故都进行了阐释。

质疑新郑说的学者也有不少。高强指出，先秦典籍中记述黄帝的有《逸周书》《国语》《左传》《周易》《世本》《竹书纪年》《穆天子传》《山海经》《商君书》《管子》《尸子》《庄子》《文子》《韩非子》《孙子兵法》《孙膑兵法》《战国策》《吕氏春秋》《大戴礼记》等，但这些典籍无一提及"有熊"。《史记·五帝本纪》说："故黄帝为有熊"，但并未把有熊与新郑联系起来。《白虎通·号》云："黄帝有天下，号曰有熊。"《史记·集解》引谯周曰："有熊国君，少典之子也。"可见"黄帝为有熊"的说法最早出现在汉初，晚于"黄帝以姬水成""黄帝居轩辕之丘"等说法。②

2019年4月22日快资讯报道："河南惊曝轩辕氏家谱，新郑黄帝故里再受质疑！"（本报道似已搜索不到）该报道有下图：

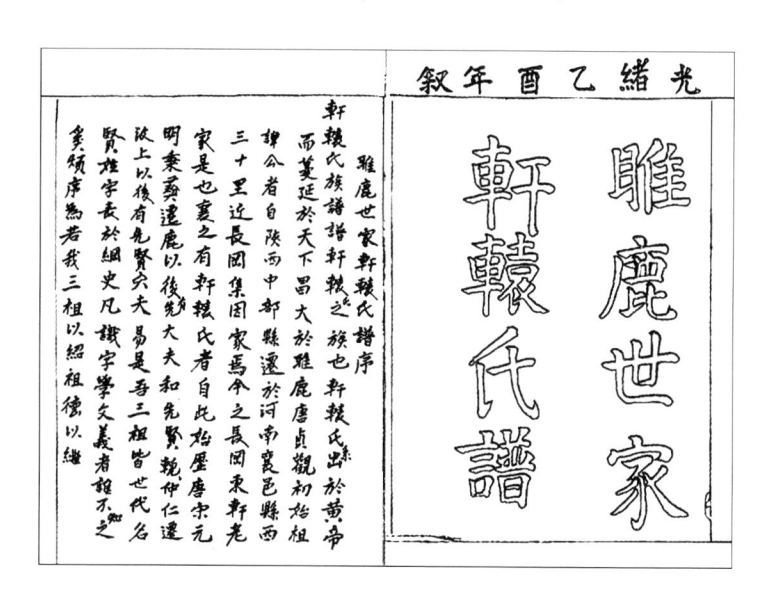

---

① 朱士光总主编：《黄帝故里故都历代文献汇典》，中国文联出版社2005年版，第1—35页。
② 高强：《新郑黄帝故里说献疑》，《华夏文化》2015年第4期。

河南省商丘市睢县有轩辕后裔，其家族族谱《睢鹿世家轩辕氏·序》明白无误地记载其族出于黄帝，祖居陕西中部县。其记载："我轩辕之氏自上古黄帝，黄帝生于轩辕之丘，因以为复姓轩辕。我始祖姓轩辕，讳公黄帝之后也，唐初自陕西中部县迁居河南襄邑县西南三十里因家焉，祖卒葬于长岗之顶。历唐、宋、元末，又迁葬于长岗集东六里许，立石以记之！"

李清凌《一个伟大的传说》解读《帝王世纪》之"黄帝都有熊，今河南新郑是也"时说："那是说'有熊国'的国都，在今（晋朝）河南郡新郑县，而不是讲黄帝的出生地。"① 徐旭生《中国古史的传说时代》："古书中只谈到少典，没有谈过有熊，有熊一名同黄帝、少典二名发生关系大约是比较晚近的事情，不足为信。"② 叶修成《黄帝族及其神话传说考》指出："古新郑说，当系涿鹿战后，黄帝族迁居于今河南新郑而衍生出来的传说。"③ 如此等等，不一而足。

二　新郑轩辕黄帝祭祀与国祭论争

现代新郑带官方性质的黄帝祭祀始于1992年，在新郑主办的炎黄文化旅游节期间举行黄帝祭祀典礼，并无明显的品牌凝练。这种模式一直持续到1999年。2000年，作为新郑炎黄文化旅游节的重要内容，黄帝祭祀典礼被确定为"拜祖大典"。自2006年（农历丙戌）开始，再度升格，将黄帝故里凝练进祭祀典礼，形成具有品牌意识的活动，即"黄帝故里拜祖大典"，并沿用至今。2008年，"黄帝故里拜祖大典"进入第二批国家非物质文化遗产扩展项目。

2015年9月7日，《光明日报》发表了《国家拜祭体现时代创造力——"黄帝故里拜祖大典与国家文化建设"研讨纪要》，同版还刊发了

---

① 李清凌：《一个伟大的传说》，载《轩辕文化研究论文集》，甘肃科学技术出版社2017年版，第3—10页。
② 徐旭生：《中国古史的传说时代》，文物出版社1985年版，第41页。
③ 叶修成：《黄帝族及其神话传说考》，硕士学位论文，贵州大学，2005年。

第九章 新郑、黄陵、缙云等地轩辕黄帝祭祀

许嘉璐的《把拜祭黄帝上升到国家级拜祭》、李学勤的《黄帝故里拜祖大典的特点》、李伯谦的《祭拜黄帝要达成共识》和刘庆柱的《国祭也是祭国》等文章,提出了把每年农历三月三日举办的新郑黄帝故里拜祖大典由省部级主办升格为国家祭拜的建议。《光明日报》组织的这期文章,是中华炎黄文化研究会和河南省政协联合主办的"黄帝故里拜祖大典与国家文化建设"专家研讨会上的主题发言和会议纪要,在这次会议上,许嘉璐做了建议把拜祭黄帝上升为国家级祭祀的专题演讲。提出"历代对黄帝对先祖是'拜庙不拜陵'",并提出"拜祖大典"应该上升为"国家祭祀","拜祭地应在河南新郑"的观点。李学勤认为,把黄帝故里拜祖大典上升到国家主办是"实至名归、水到渠成",在新郑黄帝故里举办的拜祖大典有充分的历史支持,有文献记载、中国历史传统、民间传说的支持。李伯谦也提出把黄帝故里拜祖大典上升到国家主办是"历史必然"。[1]

上述言论一出,立刻遭到史学界多位学者的质疑和反驳,由此引发争议。

2015年9月10日,历史学家方光华公开撰文,在《大公报》陕西网站刊发反驳文章《对黄帝的国家祭典到底应该在哪里?》。方光华援引大量历史文献,认为许嘉璐等学者提出的"历代对黄帝对先祖是'拜庙不拜陵'"之说,于史无据,其主张经不起历史事实的推敲。并认为,其实"整个民族文化公认的标记和符号"早就有了。自辛亥革命起,祭黄帝陵就已经是中华民族已有的、公认的标记和符号,如今对它弃之不顾,"在新郑黄帝故里另造一个,令人失望"。方光华进一步指出:"黄帝是中华道统和治统的重要开创者,黄帝的独特地位在先秦时期就已经为各国诸侯所认知。他们常把自己的始祖溯源于黄帝并加以隆重的祭祀。特别是起自天水一带的秦国,祭祀四帝,把黄帝搬出来,以表示自己全面继承了道统,最有资格一统天下。汉代,对黄帝的祭祀还被提高到天地祭典的高度。但尽管如此,历代帝王逐渐意识到,只有将黄帝纳入中央专门设立的帝王庙中与历代帝王一并加以祭祀,才能完整反映出道统和治统的绵延不绝和源

---

[1] 李桂民:《黄陵、新郑和缙云黄帝公祭再探讨》,《长安大学学报》2018年第2期。

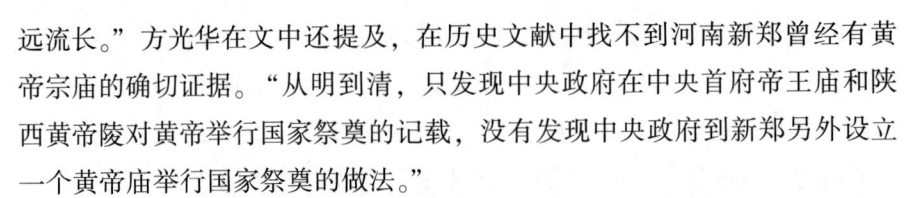

远流长。"方光华在文中还提及,在历史文献中找不到河南新郑曾经有黄帝宗庙的确切证据。"从明到清,只发现中央政府在中央首府帝王庙和陕西黄帝陵对黄帝举行国家祭奠的记载,没有发现中央政府到新郑另外设立一个黄帝庙举行国家祭奠的做法。"

中国先秦史学会副会长赵世超也撰文认为:新郑非黄帝故里,桥山祭黄具有唯一性。把黄帝陵看成"中华文明的精神标识",不仅因为黄帝是公认的中华民族的"人文始祖",是中国统一的象征,更是因为黄帝是中华民族勤劳勇敢、不怕牺牲等伟大精神的代表,是中国人民智慧的化身。纪念性的黄帝陵庙可以分布于各地,但朝廷却只能选择其一作为官方祭祀场所。历代王朝为此都用颁诏的形式做出过规定。这不仅有助于规范祀典,更在客观上起到了加强政治统治和文化认同的作用。自觉遵守成规,有助于中华民族彻底摆脱琐细的分割,巩固历史形成的统一,这是大局;相对而言,地方利益再大,也是小局;以小局服从大局,应是每个国人立言、立事、立功的基本出发点。

陕西省公祭黄帝陵工作委员会办公室主任苏宇说:"2015年年初,习总书记来陕西视察时明确指出'黄帝陵是中华文明的精神标识'。一句话言简意赅,准确概括了黄帝陵祭祀的意义和实质。建国初期,陕西省就根据中央领导指示对黄帝陵进行整修。九十年代初,国家建设部、文物局等相关部门联合陕西省政府对黄帝陵又一次进行了全面布景、整修,新修建了祭祀广场和大殿。"为了加强对黄帝陵的管理和保护,陕西省设立了黄帝陵管理局,属正县级建制,隶属延安市政府主管。

霍彦儒《对建议把新郑黄帝故里拜祖大典升格为"国祭"的质疑——与许嘉璐先生商榷》《黄帝陵是中华文明的精神标识——兼谈黄帝祭祀"拜庙不拜陵"》《黄帝陵祭祀与中华文化自信》等文,以"陕西黄帝陵'国祭'地位是经过数千年历史所形成的,陕西黄帝陵自古以来就是国家唯一的祭祀黄帝之地"为依据,予以批驳。方光华《黄帝陵祭典千年回顾》进一步支持霍彦儒先生。2015年"乙未重阳'黄帝陵是中华文明的精神标识'重要论述"研讨会上,赵世超、霍彦儒、任大援等数位学者认为新郑非黄帝故里,桥山祭黄具有唯一性。此外,李桂民

《黄陵、新郑和缙云黄帝公祭再探讨》《黄帝史实与崇拜研究》(专著)、张跣《公祭黄帝须有现实依托和制度承传》、胡义成《西安杨官寨遗址是应确定黄陵祭祀为"国家公祭"的考古学主证——论黄陵墓主即西安"黄帝都邑"杨官寨遗址族群盛期的首领》等均找出了黄陵"国祭"地位的历史、现实或考古印证,其主旨仍是论证黄陵祭祀黄帝的合理性。

三　新郑轩辕黄帝祭祀概况

新郑轩辕黄帝祭祀自2008年被确定为第一批国家级非物质文化遗产扩展项目后,其祭祀影响力迅速扩大,每年都吸引数十万海内外华夏子孙前来寻根拜祖,该活动已成为华人世界极具影响力和标志性的文化名片。

以下是《光明日报》(2019年4月8日第9版)关于新郑黄帝祭祀盛况的报道:

己亥年黄帝故里拜祖大典在河南新郑举行

本报河南新郑4月7日电(记者王胜昔、丁艳)"中华文明,源远流长。我祖勋德,万古流芳。启迪蒙昧,开辟蛮荒。伟烈丰功,恩泽八方……"7日上午,己亥年黄帝故里拜祖大典在河南新郑举行。来自澳大利亚、英国、新西兰等近40个国家和地区的华人华侨及国内各界来宾约8000人现场参加拜祖,共同表达对中华文明始祖的崇敬之情。己亥年黄帝故里拜祖大典主题仍是"同根同祖同源,和平和睦和谐"。大典仪程共9项,分别是:盛世礼炮、敬献花篮、净手上香、行施拜礼、恭读拜文、高唱颂歌、乐舞敬拜、祈福中华、天地人和。

9时45分,河南省政协主席刘伟宣布己亥年黄帝故里拜祖大典开始,河南省省长陈润儿致欢迎辞。全国政协副主席刘新成,十二届全国人大常委会副委员长张宝文,十二届全国政协副主席齐续春,中共河南省委书记王国生等依次向轩辕黄帝座像敬献花篮。

10时04分,齐续春代表亿万炎黄苗裔,肃立恭颂,敬颂人文始祖轩辕黄帝启迪蒙昧、开辟蛮荒、修德怀远、封土拓疆、肇造文明、恩泽八方的功德,歌颂中华民族传承创新、博采众长、薪火相传、再造辉煌的不朽业绩。

"大风起兮云飞扬，吾土吾心吾欢畅。四海之内皆和谐，吾思吾梦吾向往……"10时10分，由140名演员组成的合唱团与歌唱家阎维文同台高唱《黄帝颂》，赞颂轩辕黄帝，表达炎黄子孙的虔诚之心。

10时15分，乐舞敬拜开始。数十名舞蹈演员翩翩步入舞台，分立两侧，手持古代羽翼，做出叩拜、敬天、拂面等舞蹈动作，敬拜轩辕黄帝。

10时19分，7名儿童手捧和平鸽从祈福树下走来。与此同时，27位祈福嘉宾走上拜祖台，在书写有《拜祖文》的书法长卷上盖上大印，共同表达对黄帝、对中华民族的敬仰及对世界和平和睦和谐的美好祝愿。随后，颂歌飞扬，礼花怒放，红色气球腾空而起，和平鸽展翅飞翔。刘伟宣布己亥年黄帝故里拜祖大典礼成。

河南是华夏文明的重要发祥地。5000年前，文明始祖黄帝在此建都立国，统一万国部落，制舟车、筑宫室、造文字、定律历，创始了许多重大发明，开启了远古中华文明新纪元。由此，"黄帝"被尊为中华民族世代命运共同体的文明始祖。

河南是中华姓氏的主要发祥地，是全球华人的祖根地之一。自2006年以来，郑州市新郑黄帝故里拜祖大典每年都吸引数十万海内外华夏子孙前来寻根拜祖，该活动已成为华人世界极具影响力和标志性的文化名片。

拜祖大典开始前，在姓氏广场上，百家姓氏鼓和旗帜簇拥着鼎坛。800多名学生演员组成金黄色的麦浪。他们佩戴着黄帝主题的丝巾，随着《我和我的祖国》迎宾音乐舞动，与"同根同祖同源，和平和睦和谐"六大主题方阵一起，构成一幅完整的画面。

来自40多个国家和地区的嘉宾、近百家中外媒体记者等约8000人参加了拜祖大典。（记者朱殿勇　徐建勋　刘亚辉）

现将新郑轩辕黄帝祭祀活动的主要信息汇表如下：

第九章 新郑、黄陵、缙云等地轩辕黄帝祭祀

新郑轩辕黄帝祭祀信息一览表

地点	河南新郑
时间	1992
日期	农历三月三
品牌	黄帝故里·黄帝故里拜祖大典（申遗时称：新郑黄帝拜祖祭典）
主办	新郑市
活动平台	炎黄文化旅游节
祭典仪程	盛世礼炮、敬献花篮、净手上香、行施拜礼、恭读拜文、高唱颂歌、乐舞敬拜、祈福中华、天地人和①
研究平台	黄帝文化国际论坛
核心自然、人文景观	轩辕丘、黄帝纪念馆、黄帝像、中华文明圣火台、文化长廊、拜祖广场、轩辕桥（明）、故里祠（汉）、轩辕故里碑（康熙）、黄帝宝鼎
宣传广度	2018央视全球直播；纽约时代广场、伦敦、悉尼、东京、约翰内斯堡大屏宣传；人民网、新华网、凤凰网、新浪、搜狐、百度等直播②
重要创新	2006歌曲《黄帝颂》；2015年网络拜祖、动画片《黄帝史诗》
核心宣传	新郑是轩辕黄帝的故里、故都，也是众多中华姓氏的主要发源地，在这里起源的中华姓氏多达287个，源自黄帝族的姓氏共占120大姓的88%。2019年拜祖大典将展出280面姓氏鼓、200面姓氏旗
核心竞争力	2008年第一批国家非物质文化遗产扩展项目
文献支撑	有熊、轩辕丘。魏晋《帝王世纪》中的"或曰：黄帝都有熊，今河南新郑是也"
当代影响学者	钱穆、戴逸、顾颉刚、赵国鼎、李学勤、朱士光、张岂之、张振犁、许顺湛、黄爱平、张光远
综合评价	强大的宣传组织力，一流的创新能力；一流的研究平台，强大的研究团队，顶尖学者支撑；深厚的历史文化资源

第二节 陕西黄陵"黄帝陵祭典"

一 黄陵轩辕黄帝祭祀的基本概况

中华人民共和国成立后，陕西最早开始祭祀黄帝。1949年举办了第一次黄帝陵祭祀活动，后停祭了五年，1955—1961年均为每年一祭。十年动

---

① 自2006年固定为这九项；《拜祖文》的书法长卷上盖上大印。
② 2019年黄帝祭祀：澳门于3月29日，香港和美国旧金山、澳大利亚悉尼、加拿大温哥华分别于当地时间3月31日隆重举办了"同拜"活动，中国台湾"同拜黄帝"活动4月7日上午在台北市中山堂广场举行。

乱期间，黄帝陵祭祀再度中断，1980年恢复公祭。1961年3月，黄帝陵被国务院公布为第一批全国重点文物保护单位，编为"古墓葬第一号"。为了办好黄帝祭祀典礼，陕西省还于1996年专门设立了陕西省清明公祭轩辕黄帝陵典礼筹备工作委员会办公室，后更名为陕西省公祭黄帝陵工作委员会办公室，简称陕西祭陵办。

2006年，清明公祭轩辕黄帝典礼（黄帝陵祭典）活动列入第一批国家级非物质文化遗产名录。2014年8月，黄帝陵列入申报世界文化遗产项目。2015年2月，习近平总书记视察陕西时指出，"黄帝陵、兵马俑、延安宝塔、秦岭、华山等是中华文明、中国革命、中华地理的精神标识和自然标识"。2017年3月16日，黄帝陵标识碑落成，位于黄帝陵印池广场前。总高4.5米，寓意九五之尊及五湖四海对始祖黄帝的敬仰。其设计和制作，以毛泽东委托郭沫若题写的"黄帝陵"为标识的主要素，凸显了习近平总书记提出的"黄帝陵是中华文明的精神标识"概念。

黄帝陵标识碑

第九章 新郑、黄陵、缙云等地轩辕黄帝祭祀

20世纪80年代以来，大批港澳台同胞、海外侨胞，不远万里，奔赴桥山，共祭黄帝陵。从1994年起，每年都有国家领导人专程来陕参加公祭活动。

除清明公祭外，也有重阳节民祭轩辕黄帝活动。

清乾隆四十一年（1776），陕西巡抚毕沅在陵前立了"古轩辕黄帝陵碑"

毛泽东题写祭文

黄帝陵祭祀活动古已有之，前文均有详细论述，在此仅对近代以来的祭祀活动做一简要回顾。

1912年3月，孙中山委派要员15人组成代表团专程祭祀黄帝陵。孙中山亲笔写祭文一篇，可惜散佚不存，只留下"中华开国五千年，神州轩辕自古传。创造指南车，平定蚩尤乱，世界文明，唯有我先"句。在"九一八"事变后的民族抗战背景下，中国国民党中央和国民政府于1934年4月致祭于黄帝陵，并确定每年清明节为"民族扫墓节"，公祭黄帝陵。1937年清明节，国共两党各派代表前往黄帝陵共同祭奠。毛泽东亲撰《祭黄帝陵文》，言"民族阵线，救国良方。四万万众，坚决抵抗。民主共和，改革内政。亿兆一心，战则必胜"，表达了全民族坚决抗战的思想和决心。1942年正式改桥陵为黄帝陵，并沿用至今。在抗日战争最艰苦的1944年，国民政府将中部县易名为黄陵县，更凸显了黄帝陵的独尊地位。

孙中山祭文碑·蒋介石题词碑

第九章　新郑、黄陵、缙云等地轩辕黄帝祭祀

毛泽东祭文碑·邓小平题词碑

二　黄帝陵碑文

轩辕庙内现存祭祀保护碑刻124通，其中有宋仁宗嘉祐六年（1061）奉旨栽植松柏1413棵记事碑，元泰定二年（1325）禁伐黄帝陵树木圣旨碑。祭文碑刻46通，均是御制祝文。所谓御制祝文，就是皇帝亲自颁发的祭文，代表的是国家级祭祀，其中有明太祖洪武四年（1371）祭黄帝陵御制祝文碑，清圣祖康熙二十七年（1688）祭黄帝桥陵碑，以及1912年孙中山宣誓就职中华民国临时大总统后，派代表团带上他亲自撰写的《祭黄帝陵文》前往桥山致祭轩辕黄帝陵的碑石等。下面简要介绍一下《宋仁宗嘉祐六年栽种松柏圣旨碑》。

北宋嘉祐六年（1061）刻立。砂石质，高1.74米，宽0.82米，厚0.17米。碑文楷书16行，行残存26字。四周边饰几何图形。碑身中下部风化残损严重。碑文记载宋仁宗赵祯因坊州有轩辕黄帝陵，下令坊州在桥山栽种松柏。坊州依圣旨于嘉祐六年栽种松柏树一千四百余株，并免除寇守文、王文政、杨遇等三户差役粮税，令看守桥陵。现保存于黄帝陵轩辕

宋仁宗嘉祐六年栽种松柏圣旨碑

庙碑廊。

由于数量庞大，在此不一一介绍。

三 当代黄帝陵祭祀盛况

以下是延安文明网2018年4月8日清明公祭轩辕黄帝的报道：

戊戌年清明公祭轩辕黄帝典礼在黄陵县举行

4月5日上午，戊戌年（2018）清明公祭轩辕黄帝典礼在陕西黄陵举行。万余名海内外中华儿女齐聚黄帝陵轩辕殿祭祀广场，共同祭奠人文始祖轩辕黄帝。

桥山陵前、沮水河畔的印池广场上，参加公祭大典的万余名嘉宾在黄帝陵标识碑前庄严列队，在鼓乐仪仗引导下进入举办祭祀大典的轩辕殿广场。戊戌年清明公祭轩辕黄帝典礼，由陕西省人民政府、国务院台湾事务办公室、国务院侨务办公室主办，延安市、黄陵县人民政府协办。

上午9点50分，戊戌年清明公祭轩辕黄帝典礼正式拉开帷幕。鼓声雄宏，钟声悠远，34咚鼓声象征着全国34个省、自治区、直辖市，香港、澳门特别行政区、台湾地区和海外侨胞以及全体中华儿女崇敬始祖的共同心声；9响钟鸣代表着中华民族崇敬始祖的最高礼数，表达了全体中华儿女对人文始祖轩辕黄帝的无限景仰和无比感恩。

陕西省委常委、常务副省长、陕西省公祭黄帝陵工作委员会主任梁桂主持公祭典礼。

全国人大常委会副委员长陈竺敬献花篮。全国政协副主席刘奇葆敬献花篮。

中国国民党前主席洪秀柱敬献花篮。

陕西省委书记、省人大常委会主任胡和平代表中共陕西省委、省人大常委会、省政府、省政协和陕西各界敬献花篮。

……

陕西省省长刘国中恭读祭文。

祭文恭读完毕，全体参祭人员向轩辕黄帝像行三鞠躬礼。接着举行盛大的乐舞告祭，由序礼和乐祭、云梦、龙驭四个主题组成。乐舞结束时，一条黄色巨龙腾空而起，在众人的注视下飞向蓝天，象征着中华民族的崛起和昌盛。

梳理现代黄帝祭祀活动，将主要信息汇总如下表：

当代黄帝陵公祭信息一览表

地点	黄帝陵（黄陵县）
时间	1955 年
日期	清明
品牌	黄陵·黄帝陵祭典
主办	陕西省
活动平台	炎黄文化旅游节
祭典仪程	全体肃立、击鼓鸣钟、敬献花篮、恭读祭文、行三鞠躬、礼乐舞告祭、瞻仰祭祀大殿、拜谒黄帝陵
研究平台	陕西省炎黄文化研究会
参与度	2017 年：五大洲十多个国家万余人
核心自然、人文景观	黄帝陵分黄帝陵和轩辕庙，祭祀大院和大殿，中华始祖堂
宣传广度	2013（癸巳）年清明公祭由中央电视台国际频道、陕西广播电视台联合直播，为全球直播，约为 80 分钟。2017 年陕西广播电视台联合央视中文国际频道、台湾中视等现场直播，西部网、陕西头条客户端也联合全国五十多家网络媒体全程网络直播
重要创新	黄帝陵标识碑
核心宣传	黄陵县——中国黄帝祭祀文化之乡；黄帝陵——天下第一陵、华夏第一陵、中华第一陵；2013 年 11 月，陕西省启动"黄帝陵祭典活动"申报世界非物质文化遗产名录工作。① "黄帝陵是中华文明的精神标识"
核心竞争力	480 Ⅸ—32　黄帝陵祭典：2006 年第一批国家级非物质文化遗产名录；国务院公布的第一号古墓葬和重点文物保护单位；第一批国家 AAAAA 级旅游景区，国家级风景名胜区，第一批全国爱国主义教育示范基地。
文献支撑	桥山。《史记·五帝本纪》："黄帝崩，葬桥山。"
当代影响学者	张岂之、刘宝才、李桂民、何炳武、霍彦儒、方光华、高强等
综合评价	悠久的拜祭历史祭典，源源不断的公祭、民祭活动；一流研究平台；省级组织力量；超级研究队伍，顶尖学者支撑；超高知名度；深厚的历史文化资源

---

① 黄帝陵号称"天下第一陵"，1961 年被国务院公布为第一批全国重点文物保护单位，被列为"古墓葬第一号"；1997 年被中宣部命名为"全国爱国主义教育示范基地"；2002 年被国务院确定为全国重点风景名胜区；2005 年被中央文明办、建设部、国家旅游局授予创建全国文明风景旅游区工作先进单位；2006 年被评为国家 5A 级旅游景区；2009 年被授予全国文明风景旅游区，黄帝陵祭典被列为国家级非物质文化遗产，黄陵县被命名为中国黄帝祭祀文化之乡；2011 年被评为十大最具魅力旅游景区景点；2012 年被授予"中国最恢弘的十大帝王陵墓"之首，网民最关注的中国十大文化旅游景区，老百姓心目中陕西十大最具魅力旅游景区；2015 年被授予海峡两岸交流基地等。

四 黄帝陵祭祀影响力分析

对黄帝陵祭祀影响力的对比,是近期才有的事。代表性的研究是《黄陵、新郑和缙云黄帝公祭再探讨》一文,其言:

> 新中国建立以后,陕西最早开始祭祀黄帝,开始于1955年,河南新郑的拜祖活动开始于1992年,三地当中,浙江缙云开始祭祀黄帝的时间最晚,从1998年才开始黄帝祭拜活动。从祭祀黄帝规格上看,陕西黄帝陵黄帝祭祀的主祭人是省长或副省长或省人大副主任,后来主祭人一般由省长担任,也就是说陕西省黄陵县的黄帝公祭活动一直由陕西省主办。为了办好黄帝祭祀典礼,陕西省还于1996年专门设立了陕西省清明公祭轩辕黄帝陵典礼筹备工作委员会办公室,后更名为陕西省公祭黄帝陵工作委员会办公室,简称陕西祭陵办。河南省新郑市的拜祖活动不仅起步晚,祭祀规格也不如陕西,后来改为省里主办后,才逐渐办出了影响。黄陵、新郑和缙云三地中,浙江缙云的祭祀规格最低,还没有升格到省级层面。需要指出的是,黄陵、新郑和缙云的黄帝祭典都先后进入国家非物质文化遗产目录。具体来说,2006年黄陵黄帝陵祭典进入第一批国家非物质文化遗产名录,2008年新郑黄帝祭典进入第二批国家非物质文化遗产扩展项目,2011年5月"缙云轩辕祭典"被国务院公布为"第三批国家非物质文化遗产扩展名录"。从非遗名录看,黄陵、新郑和缙云三地的黄帝祭典的地位要以陕西黄帝陵祭典地位最高。对于黄帝祭典,陕西和河南都有升格为由国家主办的提议,由于目前学术界关于黄帝的争论较大。[①]

另一篇文章《陕西 VS 河南,祭祀黄帝哪家强?祭祀背后的经济真

---

① 李桂民:《黄陵、新郑和缙云黄帝公祭再探讨》,《长安大学学报》(社科版)2018年第2期。

相!》则在网络上被广泛转载。网易新闻（2015年9月18日，来源：澎湃新闻网）、搜狐网（2017年3月31日）、腾讯网（2015年9月18日）、荣耀西安网（2017年3月31日）、新浪博客（2017年8月12日）、环球网（2015年11月5日，来源：陕西传媒网—三秦都市报）、凤凰资讯（2015年9月18日，来源：澎湃新闻网）、昆明信息港（2015年9月18日，来源：新华网）、天涯社区（2019年4月6日）、西部网（2015年11月5日，来源：陕西传媒网—三秦都市报）、快资讯（2019年4月10日）、天极网（2015年9月18日）、澎湃新闻网（2015年9月18日）、《中国全民传媒网》（来源：凤凰网—澎湃新闻网）等都有转载。该文分析了祭祀背后的"祭祀经济"，并列表对比了黄陵和新郑两地的黄帝祭祀，如下表①：

陕西、河南对黄帝文化发展一览表

	陕西	河南
开始时间	历史上各朝代祭典较多，新中国从1955年开始，由陕西省领导人主持，1964年至1979年公祭活动中断，1980年恢复	新中国从2006年开始，史料记载，早在春秋战国时，河南新郑就有三月三风后顶拜轩辕的习俗
活动规模（参加人数）	2009年邀请到320余位港、澳、台、海外华人代表	2009年32个国家和地区的89个各类华人华侨商会，社团组织和12个姓氏宗亲会、同乡会的1700余位嘉宾参加此次大典
参加重量级别嘉宾	2009年邀请到连战、李昌钰等参加，魏明伦与靳羽西女士联合主持公祭典礼	2008年连战参与拜祖，2009年亲民党主席宋楚瑜参与拜祖，余秋雨主持相关文化活动论坛
媒体参与程度	2009年北京电视台与陕西电视台联合直播，同时，中央电视台新闻频道、中央电视台国际频道、上海东方卫视、香港凤凰卫视资讯台、香港TVB、台湾东森电视台、香港电台中文台和澳大利亚2CR中文广播以及西部网等60余家电视网络媒体都将转播祭祖大典盛况	中国中央电视台三套与河南电视台联合直播，同时，香港凤凰卫视和台湾一电视台提供延时直播信号，还有50多家海内外广播电台，102家重点新闻网站和知名商业网站对大典进行重点推荐

---

① 《陕西VS河南，祭祀黄帝哪家强？祭祀背后的经济真相!》，http://www.sohu.com/a/131309916_348945，2017年3月31日，荣耀西安网。

续表

	陕西	河南
所取得的成就	目前，黄陵祭祖已为成中国非物质文化遗产，2008年有陕西政协委员提议讲（将）黄帝陵祭祖升级为国家级大典	目前，新郑黄帝故里拜祖已经成为中国非物质文化遗产，2009年，郑州借黄帝拜祖，举办经贸推介活动签订合作协议涉及总金额73亿元
举办方式	陕西公祭黄帝陵工作委员会主办	政协河南省委员会、中华炎黄文化研究会、中华全国归国华侨联合会、中华全国台湾同胞联谊会联合主办

鉴于目前围绕黄帝故里、故都、陵庙等问题争论不休，有人建议中华共祭："黄帝是中华民族的共同祖先，黄河流域是黄帝出生、工作和生活过的地方，在我们这个信奉历史传说的国度，大家争着抢着祭祀祖宗总比没有祭祀的好，大可放开胸襟，放涨器量，以虔诚之心，提升祭祀的独特性和祭祀活动的品位，减少祭祀活动的排他性和竞争性。大家的祖宗大家祭祀，黄帝的福泽共同享。"[①]

有人建议各占一头，以不同主题分开来祭，比如人民网"强国社区"一个叫昊胜的，说得很有意思："建议陕西与河南分开祭祀黄帝，陕西在清明祭，祭的是人（中华人文始祖）；河南在冬至祭，祭的是国（华夏开国）。"看起来是一个不错的主意，但估计陕西、河南都不会同意。

第三节 浙江缙云"缙云轩辕祭典"

缙云仙都祭祀轩辕黄帝历史悠久，早在夏商周时期当地百姓就将鼎湖峰作为始祖轩辕黄帝来顶礼祭拜，东汉时期就有祭拜轩辕黄帝的记载，东晋咸和年间专门建有祭祀黄帝的缙云堂。唐天宝七年，唐玄宗李隆基赐改缙云山为仙都山、缙云堂为黄帝祠宇。

[①] 张若愚：《以开放的心态来祭祀黄帝——写在〈黄帝文化志〉出版之时》，《陕西日报》2008年3月26日第5版"读书天地"。

一 缙云山

今缙云地属《禹贡》之"扬州之域"。春秋战国时属吴越，秦代分属会稽郡、闽中郡。隋朝时缙云地北部仍属东阳郡永康县，南部属永嘉郡括苍县。唐武德四年（621），李子通改东阳郡为婺州，升永康为丽州，分置缙云县，属丽州。宋时亦属处州。元至元十三年（1276），蒙古军攻占处州，改处州为处州路。明、清时，缙云县属处州府。清宣统三年（1911）十月光复处州，处州成立军政分府，缙云县属之。六年，缙云县属瓯海道。十六年废道制，实行省县两级制，缙云县直属浙江省。1949年5月，缙云解放，属丽水。

缙云山即仙都山，古称缙云山，位于缙云县境内。2001年仙都景区被评为国家首批AAAA级旅游区。鼎湖峰号称"天下第一奇峰"。仙都风景名胜区由鼎湖峰、黄帝祠宇等三百多个景点组成。峰巅苍松翠柏间蓄水成池，四时不竭，相传中华民族始祖轩辕黄帝在此架鼎炼丹，跨龙升天时，鼎塌成湖，故称"鼎湖"。黄帝祠宇是仙都风景名胜区最主要的人文景观。

二 现代祭祀

浙江缙云从1998年起，对黄帝进行春秋两祭，其把每年的重阳节作为公祭黄帝的时间，而和陕西黄陵把重阳节作为民祭不同。在长期的历史实践中，仙都黄帝祠宇祭祀轩辕黄帝典礼已形成一定的规模、格式和礼仪，每年清明节为民祭，重阳节为公祭，典礼采用"禘礼"的规格，结合缙云当地的传统民俗，以传统与现代、礼与乐相结合的方式进行。2011年，"缙云轩辕祭典"被国务院公布为"第三批国家非物质文化遗产"。2014年，"缙云轩辕祭典"成为浙江经党中央、国务院批准保留的节庆项目。

以下是《丽水日报》关于2018年缙云黄帝祭祀活动的报道：

> 戊戌年中国·仙都祭祀轩辕黄帝大典举行
> 德颂中华千古帝，功歌天下第一祠。昨日，正值农历九月初九重阳

佳节，戊戌年中国·仙都祭祀轩辕黄帝大典在缙云仙都黄帝祠宇举行。港澳台同胞、海外侨胞、缙云乡贤及社会各界代表齐聚仙都，共同缅怀中华民族人文始祖轩辕黄帝，表达中华儿女希冀民族复兴的梦想。

上午9时50分，寓意黄帝"九五之尊、至高至上"，全体参祭人员肃立，击鼓34响、撞钟15响，代表34个省、直辖市、自治区、特别行政区和全世界15亿炎黄子孙，雄浑的鼓声，深沉的钟声，在庄严肃穆中表达了对轩辕黄帝的无限崇敬。伴着古韵悠扬的乐曲声，依次向轩辕黄帝敬上高香、敬献花篮、恭献三牲、五谷、山珍果品、鲜花、美酒等祭品。在恭读祭文后，全体参祭人员向轩辕黄帝像行三鞠躬礼，最后场面恢宏的献舞把祭典活动推向高潮。

轩辕黄帝是中华民族的人文始祖，是海内外中华儿女共同的精神纽带。缙云仙都祭祀轩辕黄帝历史悠久，缙云黄帝祠宇与陕西黄帝陵形成了著名的"北陵南祠"格局。如今，仙都黄帝祠宇祭祀轩辕黄帝典礼已形成一定的规模、格式和礼仪，每年清明节为民祭，重阳节为公祭，典礼采用"禘礼"的规格，结合缙云当地的传统民俗，以传统与现代、礼与乐相结合的方式进行。2011年，"缙云轩辕祭典"被国务院公布为"第三批国家非物质文化遗产"。

今年的祭祀轩辕黄帝大典，以"四海同心，家在缙云"为主题，通过"黄帝+旅游""乡贤+缙云""文化+产业"等形式，推出了乡贤大会、黄帝养生宴、乡贤家乡行、缙云烧饼节、婺剧品会场、网货展销会、第四届乡村旅游季、中国书法名家2018"朝宗祭祖仙都行"采风、李震坚故居开馆等系列活动。

河南新郑和浙江缙云之所以不在清明节祭祀黄帝，主要原因在于清明节一般是墓祭，由于两地没有黄帝陵墓，因此，都没有选择在清明节举行公祭黄帝活动。在多年的轩辕黄帝祭祀过程中，缙云凝练出"南祠北陵""三地共祭"的策略和战略，为其合理性和扩大影响力加分不少，无疑是成功的。

第四节　桥山之争下的涿鹿、正宁和曲沃黄帝祭祀

一　河北张家口市涿鹿县黄帝祭祀

涿鹿桥山位于河北省涿鹿县城东南温泉屯乡温泉屯村南，小矾山乡好地洼和赵庄村北。《史记·五帝本纪》载："黄帝与蚩尤战于涿鹿之野"，后"合符釜山，而邑于涿鹿之阿"。《水经注》载：灅水经过下洛城南之后，"温泉水注之，水上承温泉于桥山下"。《涿鹿县志》载："桥山位于今涿鹿城东南20公里处，以山顶天然形成的拱形石桥而得名，海拔918米，现存有黄帝庙遗址。"

1. "三祖堂"祭祀

当代涿鹿祭祀黄帝受到重视已进入20世纪90年代。主要的推动者是涿鹿人曲辰（原名孙向东）先生、新加坡著名作家周颖南先生等人。1992年，曲辰先生的学术专著《轩辕黄帝史迹之谜》由中国社会科学出版社出版，并一年之内两次重印，在张家口市引起较大反响。1993年，张家口市决定开发黄帝城遗址，以供发展旅游业，同年清明节，在涿鹿黄帝城遗址举办了3万人的公祭轩辕黄帝大会。当年4月，周颖南先生决定捐资重建黄帝祠。但到1997年10月重建竣工后，变成了"三祖堂"，因而此后的祭祀变成了黄炎蚩尤所谓"三祖"祭祀。此后，曲辰先生便一直坚持写文批判"三祖文化"提法，甚至2018年4月2日给张家口市委书记和市长写了《敬请纠正荒怪错误，恢复涿鹿黄帝祠名称——致河北省张家口市委书记、市长的公开信》。信中说，最初设想的轩辕黄帝祠变为"三祖堂"，是时任涿鹿县某领导"私自"干的。信中还详述筹建轩辕黄帝祠的历程，论证"三祖"谬误。

自2010年开始，涿鹿每年在清明节都举办"矾山儿女清明共祭三祖活动"，祭祖大典一般分为"点燃圣火、击鼓鸣钟、敬献花篮、上香祭拜、敬献祭品、行施拜礼、恭读祭文、乐舞祭拜、祈福中华"等活动。与三祖祭祀并行，"黄帝庙遗址"祭祀也在进行。

第九章 新郑、黄陵、缙云等地轩辕黄帝祭祀

涿鹿"中华三祖堂"

涿鹿"中华三祖堂"

2. "黄帝庙遗址"祭祀

在涿鹿的"桥山"曾建有黄帝庙。《魏书》《北史》载,北魏道武帝拓跋珪于天兴三年(400)五月,"幸涿鹿,遣使者以太牢祠帝尧、帝舜庙"。同年,东晋安帝司马德宗,也为此而到涿鹿。神瑞二年(415)六月,拓跋嗣"幸涿鹿,登桥山,观温泉,使使者以太牢祠黄帝庙"。泰常七年(422)九月,拓跋嗣再次幸桥山,"遣使者祠黄帝、唐尧庙"。神鹿元年(428)八月,拓跋嗣长子拓跋焘即位后,又同样到涿鹿登桥山祭祀黄帝庙。

在涿鹿,有关黄帝的史迹大致分布在150平方公里的范围内,其中较集中范围约8平方公里,即黄帝城附近一带。主要有黄帝城、黄帝泉、黄帝祠、轩辕湖、温泉行宫、定车台、蚩尤寨、蚩尤泉、蚩尤城、蚩尤坟、釜山、桥山等23处炎黄蚩先祖文化相关遗址遗迹,并有大量出土文物。长期以来,涿鹿一带流传着大量有关黄帝、蚩尤、炎帝等先民的故事,仅涿鹿县组织编写的《轩辕黄帝的传说》一书,即选入故事69个,内容涉及从战争到和平、从生活生产到创造发明各个方面,成为今日研究黄帝文化的重要历史文献和依据。

对桥山的笔移始于东汉班固,其将涿鹿桥山笔移至陕北阳周县;魏收以北魏侨置之阳周为汉阳周,又在《魏书》中移至甘肃真宁县;唐朝李泰的门客萧德言等依真宁县南无山,在《括地志》又笔移到子午岭;宋真宗命王钦若修《册府元龟》再移到陕北坊州;朱元璋建立明朝,从洪武元年连续四年下诏要求各行省具图上报历代帝王陵寝所在,以行祭祀。洪武四年十二月,朱元璋才依礼部按《册府元龟》,在坊州下辖的中部县祭祀黄帝,此后三易其地而建黄帝庙。[①]

2015年4月4日,桥山历史文化研究会、桑干河历史文化研究会筹备委员会、中华文明起源研究院(设在河北北方学院)、北京永定河文化研究会以及涿鹿县栾庄乡小矾山村等,共同举行隆重祭典,恢复了在涿鹿桥山祭祀轩辕黄帝的历史传统。此次祭祀,河北北方学院党委副书

---

① 以上说法主要来源于曲辰《轩辕黄帝史迹之谜》《桥山考辨》等。

记张进顺等还为"涿鹿轩辕黄帝庙遗址"碑揭碑。祭祀活动主要有鞭炮齐鸣、鸣礼炮21响、向黄帝庙遗址碑敬香、恭读祭文、锣鼓队起乐、秧歌队起舞等仪式。

二　甘肃庆阳市正宁县黄帝祭祀

甘肃正宁桥山黄帝冢

正宁桥山黄帝冢的说法主要来源于甘肃宁县人张耀民先生。如前文所言，他详细地研究和论证了黄帝冢在今甘肃正宁县五顷塬和二顷塬的接合部，并经实地考察，按照史载确切地找到了黄帝冢。他的依据主要是《史记正义》（唐代张守节）引《括地志》云："黄帝陵在宁州罗川县东八十里子午山。"其次还有清乾隆二十七年的《庆阳府志》、1925年的《正宁县志》。特别是《正宁县志》记述得很清楚："黄帝陵在县东南湫头镇东北西头村之桥山，当谷一峰耸起，草木葱蔚，上有荒冢，旁立一碑，镌字：黄帝葬衣冠处。"

最早记载黄帝冢在正宁县境内的史书是班固编撰的《汉书》，该书《地理志》在"上郡阳周"条目下注为："阳周：桥山在南，有黄帝冢。莽曰上陵畤。"宋朝裴骃《史记集解》说："黄帝冢在上郡桥山。"唐司马贞的《史记索隐》注释说："桥山在上郡阳周县，山有黄帝冢也。"唐张守节的《史记正义》注释说："黄帝陵在宁州罗川县东八十里子午山。"《元和郡县图志》云："子午山一曰桥山。"《大宋宁州承天观碑记》："轩丘在望，乃有熊得道之乡。"《明史》地理志亦云："桥山，即子午岭。"《读史方舆纪要》载："桥山，亦曰子午山，亦曰子午岭，宁州东百里，即子午岭之别阜，岭北即真宁。"《汉书志》云："桥山在阳周南边。"又云："真宁县、宁州东百里，西北至府城（庆阳府）二百里，汉上郡阳周地。隋改为罗川县，属宁州；唐天宝初，获玉真人像于此，因改为真宁。"《正宁县志》云："清乾隆初，因避世宗胤禛讳，更名正宁县。"因此，黄帝葬衣冠于罗川县东八十里子午山，即今天甘肃省庆阳市正宁县五顷塬回族乡五顷塬村与二顷塬村接合的斜坡弯道岘子处。现在该处有一东北指西南方向的高大古冢，古冢三面临谷，一峰耸起，高60米，只有一个石碑记载，碑文显示名为中华黄帝冢。

基于此，正宁县也进行黄帝祭祀，其理由是黄帝葬于正宁子午山上。

黄帝冢位于甘肃省庆阳市正宁县五顷塬乡五顷塬村与二顷塬村之间，子午岭西麓桥山，距正宁县城24公里。冢高60米，顶部南北长70米，东西宽30米，面积约1500平方米，两面临谷，中间一峰耸起，连通五顷塬和二顷塬，天然成桥，故曰"桥山"。现存于正宁县文化馆、北宋大中祥符二年（1009）所立的《大宋宁州承天观之碑》碑文说："兹县据罗水之上游，实彭原之属邑，气象葱蔚，原隰隐辚，人敦忠义之风，俗勤稼穑之事。轩丘在望，乃有熊得道之乡；幽土划疆，本公刘积德之地。""轩辕师

第九章 新郑、黄陵、缙云等地轩辕黄帝祭祀

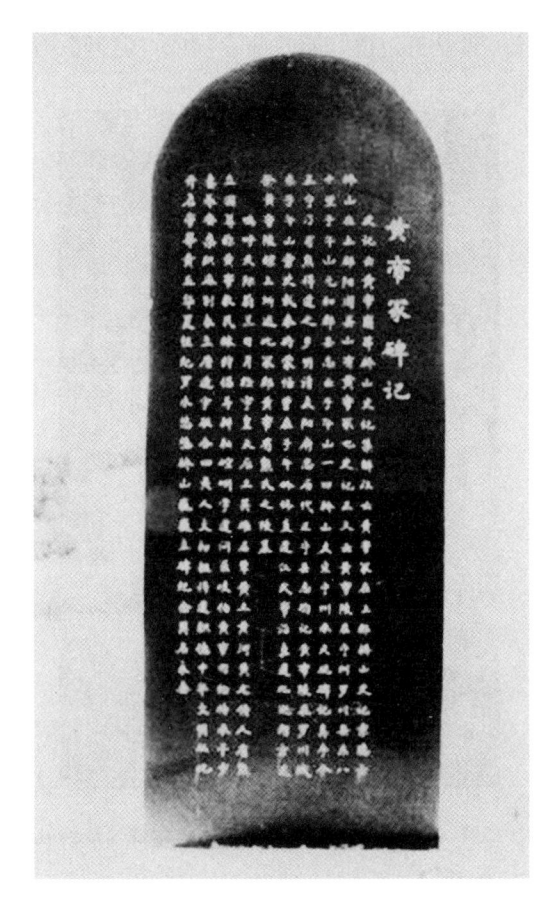

甘肃正宁黄帝冢碑记

广成于前,夏禹尊子高于后。"

正宁县境内仰韶文化遗址分布广泛,遗存丰富,多达40余处。其中的岘子南峁遗址、西渠遗址、年庄子遗址和张家疙瘩遗址,就分布在黄帝冢附近。宫家川东坪遗址属仰韶文化庙底沟类型典型遗存,而黄帝就是生活在这个时代。

明代以来,正宁人景清、庆阳人李梦阳以及强晟等人,都有与"桥山"或"黄帝冢"有关的诗作传世,如景清《题正宁县境》诗中就有"桥山唯有灵湫在,万代穹碑焕典章"句;强晟的《桥山》诗中更有"轩辕何事厌尘寰,自昔乘龙去未还"及"争知仙驾游何处,犹说衣冠葬此山"等诗句。

说明北宋以前正宁一带是有过诸如冢、庙、祠或"穹碑"存在的。①

2015年10月21日，正宁县举行黄帝像落成典礼

正宁现代黄帝祭祀分为清明公祭和重阳民祭两次。公祭仪式一般有祭祀黄帝典礼，包括击鼓鸣钟、敬献供品、敬献花篮、恭读祭文、乐舞告祭、瞻仰黄帝像等活动。民祭仪式一般有击鼓9通、鸣钟9响、敬献花篮、恭读祭文、乐舞告祭、集体瞻仰黄帝像和三鞠躬礼并敬献菊花等活动。

三 山西省临汾市曲沃县桥山黄帝陵祭祀

曲沃桥山位于山西省临汾市曲沃县城东北25公里处。海拔1164米，山势巍峨，翠柏环绕，自古为曲沃八大景之一，曰"桥岳晴岚"。据传，与桥

---

① 以上论述根据江彦博《直面谬误：还原历史真相》(《甘肃社会科学》1994年第1期) 一文整理。

第九章 新郑、黄陵、缙云等地轩辕黄帝祭祀

山似连非连，独立成山的一座高大的山丘，就是人文始祖黄帝的陵丘。

桥山顶峰有黄帝庙，建于五代之后周显德年间，距今已有千余年，庙毁于明末战乱，今仅余基址残存。《曲沃县志》载："桥山黄帝庙在桥山主峰，后周显德中建，今庙毁，石柱铁瓦犹存，遇旱祷者，有片云止檐际，辄雨。"《山西通志》载有多处黄帝庙，其"一在曲沃城中，明正统间里人掘地得古碑，……其阴赞文曰：'道德巍巍，声教溶溶，与天地久，亿万无穷'。因立庙"。桥山顶峰曾有黄帝陵，传为黄帝葬衣冠处，建于后周显德年间，今遗址尚存。山之南，曲沃境内不少村落均建有黄帝庙奉祀黄帝，至今仍余十多座。甚至有周穆王在桥山祭祀黄帝的观点。

四川师范大学教授伏元杰在曲沃县考察，为他的论文《〈山海经〉中的河源考》寻找实证，进一步推定了上述观点。他指出：曲沃桥山周围是最早的中国，翼城县的蜀山可能就是黄帝出生的寿山。黄帝埋骨曲沃桥山，似无可疑。但也有历史学家认为，陕西省黄陵县的桥山是黄帝的衣冠冢，称之西陵；山西省曲沃县的桥山是黄帝的真骨所葬地，称之东陵。

每年曲沃县义城黄帝庙都举行盛大的祭祖仪式。2014年，曲沃开始打造黄帝庙风景区，同年，曲沃县黄帝文化研究会成立。现已建成曲沃桥山黄帝文化展览馆。

曲沃桥山黄帝文化展览馆

第五节 其他地区黄帝祭祀

一 河南灵宝黄帝陵祭祀

灵宝黄帝陵，位于河南灵宝市西 20 公里荆山黄帝岭，即阳平镇的黄帝铸鼎原上。最能支持这里有黄帝陵的史料，源于司马迁。《史记·孝武本纪》载："黄帝采首山铜，铸鼎于荆山下。鼎既成，有龙垂胡髯迎黄帝，黄帝上骑，群臣后宫从上龙七十余人，龙乃上去。余小臣不得上，乃悉持龙髯，龙髯拔，坠黄帝之弓。百姓仰望，黄帝既上天，乃抱其弓与胡龙号。"而荆山就在今灵宝市境内。荆山现存黄帝陵，陵高约 6 米，周长 40 余米，整体外形略呈方锥体。陵前有黄帝庙，初为宫，乃汉武帝所建。现建筑基址尚存，占地 40 余亩。

唐代《轩辕黄帝铸鼎原碑铭并序》石碑，系唐代虢州刺史王颜撰文，华州刺史兼御史中丞袁滋籀书。该碑碑首部分残缺，但碑身尚保存完好，碑文字迹多数清晰可辨，文曰："惟天惟大，惟帝尧则之。惟道为大，惟黄帝得之。《南华经》曰：道神鬼，神帝生天生地，黄帝守一气衍愤以治人之性命，乃铸鼎滋原，鼎成上升。得神帝之道。原有为谷之变，铭记铸鼎之神。铭曰：道能神帝，帝在于人。大哉上古，轩辕为君。化人以道，铸鼎自神。汉武秦皇，仙冀徒勤。去道日远，失德及仁。恭惟我唐，玄德为邻。方始昌运，皇天所亲。唐与兹原，名常鼎新。虢州刺史泰原王颜撰铭并序。华州刺史兼御史中丞陈郡袁滋籀书。唐贞元十七年岁次辛巳正月九日癸卯。"此碑为现今国内发现的专为记述轩辕黄帝事迹的最早碑铭。

《通鉴》载："荆山，在城南三十五里，黄帝采首山铜，铸鼎于此。""黄帝采首山铜，铸鼎于荆山之阳。"《尚书》载："荆，河唯豫州。荆，灵宝荆山。"明万历四十六年《襄城县志》："首山，在县治南五里，横亘九里。"明《鼎原黄帝庙奎阁记》："阌乡县治之东南，冈峦一带，若起若伏，逶迤而来者，黄帝铸鼎原也。"清《重建铸鼎原奎楼记》："县治东南，秀出一峰，为黄帝铸鼎原。"光绪二十年《阌乡县志》："黄帝陵在城东南十里铸鼎原。汉武帝建宫。唐刺史王颜为铭，县令王亿立碑。后庙倾圮，碑记荒

第九章 新郑、黄陵、缙云等地轩辕黄帝祭祀

殁。……乾隆十一年知县梁溥复捐修。"又娄底里轩辕庙明《尚朴碑》载："唐时工地穿地得玉有悬佩孔,则志载黄帝陵者,其不虚欤。"

在铸鼎原附近130多平方公里的土地上,发现50余处以庙底沟类型为主的从仰韶时期到龙山时期的新石器时代文化遗址。这里出土的距今5500年仰韶文化时期人工开采的铜矿石,与"黄帝采首山铜,铸鼎于荆山下"相印证。除首山、荆山外,在遗址群上及周边地区,还有夸父山、蚩尤山、轩辕台、嫘祖山、铸鼎原、龙须沟等,村名有三圣村、五帝村、乔营村(据说黄帝母亲有蛴氏住地)、桑园村(据说嫘祖植桑养蚕地)、漏底村(传为黄帝造炉铸铜之地)等。1992年8月,在原址上建设成了陵墓(衣冠冢)、阁楼、大殿、山门、碑廊、亭台等景点。

灵宝市黄帝祭祀在农历二月初九进行,仪式一般有致辞、恭读《祭黄帝文》、向轩辕黄帝尊像三鞠躬、敬献花篮、向轩辕黄帝尊像敬香、合唱《黄帝颂》(河南新郑2006年丙戌年农历三月三黄帝故里拜祖大典时特意创作的歌曲)、瞻仰始祖殿等活动。

河南灵宝轩辕黄帝铸鼎原

二 河北迁安黄帝祭祀

迁安市位于河北省东北部,属唐山区县级市。周属幽州地。辽时名"安喜",金大定七年(1167)更名为"迁安"。明属京师永平府,清属直隶永平府。中华人民共和国成立后,迁安县属河北省唐山专区,1996年10月撤县设市。迁安是中国文联、中国民间文艺家协会命名的"中国轩辕黄帝姓氏文化之乡",也是中华文明最早的发源地之一。安新庄遗址出土的"天鼋",被专家一致认为是黄帝部族的图腾。近年来,迁安成立了中国轩辕黄帝姓氏文化研究中心,在风景秀丽的黄台山顶修建了高54米的标志性建筑轩辕阁。

河北迁安轩辕阁

据报道,"河北迁安重阳节民间拜祖仪式"由中华炎黄文化研究会主办,拜祖仪式一般有敬献花篮、祈福上香、恭读拜文、拜礼行施、祈福中华等九项活动。祈福仪式中,54名少年儿童在轩辕阁前集体高唱《黄帝颂》,为中华祈福。迁安黄帝祭祀活动开始于2017年。2017年河北迁安重阳节民间拜祖仪式在河北省迁安市轩辕阁举行,来自全国各地的各

第九章　新郑、黄陵、缙云等地轩辕黄帝祭祀

界嘉宾及港澳台侨代表四千余人，共同祭拜了中华民族人文始祖轩辕黄帝。拜祖仪式是"轩辕黄帝文化周"的主要组成部分，拉开了活动的帷幕。

河北迁安重阳节民间拜祖仪式

三　北京平谷"轩辕黄帝陵公祭大典"

平谷黄帝陵位于北京市平谷区山东庄镇山东庄村西庙山上，山上有大冢，世传为轩辕黄帝陵，俗称轩辕台。《大明一统志》记载："渔子山，在平谷县东北一十里，上有大冢，云轩辕黄帝陵也。唐陈子昂诗'北登蓟丘望，求古轩辕台'，疑即为此山，下有轩辕庙见存。"明人蒋一葵所撰《长安客话》记载："黄帝陵：世传黄帝陵在渔子山，今平谷县东北十五里，冈阜窿然，形如大冢，即渔子山也，其下旧有轩辕庙云。"清人孙承泽《天府广记·陵园》载："北京东北平谷区境内渔子山有大冢，俗称'轩辕台'，祖传为黄帝陵，旧有庙，今圮。黄帝都冀，故其陵在冀境内。旧云在桥山，又曰在宁州，非也。"康熙时张朝琮修《蓟州志》记载："峨嵋山南十五里至渔子山，其山在平谷县东北十五里，冈阜窿然，形似大冢，相传为黄帝陵，山下有轩辕庙。汉武帝元封

二年北巡朔方,还祭黄帝冢即此处。"1934年编修的《平谷县志·地理志·名胜》记载:"县治东北山东庄之西有山,冈阜窿然,形如大冢,相传为轩辕坟,然无实录可稽,真赝莫辨。上有轩辕庙,亦不知建自何代。庙内碑文引唐陈子昂轩辕台诗'北登蓟丘望,求古轩辕台。应龙已不见,牧马空黄埃。尚想广成子,遗迹白云隈'以证其处。又《礼记·乐记》记载:'封黄帝之后于蓟。'为此,则传非无因耳。"此外,《大清一统志》《畿辅通志》《日下旧闻考》《光绪顺天府志》《帝京景物略》等古籍,都有黄帝陵在平谷区渔子山的记载。

现存《重修轩辕庙记》残碑表明,汉代庙山之上已经有了用板瓦铺顶的殿堂类建筑。平谷刘家河商墓铜器上铸刻的黄帝"天鼋"氏族徽铭文,亦透露出黄帝族裔曾生活于平谷地区的信息。平谷当地百姓将黄帝称为轩黄爷,流传着许多关于轩黄爷的美丽故事。①

1995年平谷对轩辕庙进行了修复。殿内正中彩塑黄帝坐像,上悬汉篆金字巨幅"人文始祖",两侧为伏羲、神农。以此推断,当为三皇庙。

20世纪90年代初期,苏秉琦、胡厚宣、赵光贤等知名学者对平谷轩辕黄帝陵进行过考察。北京市文物研究所与平谷区文化文物局组织中国社科院、历史博物馆、北京历史研究所等单位专家考察平谷区山东庄村村西的轩辕陵,并确认这座轩辕陵即是中华民族始祖黄帝之陵。

2003年中国殷商文化学会、北京市文物保护协会邀请在京历史、考古学权威专家学者经过对遗址的科学考察和对文献的充分考辨,一致赞成前辈学者所得出的科学论断,古代在今北京平谷地区确实存有"轩辕黄帝陵"及祭祀的庙宇,并在考古历史学家根据大量历史文献记载、考古发掘资料和实地勘察所作"论证书"的基础上,再次肯定了平谷的黄帝庙、陵正是生活在这一地区的先民认祖归宗、祭奠先祖黄帝之所。

2005年8月召开了"北京平谷与华夏文明国际学术研讨会",后成册《北京平谷与华夏文明:国际学术研讨会论文集(2005)》,其中"黄帝文

---

① 资源主要来源于官网报道的北京市文物研究所研究员陈平先生梳理的平谷轩辕庙文献记载。

化与平谷轩辕黄帝陵"部分论证了平谷的黄帝陵。[①]

2007年4月23日（农历三月初七）上午9点50分，北京平谷举办轩辕黄帝陵公祭大典，开启了平谷当代黄帝祭祀的历史。仪式主要包括鸣礼炮、献花篮、读祭文、焚祭文、行鞠躬礼等。最后主祭人黎国威先生宣布"每年农历三月三日为中华轩辕黄帝祭拜日"。但此后的2010年、2011年的公祭活动并没有按照2007年宣布的"每年农历三月三日"进行"中华轩辕黄帝祭拜"；当然都在三月份，2010年是农历三月十二，2011年在三月二十八日。其中缘由不得而知。

四 安徽黄山市黄山区"黄山公祭轩辕黄帝大典"

黄山原名黟山。《太平御览》卷四十六记载，唐天宝六年（747），唐玄宗李隆基根据轩辕黄帝在这里采药炼丹得道升天的传说，敕改黟山为黄山。黄山36大峰之一的轩辕峰得名于轩辕黄帝，浮丘峰、容成峰等山峰的命名也与黄帝在黄山炼丹的传说有关。这成为黄山轩辕黄帝祭祀的核心依据。

黄山公祭轩辕黄帝大典肇始于2013年。是年4月4日，清明节，黄山市黄山区在黄山轩辕峰下的黄海仙都景区广场，举行了浩大的公祭轩辕黄帝活动。活动邀请了省市及外地各界近千人参加，举行了上香献酒、敬献花篮、诵读祭文、向黄帝天位行鞠躬礼、举办轩风夔鼓、轩辕车会等地方民俗表演等。这是黄山首次举行公祭轩辕黄帝大典，此后每年清明进行。

凤凰安徽网更是以"黄山举办公祭轩辕黄帝大典 成国内第四个黄帝公祭点"为标题，报道了2015年清明（4月2日）进行的黄山公祭轩辕黄帝大典。报道中说："4月2日上午，黄山轩辕峰下的黄帝文化广场，当地黄帝文化研究学者和群众2000余人公祭轩辕黄帝，追念人文初祖功德，表达炎黄子孙的追思。这是黄山第四次举办大型清明公祭轩辕黄帝活动，黄

[①] 徐庆全《黄帝陵考》（正义网—检察日报）中说：专家们说，自汉至宋的历代典籍中，没有任何关于平谷有黄帝陵的记载，从明代才开始出现记载，不过是出于当地群众敬仰黄帝的传说而已。

安徽黄山公祭轩辕黄帝大典

山已成为继陕西黄陵、河南新郑、浙江缙云县之后国内第四个黄帝公祭点。"由此可知第四之含义。2019年4月5日"第七届全球华人公祭轩辕黄帝大典在黄山举行"。本次大典由世界华人总会、黄山黄帝文化研究会主办，黄山黄海仙都旅游开发有限公司、黄山龙地投资开发有限公司承办。4月5日上午9时48分，祭祀大典正式开始。祭祀大典采用最传统的礼祭、乐祭、舞祭、俗祭、民祭，延续其千年以来的传统，旨在将其打造成安徽文化领域的一件盛事。共有1500余人参加公祭典礼。

五 河南开封轩辕黄帝祭典

开封是河南省省辖市，地处中原腹地、黄河之滨，是我国著名的八朝古都，中国八大古都之一、中国历史文化名城、中国优秀旅游城市、中国菊花名城、中国书法名城、中国收藏文化名城、中国成语典故名城，河南省新兴副中心城市、中原经济区核心区城市、郑州航空港经济综合实验区主体城市之一、郑汴一体化发展的重要一翼。开封具有"文物遗存丰富、城市格局悠久、古城风貌浓郁、北方水城独特"四大特色。开封辖杞县、通许县、尉氏县、兰考县、祥符区、龙亭区、顺河回族区、鼓楼区、禹王

第九章　新郑、黄陵、缙云等地轩辕黄帝祭祀

台区和开封市城乡一体化示范区共4县6区，其中兰考县系省直管县。全市总面积6266平方公里，总人口550万人，共有91个乡镇（场）、27个街道办事处、2162个村委会、367个社区居民委员会。

开封承载着厚重的历史。开封迄今已有4100余年的建城史和建都史，先后有夏、战国时期的魏，五代时期的后梁、后晋、后汉、后周，北宋和金相继在此定都，素有"八朝古都"之称，孕育了上承汉唐、下启明清影响深远的"宋文化"。开封还是著名的戏曲之乡、木版年画艺术之乡、盘鼓艺术之乡。开封蕴含着秀美的风光。开封是一座全城一景的城市，人文景观和自然风光交相辉映，拥有国家5A、4A级旅游景区8家，全国重点文物保护单位19处；市内五湖四河分布市区，水域面积170公顷，占老城区面积的1/4，素有"北方水城"之称。开封每年春天举办的中国开封清明文化节、秋天举办的中国开封菊花文化节，吸引了众多国内外游人。

开封一般在开封翰园碑林景区举行祭奠华夏人文始祖轩辕黄帝的仪式。据报道，翰园春节大庙会自2000年开始举办，其祭祖活动属于该活动的一部分。

河南开封祭奠轩辕黄帝仪式

六 港澳台恭拜轩辕黄帝大典

香港、澳门和台湾均举行恭拜轩辕黄帝大典。三地均以"三月三拜轩辕"为由,在每年农历三月初三举办中华民族"人文始祖"轩辕黄帝的恭拜活动。

香港从 2016 年开始。2019 年的祭祀在 3 月 31 日上午 10 时 30 分,音乐《黄帝颂》为大典拉开序幕。共有"祥龙朝敬""恭读拜文""祈福中华""高唱颂歌""天地人和"等八项仪程。八名手持国旗与香港特区区旗的小朋友手牵手步入会场,和现场所有嘉宾一起挥舞手中的旗帜,并共同高唱《龙的传人》,将现场气氛推向高潮。

己亥年香港恭拜轩辕黄帝大典

从 2016 年开始,澳门客属社团联合总会、全球华人寻根拜祖联合会等多个爱国社团每年农历三月三前都要举办"澳门恭拜轩辕黄帝大典"。2019 年的祭祀活动主要有"祥龙纳福""敬献花篮""净手进爵""行施拜礼""恭读拜文""高唱颂歌""乐舞敬拜""祈福中华""天地人和"等九项仪式。最后的"天地人和"环节,现场 400 多人同唱歌曲《龙的传人》,共同祈福民族昌盛、祖国繁荣、世界和平。

第九章　新郑、黄陵、缙云等地轩辕黄帝祭祀

己亥年澳门恭拜轩辕黄帝大典

自2014年开始，台湾轩辕黄帝拜祖大典筹委会每年均举办轩辕黄帝拜祖大典。据报道，2019年农历三月初三，在新郑黄帝故里拜祖大典举行的同时，海峡对岸，由台湾轩辕黄帝拜祖大典筹委会举办的己亥年轩辕黄帝拜祖大典，于台北中山堂同步进行，上千名台湾同胞和全球华人一起遥拜轩辕黄帝。轩辕黄帝拜祖大典遵循古礼，迎神、进馔、上香，行初献礼、亚献礼、终献礼、赐福礼等古礼隆重敬拜。[①]

拜祖大典的祝词这样写道：欣逢己亥猪年，我辈谨此明志，两岸共襄惕历，同心发愤图强，薪传忠孝节义，再造中华盛世。

港澳台地区都是把轩辕黄帝作为中华人文初祖而开展轩辕黄帝祭祀活动的，主要强化"同根同祖同源，和平和睦和谐"，祈福中华盛世，追求世界和平。

七　其他轩辕黄帝足迹

除上述所列之外，还有三个地方与轩辕黄帝有关，它们是山东省枣庄

---

① 2020年仪式为：进馔、行上香礼、三献礼、恭读拜文、献帛、献爵到完成望燎等。

市台儿庄区张山子镇（黄丘黄帝陵）、陕西靖边和山东曲阜寿丘。

1. 山东省枣庄市台儿庄区张山子镇黄帝陵

枣庄黄帝陵位于山东省枣庄市台儿庄区张山子镇黄邱山套中。黄邱山套四大山系共有大小山头36座，其中主峰黄龙山高260米，又叫龙门山，据说是黄帝采铜处（古称黄炉山）；最高峰黑山高306米，又叫黑蛇山。黄帝陵黄丘在小蝎子山（古称黄丘山）下，龙泉之滨。今小蝎子山西不远有黄邱古村，为北宋所置黄丘守陵户繁衍形成。

黄帝陵被当地人称为土山，山上有古墓群。据古籍记载，此山在北宋时即被政府认定为黄丘黄帝陵。南宋罗泌撰《路史》曰："黄帝都彭城，寿丘在此山北。"明天顺五年李贤、彭时等纂修的《大明一统志》曰："黄帝陵在此（黄丘山）北。"明万历二十四年颁行的《兖州府志·山水志》载："（黄丘山）在县南六十里。相传黄帝寿丘在其山北，其下龙泉出焉，经黄丘北流，入于新河。光绪三十年周凤鸣主修的《峄县志·山川志》云："（峄县）又南六十三里曰黄邱山（亦名羊蹄山）。山广袤十余里，层峦重巘，迢迢南去，不见其尾，世所谓'十八黄邱'也。其阴平冈，有冢数十，相传为黄帝陵。"光绪本《峄县志·古迹考》复云："（黄丘）在黄丘山北，巍然一天冢，名曰'黄丘'，黄帝陵也。宋元有碑，禁樵采，置守陵户。嘉靖间始毁。"

2. 陕西靖边黄帝陵

陕西省榆林市靖边县桥山黄帝陵的说法来源于王北辰《黄帝史迹涿鹿、阪泉、釜山考》《桥山黄帝陵考辩》《毛乌素沙地南沿的历史演化》等文章。他指出："北魏赵兴郡阳周县地，原是汉代北地郡泥阳县地，并不是汉上郡的阳周县地，也即是说，北魏的赵兴郡阳周县，设在了汉北地郡泥阳县之地，而县名则是移用了汉上郡阳周县的名称。这个问题，在《中国历史地图集》第二册，西汉和东汉的凉州刺史部图幅上，是一目了然的。汉上郡阳周在今陕西靖边县境，属于无定河流域；而汉北地郡泥阳则在今甘肃庆阳地区正宁县境，属于马莲河流域，两地相去甚远。有地理知识的人都会懂得，县名虽然可以移用，但原县境内的古迹却是决移不来的；也即是说，决不可把汉上郡阳周县的古迹，移记到汉北地郡泥阳县这片地方来。而《魏书·地形志》的作者魏收，就恰恰犯了这样的错误，他只看县名不查地理，竟然把远在汉上郡阳周的桥山、黄陵，移记到北魏赵兴郡的阳周条下来，以致铸成了移花接木、张冠李戴的错误。《魏书·地形志》是第一篇把桥山黄陵记在今甘肃正宁县的正史地理志；从那以后，地理书和地方志书，才在甘肃正宁县内也记有桥山黄陵，即所谓之'宁州桥陵'。"他还对唐代、明清时期的文献记载进行了辩证，认为"北魏时期，在原是汉北地郡泥阳县的地方设县，命名为阳周。魏收顾名而忘地，开始在北魏的赵兴郡阳周县下记有桥山、黄帝陵。经过隋代，至唐改赵兴郡阳周县为宁州真宁县，于是《括地志》又记宁州东境上的子午山即桥山，上有黄帝陵。大历年间，宁州东邻的坊州上奏，坊州有黄帝陵阙，被列入祀典。"对于平谷黄陵说、妫州（河北涿鹿保岱乡）黄陵说，他也持否定态度，认为北京平谷黄帝陵之说来源于《大明一统志》，系误传，之前并无记载；妫州有桥山，但无陵。[①]

3. 山东曲阜寿丘

山东寿丘说的主要依据《史记·五帝本纪·索隐》引皇甫谧云："黄帝生于寿丘，长于姬水，因以为姓。居轩辕之丘，因以为名，又以为号。"唐张守节《史记正义·五帝本纪》认为黄帝生的寿丘在鲁东门之北，即兖州曲阜县东北六里。自皇甫谧提出山东寿丘说之后，唐代张守节《史记·正义》、宋刘恕《通鉴外记》、清徐文靖《竹书纪年统笺》《轩辕黄帝传》《晋书》等持相同观点。《宋史·真宗本纪》记载，大中祥符五年闰十月"戊寅，建景灵宫太极观于寿丘"。罗泌《路史》持疑。

以上三处均有古文献的支持和学者的认可，甚至有当地相关部门的宣传，但均不见轩辕黄帝祭祀的报道。

---

① 王北辰：《桥山黄帝陵地理考》，《西北史地》1995年第2期。

第十章

当代轩辕黄帝祭祀地图及其影响力比较分析

当代轩辕黄帝祭祀是古代祭祀的继承和发展。有如下几种情况：第一，从历史渊源来看，"桥山"黄帝祭祀历史久远，这为后来陕西黄陵提供了重要的证据。根据史书记载可知，桥山黄帝祭祀至少存在两千多年，但因为古代桥山在今天的确切位置仍有不少争议，争持不下。争议中，甘肃正宁、河北涿鹿等也以此为据开展黄帝祭祀活动。但相较而言，陕西黄陵黄帝祭祀的连续性、历史记载的丰富性等方面，其他地方难以企及。第二，由于黄帝"迁徙往来无常处"，足迹甚广，故甘肃清水、陕西黄陵、河南新郑、山东寿丘等多地出现所谓"轩辕故里"。同时，各地出现的黄帝庙与此有关，也与元代下令各州郡县通祀三皇有一定关系。第三，在某一个阶段由于帝王将相认知原因，建立黄帝庙祭祀黄帝的情况时有发生，因而其地形成了黄帝庙及祭祀的历史，这是浙江缙云、河南灵宝等黄帝祭祀的主要历史依据。第四，港澳台地区轩辕黄帝祭祀活动起步较晚，重在宣扬同根同祖同源，强化民族团结和民族统一意味。因此，当代黄帝祭祀地较多，祭祀也很兴盛。

祠庙祭祀和陵寝祭祀是古代祭祀的延续，故里故都含义的祭祀、港澳台祭祀大都是现代开创。

第十章 当代轩辕黄帝祭祀地图及其影响力比较分析

一 现代轩辕黄帝祭祀的基本信息

当代黄帝祭祀基本信息

序号	地点	开始时间	祭奠日期	品牌	主办方	活动平台	研究平台	参与度
1	甘肃清水	2005年	公历6月29日	轩辕故里·清水县轩辕黄帝祭祀典礼	清水县	清水县轩辕文化旅游节①	甘肃省轩辕文化研究会	2018年数万民众参与
2	河南新郑	1992年	农历三月三	黄帝故里·黄帝故里拜祖大典	新郑市②	炎黄文化旅游节	黄帝文化国际论坛	有五大洲华侨代表；2018年两万余人
3	浙江缙云	1998年	重阳（清明民祭）	黄帝祠宇·缙云轩辕祭典	缙云县	仙都旅游文化节	黄帝文化研究会（县）	2014年，万人参加
4	陕西黄陵	1955年	清明（重阳民祭）	黄陵·黄帝陵祭典	陕西省	清明公祭	陕西省炎黄文化研究会（也有市县轩辕黄帝文化研究会）	2017年，五大洲十多个国家万余人
5	河北涿鹿	1993年	清明	桥山·涿鹿桥山祭祀轩辕黄帝大典	张家口市桑干河历史文化研究会	清明祭祀	张家口市桑干河历史文化研究会—桥山历史文化研究会	第一届3万余人，近年参与一般数百至千余人
		2008年③	清明	涿鹿·共祭中华三祖大典	河北省	"情系燕赵——两岸文化联谊行"活动	河北省炎黄蚩三祖文化研究会（2010）	2011年近万人

---

① 属于"敦煌行·丝绸之路国际旅游节"、天水伏羲文化旅游节活动的一部分。活动包括祭祀中华人文初祖轩辕黄帝活动、甘肃省轩辕文化研究会会员代表大会暨学术研讨会、文化旅游产品暨农特产品展示展销活动、温泉养生旅游体验活动、全国象棋公开赛、全民健步走活动等。

② 2006年主办单位也升格为河南省政协。

③ 2010年清明，涿鹿县矾山镇政府举办了"矾山儿女清明共祭三祖活动"。中国经济网2011年4月6日对此作了报道，称：河北涿鹿县矾山镇政府决定，每年在清明节举办"矾山儿女清明共祭三祖活动"，今年已是第二届。据人民网报道，同年8月9日，第四届海峡两岸同胞涿鹿共祭中华三祖大典仪式，在张家口市涿鹿县中华合符坛广场隆重举行。来自海峡两岸的近万名中华儿女一同祭拜中华民族的三大文明始祖黄帝、炎帝、蚩尤。此后，仅能查到涿鹿共祭中华三祖大典。所以，"矾山儿女清明共祭三祖活动"似乎举办两届，被河北省共祭中华三祖大典活动代替。

续表

序号	地点	开始时间	祭奠日期	品牌	主办方	活动平台	研究平台	参与度
6	河北迁安	2017年	重阳	轩辕国·重阳节拜祖	迁安市	轩辕黄帝文化周	迁安市黄帝文化研究会（2011）、中国轩辕黄帝姓氏文化研究中心	2017年四千余人
7	河南灵宝	2010年	农历二月初九	黄帝铸鼎原·轩辕黄帝诞辰祭祀大典	2010年灵宝市；2018年阳平镇		灵宝市炎黄文化研究	2010年近万名
8	甘肃正宁	2012年	清明①	桥山·清明公祭黄帝典礼	正宁县	清明公祭	正宁县黄帝文化研究会	2018年千余人
9	北京平谷	2007年	农历三月三②	公祭轩辕黄帝陵大典	山东庄镇政府	国际桃花节		2007、2011年均200余人
10	安徽黄山	2013年	清明③	黄山公祭轩辕黄帝大典			黄山黄帝文化研究会	2000多人
11	河南开封	2000年	正月初一到十六	祭祖大典	开封市	开封翰园春节大庙会		
12	香港	2016年	三月三	恭拜轩辕黄帝大典	香港梅州联会、世界客属总商会、全球华人寻根拜祖联合会			数百人

---

① 无2013年以前祭祀的公开报道。重阳民祭仪程：击鼓鸣钟、敬献花篮、恭读祭文、敬香拜祭、乐舞告祭、集体向黄帝像鞠躬、瞻仰黄帝像七项。

② 2007年主祭人黎国威先生宣布每年农历三月三日为中华轩辕黄帝祭拜日。但实际2011年是农历三月二十六（4月28日），2010年是农历三月十三（04月27日），2009年是农历三月二十四（4月19日），似乎仅举办这四届。山东庄镇镇长崔曙光说："1994年，山东庄村民自发集资重修轩辕庙，同年，村民开始组织祭祖仪式。镇政府及时引导群众的寻古文化需求，帮助山东庄村组织协调了公祭大典的诸多事宜，协助村民连续开展了三届公祭大典。庙宇重修，祭祀仪式恢复，让海内外炎黄子孙不出京郊便可祭祀共同先祖，人们又多了一处游览胜地。"也就是说，民祭开始于1994年。

③ 时间一般为清明，有时是冬至。

第十章 当代轩辕黄帝祭祀地图及其影响力比较分析

续表

序号	地点	开始时间	祭奠日期	品牌	主办方	活动平台	研究平台	参与度
13	澳门	2016年	三月三	恭拜轩辕黄帝大典	澳门客属社团联合总会、全球华人寻根拜祖联合会等			数百人
14	台湾	2014年①	三月三	恭拜轩辕黄帝大典	台湾轩辕黄帝拜祖大典筹委会			上千人

当代黄帝祭祀基本信息

序号	地点	核心自然、人文景观	宣传广度
1	甘肃清水	轩辕广场、黄帝像、轩辕湖、轩辕桥、轩辕大剧院、轩辕殿、轩辕大道、华国锋"轩辕故里"题词、轩辕谷	2016年：CCTV 4、人民网、中国新闻网、中国网、中国工业网、网易、搜狐、凤凰网、新浪、中国甘肃网、每日甘肃网、甘肃日报、甘肃经济日报、甘肃法制报、兰州晨报、兰州晚报、天水日报、天水晚报、天天天水网、天水在线等，中国甘肃网官方微博、美丽清水微信公众平台等近百家
2	河南新郑	轩辕丘、黄帝纪念馆、黄帝像、中华文明圣火台、文化长廊、拜祖广场、轩辕桥（明）、故里祠（汉）、轩辕故里碑（康熙）、黄帝宝鼎	央视全球直播；纽约时代广场、伦敦、悉尼、东京、约翰内斯堡大屏宣传；人民网、新华网、凤凰网、新浪、搜狐、百度等直播
3	浙江缙云	鼎湖峰（自然景观）；黄帝祠宇——全国最大的轩辕黄帝史迹展览馆（八部分）	人民网、旅游互联、今日头条、网易、新浪、图片中国、快资讯、中国文明网、中国网、中华网、北京时间、东方网、凤凰网、搜狐、腾讯视频、优酷视频、浙视频、微信公众平台、浙江新闻网、浙江日报、大浙网、浙江在线、浙江省归国华侨联合会等；2018年央视四套《中国新闻》栏目播出

---

① 《台湾举办己亥年轩辕黄帝拜祖大典 千名台湾同胞一起遥拜轩辕黄帝》：据悉，台湾轩辕黄帝拜祖大典筹委会每年均举办轩辕黄帝拜祖大典，今年为第六届。映象网2019年04月07日18：35。

续表

序号	地点		核心自然、人文景观	宣传广度
4	陕西黄陵		黄帝陵分黄帝陵和轩辕庙，祭祀大院和大殿	2013（癸巳）年清明公祭由中央电视台国际频道、陕西广播电视台联合直播，为全球直播，约为80分钟。2017年陕西广播电视台联合央视中文国际频道、台湾中视等现场直播，西部网、陕西头条客户端也联合全国五十多家网络媒体全程网络直播
5	河北涿鹿	黄帝祭祀	黄帝庙遗址、"涿鹿轩辕黄帝庙遗址"碑①	张家口网络广播电视台、搜鹿网、人人文库网、东方新闻、河北省人民政府网、河北新闻网、凤凰资讯、价值中国网、张家口新闻网、长城网、环球网、华龙网、搜狐、河北日报数字报、中新网、网易
		三祖祭祀	中华三祖堂（黄帝、炎帝、蚩尤）、黄帝城遗址、轩辕湖、黄帝泉、中华合符坛、三祖文化博物馆、中华三祖圣地文化旅游区	人民网、新华网、中国经济网、凤凰资讯、中新网、搜鹿网、中新网、搜狐视频、中广网、张家口网络广播电视台、安徽省佛教协会网、新浪博客、涿鹿人民政府网、网易新闻、贵阳网
6	河北迁安		轩辕阁（2016），"华夏轩辕（黄帝）姓氏始祖文化城"（2012年规划）、迁安市安新庄遗址出土的"天鼋"	光明网、央广网、东方网、大众网、中新网、凤凰网、河北文明网、长城网、搜狐、河北新闻网、河北文化网、唐山文明网、唐山发布微信公众平台、燕赵都市报、迁安电视台新闻综合频道、迁安广播等
7	河南灵宝		《轩辕黄帝铸鼎原碑铭并序》碑；灵宝黄帝铸鼎塬聚落遗址，修复遗址包括献殿、始祖殿、长廊、墓冢（轩辕台）、祀功柱、阙楼等，天、地、人三尊大铜鼎	灵宝市人民政府网、信阳电视网、凤凰网、大河网、中国广播网、华夏快讯网、中国民生经济网、北京时间、三门峡日报等
8	甘肃正宁		中华黄帝文化景区，黄帝文化博览园是景区的核心区，包括功德厅、桥山厅、勤政园、嫘祖殿等	中新网、凤凰资讯、中共正宁县委网、庆阳文明网、庆阳网、甘肃省体育局网、正宁电视台等
9	北京平谷		轩辕台轩辕黄帝陵、轩辕庙	香港中国新闻评报（2011，第五届）、中广网、新浪网、千龙网等
10	河南开封		轩辕黄帝像	新浪网、搜狐网、炎黄风俗网

---

① 《河北涿鹿县发现四百年前祭祀伏羲炎帝黄帝石碑》，新华网2014年12月25日。

第十章 当代轩辕黄帝祭祀地图及其影响力比较分析

续表

序号	地点	核心自然、人文景观	宣传广度
11	安徽黄山	"轩辕车会"①	中新网、人民网、新浪新闻、新华网、大众网、中新社、快资讯、中国台湾网、映象网、新浪网、中原网、中工网、齐鲁晚报等
12	香港	黄帝祠②	央视网、中新网、中华网、深圳新闻网、新浪网、新华社、凤凰网、上饶新闻网、河南日报、大河网、齐鲁网等
13	澳门		新浪、河南日报、中新网、中华网、深圳新闻网、郑州日报等
14	台湾	黄帝庙	中新网、中华网、深圳新闻网、新浪网、新华社、齐鲁晚报、快资讯、人民日报海外版等

河南省新郑市以黄帝的出生和建都地自居，自1992年开始举办炎黄文化旅游节，开展拜祖活动。从2006年起，拜祖活动升格为拜祖大典，主办单位也升格为河南省政协，由郑州市和新郑市承办，河南将拜祖大典定于每年三月三举办，借此打造"中华第一大典"，吸引众多的华人华侨前来寻根拜祖、观光旅游。

2004年的黄陵清明公祭活动更是盛况空前，这次公祭活动由省祭升格为国祭。公祭仪式中的鸣钟奏乐改为击鼓鸣钟，专家挖掘整理的祭祀舞乐第一次作为国家级祭祀礼仪正式演出，更值得关注的是这次公祭活动首次进行了全球直播。除了黄帝陵本身的不可替代性，黄陵祭祖的巨大影响力和政府与民间的合力推动密不可分。据介绍，围绕黄陵公祭，陕西省、延安市、黄陵县专设了省祭陵办、黄陵县祭陵办、黄帝陵管理局，由陕西省、市、县三级层层成立的各级祭陵办，成为常设机构。

---

① 相传轩辕黄帝在平定中原以后，伐淮夷至江南，带来了以车为代表的先进中原文化，当地山越部族遂将轩辕尊称为车公。后轩辕为修炼而栖身黄山，促进了中华南北文化的交流与融合。为纪念中华人文始祖、车的发明者轩辕黄帝而流传千年的一项大型民俗活动，从"洗车""落地车"试车试路、"正车""祭车"到"收车"进庙，车会方告结束。

② 中国·香港·黄帝祠位于新界粉岭，楼高七层，原名为"轩辕祖祠"，筹自清末，建于民国初期，1925年落成，历经数十载风雨，旧祠已接近塌圮，香火衰微，遂于1998年耗资亿元重建，2005年7月1日落成开光。

二 黄帝祭祀的影响力比较分析

除以上基本数据外,还有一个数据很重要,即核心竞争力数据,见下表:

轩辕黄帝祭祀核心竞争力信息表

序号	地点	核心竞争力
1	陕西黄陵	黄帝陵祭典(480IX—32):2006年第一批国家级非物质文化遗产名录;国务院公布的第一批古墓葬和重点文物保护单位;第一批国家AAAAA级旅游景区、国家级风景名胜区、第一批全国爱国主义教育示范基地
2	河南新郑	黄帝祭典(480X—32)(新郑黄帝拜祖祭典):入选2008年第一批国家级非物质文化遗产扩展项目名录。2007年2月,"新郑黄帝故里拜祖大典"列入首批省级非物质文化遗产名录。黄帝故里景区先后被确定为全国重点文物保护单位、国家AAAA级景区、全国侨联爱国主义教育基地
3	河南灵宝	灵宝黄帝铸鼎塬聚落遗址属国务院公布的第五批重点文物保护单位,被列入中华文明探源工程六大遗址首选
4	浙江缙云	黄帝祭典(480X—32)(缙云轩辕祭典):入选2011年第三批国家非物质文化遗产扩展项目名录;2008年1月,《清明节·仙都轩辕氏祭典》被命名为浙江省民族传统节日保护基地
5	甘肃清水	2011年被省民协和文化部先后授予"中国民间文化艺术之乡""轩辕文化之乡"
6	河北涿鹿	"三祖文化"列入河北省非物质文化遗产(2005)
7	河北迁安	中国文联、中国民间文艺家协会命名的"中国轩辕黄帝姓氏文化之乡""中国轩辕黄帝文化研究基地"

1. 核心景观

黄帝陵被誉为天下第一陵,是有历史依据的。黄陵祭祀的漫长历史成就了其不可超越的历史地位,黄帝陵标识碑、龙尾道、黄帝手植柏、碑亭、毛泽东亲笔题写的"祭黄帝陵文"、港澳台祭文碑、轩辕庙、人文初祖大殿、石刻轩辕黄帝浮雕像、黄帝陵冢、汉武仙台、天鼋神慧、中华世纪柏等,从历史文化底蕴上,其他地方仍然难以企及,黄陵的历史文化地位似乎无人可以撼动。

新郑轩辕黄帝人文景观建设方面可谓不遗余力,创新性地打造规模宏大的中华姓氏广场、轩辕故里祠前区、轩辕故里祠、拜祖广场、轩辕丘与黄帝纪念馆区等景观，其中轩辕故里祠、黄帝宝鼎坛及黄帝纪念馆区所建成的中华圣火台、拜祖台、颂歌台、黄帝像、中华始祖坊、黄帝纪念馆等，大大提升了其文化品位。

缙云在这方面的创新能力也值得称赞。其核心景观"黄帝祠宇"被誉为全国最大的轩辕黄帝史迹展览馆，共有八个部分：第一部分为前言，总结性地概括了黄帝的生活年代和生平史迹；第二部分为中华民族祖先的由来和形成；第三部分为黄帝功德，统一中原，建立世界上第一个有共主的国家；第四部分为铸鼎仙化、北陵南祠，说明了黄帝铸鼎炼丹飞升，"北陵南祠"格局的形成；第五部分为历代赞颂；第六部分为寻根问祖，分列中国四百多个姓氏的来源；第七部分为中华英杰，详细阐述了中华民族精神的形成和对后世的巨大影响；第八部分为祖国统一，民心所向，再现了中华民族五千年的疆域变革。

清水轩辕谷也值得一提。轩辕谷，亦称三皇谷，俗名三皇沟，在今天水市清水县山门镇白河村，随着旅游业的蓬勃兴起，三皇谷景区也得到大规模开发。2003年7月，三皇谷被正式列为省级森林公园。至今，村民称轩辕黄帝为"轩王爷"或"三皇爷"。轩辕谷的中央（两条小溪夹在中间的部分）低缓延伸的山峰，就是轩辕丘。轩辕谷在原三皇殿旧址上现建成轩辕殿，成为人们祭祀轩辕黄帝的圣地。城区建成轩辕广场、轩辕黄帝雕像、轩辕湖等。因此，轩辕谷有其历史之厚重。

河南灵宝以"黄帝铸鼎塬"为核心打造了一批人文景观，大大增强了历史的厚重感。

2. 举办方

陕西黄陵、河北涿鹿三祖祭祀均为省级层面，其他仍处于市县层面，这是其他地方的劣势。但这不绝对，比如新郑黄帝祭祀在市级层面，但其声势已经走在前面，且有顶级学者的支持和呼吁。

3. 品牌

各地品牌凝练和营造均不遗余力，且都有不同程度的影响力。陕西"黄帝陵祭典"文字简洁的品牌，传达出清晰的含义，已经被普遍接受。

新郑的品牌凝练也很成功,"黄帝故里拜祖大典"已经成为响亮的品牌,当然也入选 2008 年第一批国家级非物质文化遗产扩展项目名录。其他地方的品牌影响力不及前两者,例如河北迁安"重阳节拜祖"也是比较简洁的品牌,但由于内涵未能明确表现出来,跟黄陵和新郑相比,显然要逊色不少,故影响力有限。当然,其地历史文化底蕴等其他方面远不及前两者是根本原因所在。

4. 活动平台

在活动平台的打造上,甘肃清水、河南新郑、浙江缙云、河北迁安都有精心组织设计,实难分伯仲。"轩辕故里·清水县轩辕黄帝祭祀典礼"属于"清水县轩辕文化旅游节"系列活动的重要组成部分,而后者又是更高层级的"敦煌行·丝绸之路国际旅游节"的一部分,因而在某种程度上借助了"丝绸之路国际旅游节"的影响力。"黄帝故里拜祖大典"是新郑"炎黄文化旅游节"的核心。除拜祖大典之外,"炎黄文化旅游节"还将举办文艺演出、经贸洽谈、旅游观光等活动,每年都吸引了海内外数以万计的中华儿女,也吸引了大量资本进入。缙云也打出了"仙都旅游文化节"的活动牌子,据报道,活动一般包括公祭轩辕黄帝大典、黄帝文化暨旅游合作研讨会、缙云民间婺剧品会场、燕京(仙都)啤酒欢乐节、仙都招商引资洽谈会等。① 其他如河北涿鹿"情系燕赵——两岸文化联谊行"、北京平谷"国际桃花节"、河北迁安"轩辕黄帝文化周"、河南"开封翰园春节大庙会"等,均是重要的活动平台,且往往将文化和旅游以及经济紧密联系。如前文所言及《陕西 VS 河南,祭祀黄帝哪家强?祭祀背后的经济真相!》一文认为,"'祭祀经济'已成为陕西旅游的金字招牌"。而新郑举办"黄帝故里拜祖大典"后,旅游人数、旅游收入和旅游综合效益同比增长。

5. 参与度

黄陵和新郑的活动参与的数量和广度一般处于领先,只是近年来黄

---

① 2006 年活动包括:开幕式暨"燕京(仙都)啤酒之夜"缙云民间文艺大踩街活动,公祭轩辕黄帝大典,黄帝柏赠送培植仪式,嫘祖柏赠送培植仪式,黄帝文化暨旅游合作研讨会,缙云民间婺剧品会场,燕京(仙都)啤酒欢乐节,仙都招商引资洽谈会以及"天下第一祠"揭匾仪式等活动。2009 年的系列活动除祭典外还包括缙云婺剧品会场、仙都奇石精品展、仙都风情图片展、仙都笋峰茶文化养生论坛等。

第十章 当代轩辕黄帝祭祀地图及其影响力比较分析

陵祭祀活动的参与数量大为缩减，但广度上并未降低。相反，新郑的祭祀参与数量连年高位。从质的层面看，两地均具有全球性，而其他地方目前尚未达到。甘肃清水参与数量有时可能遥遥领先，但多数情况下与新郑、黄陵、缙云等地基本持平。如果将参加系列活动或者因此而旅游的人数估算在内，黄陵和新郑仍然遥遥领先。据报道，"自1993年开始的黄帝故里寻根拜祖文化旅游活动，每年都吸引了海内外数以万计的中华儿女……高科技园区、农业开发、教育合作、旅游观光等项目，纷纷落户新郑，并与国外20多个国家和地区，建立了良好的合作交流关系"。（大河网）由此而言，新郑"炎黄文化旅游节"无论从参与数量和参与广度上，都是一流的。

6. 宣传

宣传广度和质量上，新郑已经走在前面。如表中反映，2018年4月18日（农历三月三，取"三月三，拜轩辕"之意）新郑"黄帝故里拜祖大典"央视全球直播，在美国的纽约时代广场、英国的伦敦、澳大利亚的悉尼、日本的东京，以及南非的约翰内斯堡等五大洲重要城市繁华地界，设置现场大屏进行宣传。网络媒体的直播报道更是海量。美国旧金山于当地时间4月8日，中国澳门于4月13日，中国香港、澳大利亚悉尼、加拿大温哥华分别于当地时间4月15日在当地隆重举办"同拜黄帝"活动。各地同拜活动结束后，当地举办方还将组团参加4月18日在新郑黄帝故里举办的拜祖大典，中国台湾"同拜黄帝"活动也将于4月18日上午在台北中山堂广场举办。这种宣传组织力属超一流层次。

黄陵祭典早在2013年已经实现全球直播，但其他方面似乎无明显优势。

还值得一提的是，缙云在宣传方面也有很大亮点。"北陵南祠""三地共祭"（三地指黄陵、新郑和缙云）是其打出的响亮口号，实际体现了缙云错峰发展的真实意图和策略。

7. 研究平台

从上表中的研究平台信息看，黄陵黄帝祭祀研究平台层级高、时间久，自然有非常丰富的积淀。黄陵县轩辕黄帝文化研究会乃至陕西省炎黄文化研究会围绕黄帝陵景区、黄帝祭祀典礼、黄帝文化等，深入挖掘文化内涵取得了重要的研究成果。比如，文献整理方面有李学勤、张岂之总主编《炎黄汇典》（吉林文史出版社2002年版）、陕西公祭黄帝陵工作委员会办公室编《黄帝祭祀大典图志》（中国文史出版社2008年版）、黄帝陵基金会编《黄帝文化志》（陕西人民出版社2008年版）、曹明周等总编《黄陵文典·黄帝祭祀卷》（陕西人民出版社2008年版）。专门的黄帝祭祀研究就有专著《黄帝祭祀研究》（何炳武等著，陕西人民出版社2009年版），而论文不胜枚举。以上这些其他地方难以望其项背。

新郑也有炎黄文化国际论坛这样的顶级平台，其研究实力也属一流，也有《黄帝故里故都历代文献汇典》等文献整理成果，其他的研究成果也很丰硕。

甘肃清水有省级研究平台，是其仅次于黄陵、新郑的优势所在。有一些一流学者的研究参与，成果也相继问世，如《华夏文明的曙光》（李清凌，中国社会科学出版社2013年版）、《中华文明探源工程》（杨东晨，三秦出版社2017年版）《轩辕文化论文集》（已出版两辑）等，又每年编辑甘肃省轩辕文化研究会会刊《轩辕文化》四期，对扩大宣传有积极意义。

8. 文化创新

黄陵的"黄帝陵标识碑"[①] 是分量超重的文化创新作品。黄帝陵标识碑分为碑身、碑座两部分。碑身米黄色，寓意"黄帝"的尊贵。边长2.4米，寓意24节气，寒来暑往、生生不息；碑厚0.9米，碑总高4.5米，寓意九五之尊及五湖四海、华夏九州对黄帝陵的崇敬。

新郑于2006年创作歌曲《黄帝颂》，现已在各地黄帝祭祀仪式上广泛使用。2015年，新郑开创了网络拜祖新模式。以此观之，新郑具有一流的

---

① 2017年3月16日由陕西省人民政府竖立落成，在陕西黄陵县黄帝陵印池广场入口处。标识碑正面雕刻的黄帝陵标识，圆形背景源自中华文化"天圆"的传统理念，虚实相间体现时空转换，圆形下方的大地和如意祥云图案，寓意黄帝开创的中华文明根植厚土、造福华夏。毛泽东主席委托郭沫若题写的"黄帝陵"为标识的主要素。碑阳标识为阴刻"黄帝陵"三字，刻深0.05米；其他部分刻深不等，形成层次感，碑阴以文字简释标识图案的设计含义。碑座与黄帝陵祭祀大殿的斗拱形制、材质相似，具有拱卫托举之意。

创新能力。

清水县创作的歌舞剧《轩辕大帝》获2016年甘肃省推进戏剧大省建设优秀剧目展演特别奖，已在多地演出，也是重要的文化创新。

"轩辕车会"表演是缙云为纪念轩辕黄帝发明车而流传至今的一项民俗活动，据说已有1200多年历史。

三　各地黄帝祭祀的启示

文化创新是文化的生命力所在，对提升文化影响力和品质都有积极意义。黄陵、新郑、缙云三地的文化创新对现代轩辕黄帝祭祀具有很强的借鉴意义和启示意义。

第一，"黄帝陵祭典"进入2006年第一批国家级非物质文化遗产名录；新郑营造和凝练祭祀典礼品牌——"新郑黄帝拜祖祭典"[1]，进入第二批国家非物质文化遗产扩展项目。缙云不甘人后，其祭典——"缙云轩辕祭典"在2011年成为第三批国家非物质文化遗产，三地充分发挥了品牌效应。

第二，新郑海量式多维度多层次多模式的宣传极大地提升了其知名度和影响力，虽仍无法撼动黄陵的地位，却也形成了不小的挑战。

第三，中华炎黄文化研究会是国内轩辕文化研究的顶尖研究会，探索与其有效对接和长效对接机制，进一步提升轩辕文化研究的核心研究平台，如"甘肃省轩辕文化研究会"影响力，实属必要。2016年6月，宝鸡炎帝与周秦文化研究会会长霍彦儒先生为"伏羲文化研讨会"撰文《"三皇"与天水、宝鸡及其他》，说："笔者曾在十多年前写过一篇《关于渭水文化的思考》（连载于《华夏文化》1998年第2、3、4期和1999年第1期）的论文，就渭水流域的历史文化进行了探讨，提出了两省（甘肃、陕西）四市（西安、宝鸡、天水、渭南）联合开展渭水文化研究的建议。同时，又提出了由两省三地（宝鸡、天水、延安）学者协商成立'三皇文化研究会'的倡议，共同开展伏羲、炎帝、黄帝研

---

[1] 原品牌"新郑黄帝故里拜祖大典"。

究。现在，我认为成立'三皇文化研究会'的条件已经成熟。"此一倡议值得重视。

第四，缙云创新性地宣传"南陵北祠""三地共祭"，并提出"天下第一祠"口号，可以说找到了宣传的突破口，也找到了祭祀的合理性，其目的就是要跻身黄帝祭祀的第一阵营。同时，黄山认为"黄山已成为继陕西黄帝陵、河南新郑、浙江缙云县之后国内公认的第四个黄帝祭祀点"。其宣传口径与缙云异曲同工。

第五，在具有突破性的核心文化建设上仍需持续发力。黄陵数百年来的老大地位无人撼动，但近年来感受到了来自新郑的挑战，因而也开始发力，"黄帝陵标识碑"就是其核心体现，也是一大核心突破，无形中对稳固"天下第一陵"地位具有重要意义。《黄帝颂》唱响大江南北的轩辕黄帝祭祀仪式，提升了新郑轩辕黄帝祭祀的影响力，也是对轩辕黄帝文化的开创性贡献。

第六，围绕黄陵和黄帝祭祀的研究已经是硕果累累，而且这一进程仍在持续。由此，吸引、组织现有学者甚至更多学者对轩辕文化乃至整个地域文化的研究，也是推动轩辕文化、地域文化发展的重要手段。

四 结语——"西诞中都、南祠北陵"

前文已述，缙云在打造"仙都"和凝练黄帝祭祀品牌方面自成一套，且具有创造性和策略性。缙云初期打出"北陵南祠"的宣传口号，后来又增加"三地共祭"，实际承认了新郑在当代黄帝祭祀格局中的地位。所以，缙云的宣传战略和策略有很高的借鉴价值。

但依据前文的分析，轩辕黄帝出生于甘肃清水，之后东迁，再南迁，定都于中原的新郑，死后葬于黄陵。迁徙足迹所到之处，便留下了诸多历史遗址和传说，为今天各地人们祭祀提供了重要的支持。"帝王冢墓皆有是处，而山经往往复见，盖圣人久于其位，仁化广及，绝域殊俗之人各自立位而祭，起土为冢，是以所在有焉。"[①] 因此，今天的黄帝祭祀地图应该

[①] 郭璞：《日下旧闻考》第八册，北京古籍出版社1983年版，第2284页。

第十章 当代轩辕黄帝祭祀地图及其影响力比较分析

重绘：西诞中都，南祠北陵，寿丘桥山，中华共祭。

自古以来，各地民间因祠庙、故里墓冢而对黄帝的祭祀和追忆，延绵不绝。官方上自皇帝朝廷、下至州县的同类祭祀也存于史端。今天全国十余个地方有关黄帝的祭祀活动，都是共同的愿景——追忆黄帝，谁主谁宗，似乎没有问题。争论仅限于故里故都陵地。

参考文献

一 文献著作

班固：《汉书》，中华书局 1962 年版。

方韬译注：《山海经》，中华书局 2009 年版。

高强：《炎黄子孙称谓的源流与意蕴》，三秦出版社 2006 年版。

顾颉刚：《黄帝》，《史林杂识初编》，中华书局 1963 年版。

何炳武主编：《黄帝祭祀研究》，陕西人民出版社 2009 年版。

何光岳：《炎黄源流史》，江西教育出版社 1992 年版。

何新：《诸神的起源——中国远古神话与历史》，生活·读书·新知三联书店 1986 年版。

皇甫谧著，徐宗元辑：《帝王世纪》，中华书局 1964 年版。

黄崇岳：《黄帝、尧、舜和大禹的传说》，书目文献出版社 1983 年版。

黄陵管理局编：《黄帝祭文集》，西北大学出版社 2014 年版。

李桂民：《黄帝史实与崇拜研究》，中国社会科学出版社 2014 年版。

李清凌：《华夏文明的曙光》，中国社会科学出版社 2013 年版。

李学勤：《古史、考古学与炎黄二帝》，安徽教育出版社 1998 年版。

李学勤、张岂之总主编：《炎黄汇典》，吉林文史出版社 2002 年版。

郦道元撰，陈桥驿校释：《水经注》，中华书局 2009 年版。

刘起釪：《古史续辨》，中国社会科学出版社 1991 年版。

刘文学：《黄帝故里志》，中州古籍出版社 2007 年版。

吕思勉、童书业：《古史辨》第七册，上海古籍出版社 1982 年版。

罗泌：《路史》，《四库全书》第 383 册，台湾商务印书馆影印本。

钱穆：《黄帝》，东大图书有限公司1978年版。

曲辰：《轩辕黄帝史迹之谜》，中国社会科学出版社1992年版。

司马迁：《史记》，中华书局1982年版。

宋衷注，秦嘉谟辑本：《世本》，中华书局2008年版。

苏峰主编：《黄陵文典》，陕西人民出版社2008年版。

王瓘：《广黄帝本行记》，中华书局1991年版。

徐旭生：《中国古史的传说时代》，文物出版社1985年版。

许顺湛：《中原远古文化》，河南人民出版社1983年版。

《轩辕黄帝传》，中华书局1991年版。

雍际春主编：《轩辕文化研究论文集》，甘肃科学技术出版社2017年版。

于右任：《黄帝功德记》，陕西人民出版社1987年版。

张君房纂辑，蒋力生等校注：《云笈七签》，华夏出版社1996年版。

张振犁：《中原古典神话流变论考》，上海文艺出版社1991年版。

朱士光总主编：《黄帝故里故都历代文献汇典》，中国文联出版社2005年版。

二 论文

常金仓：《山海经与战国时期的造神运动》，《中国社会科学》2000年第6期。

常金仓：《中国神话学的基本问题：神话的历史化还是历史的神话化?》，《陕西师范大学学报》2000年第3期。

陈成杰、刘宝康：《黄帝神话来源考略》，《湖北大学学报》1995年第6期。

程秀莉：《由黄帝神话的演变看神话历史化》，《中南民族学院学报》2001年第3期。

段宝林：《论轩辕黄帝的出生及其历史内涵》，《中国文化研究》1994年第1期。

高强：《新郑黄帝故里说献疑》，《华夏文化》2015年第4期。

苟波：《中国古代神话中黄帝的形象和图腾演变》，《宗教学研究》2017年第 2 期。

郭星：《〈史记〉中的黄帝形象与司马迁的帝国构想》，《学术探索》2019 年第 7 期。

胡远鹏：《中华民族的"人文初祖"轩辕黄帝史迹钩沉》，《北方论丛》1995 年第 2 期。

黄爱平：《清代的帝王庙祭与国家政治文化认同》，《清史研究》2011 年第 1 期。

霍彦儒：《黄帝祭祀的文化意蕴》，《华夏文化》2004 年第 2 期。

江忠宝：《黄帝——中华民族的人文初祖》，《徽州社会科学》2016 年第 3 期。

李桂民：《黄陵、新郑和缙云黄帝公祭再探讨》，《长安大学学报》2018 年第 2 期。

李俊领：《抗战时期的黄陵祭祀典礼》，《扬州大学学报》（人文社会科学版）2009 年第 5 期。

李凭：《黄帝历史形象的塑造》，《中国社会科学》2012 年第 3 期。

李自宏、安江林：《大地湾文化与黄帝时代——从考古实物与史料看古成纪地区在我国远古史上的地位》，《兰州大学学报》1999 年第 3 期。

刘铁梁：《黄帝传说的象征意义及历史成因》，《北京师范大学学报》1993 年第 4 期。

刘文学：《黄帝所居"姬水"新观察——今新郑溱水可能是古有熊国之姬水》，《黄河科技大学学报》2012 年第 4 期。

刘晓：《神化先祖与黄帝神话叙述的形成》，《理论月刊》2018 年第 6 期。

马戎：《中华民族的共同文化与"黄帝崇拜"的族群狭隘性》，《西北民族研究》2010 年第 2 期。

牟钟鉴：《文化学的视野：黄帝信仰与中华民族》，《华夏文化》2008 年第 3 期。

庞朴：《黄帝考源》，《传统文化与现代化》1993 年第 2 期。

潜明兹：《中国神话学五十年》，《民俗研究》2000 年第 1 期。

沈松侨：《我以我血荐轩辕——黄帝神话与晚清的国族建构》，《台湾社会研究季刊》1977 年第 28 卷。

王北辰：《桥山黄帝陵地理考》，《西北史地》1995 年第 2 期。

王旭瑞：《历史之为记忆：黄帝祭祀的流变》，《社会科学评论》2007 年第 2 期。

王志鹏：《神话·传说·历史——从轩辕黄帝的史迹看古代宗祖信仰》，《西夏研究》2014 年第 2 期。

王仲孚：《黄帝制器传说试释》，《台湾师范大学历史学报》1976 年第 4 期。

吴广平：《轩辕黄帝原型破译》，《青海师范大学学报》1995 年第 1 期。

许兆昌等：《〈史记·五帝本纪〉中黄帝形象的知识考古》，《史学集刊》2012 年第 5 期。

叶林生：《黄帝考》，《江海学刊》1994 年第 2 期。

叶修成、梁葆莉：《黄帝族的发祥地及其时代》，《贵州文史丛刊》2006 年第 2 期。

张固也：《唐人黄帝传纪三种叙录》，《宗教学研究》2010 年第 1 期。

张固也：《〈轩辕黄帝传〉考》，《社会科学战线》2008 年第 1 期。

张开焱：《轩辕之谜》，《广东民族学院学报》（社会科学版）1996 年第 3 期。

李艳：《关陇文化背景下的黄帝文化研究》，硕士学位论文，西北师范大学，2014 年。

叶修成：《黄帝族及其神话传说考》，硕士学位论文，贵州大学，2005 年。

赵冬：《黄帝祭祀文本中的身份认同话语建构》，硕士学位论文，浙江师范大学，2012 年。

后　　记

　　2012年，甘肃省轩辕文化研究会正式成立，笔者有幸成为其中一员，也开始了对轩辕文化的关注。研究会中，一批博学多识的老一代学人孜孜以求的精神深深感染着我，鞭策着我。清水县委、县政府以及各机关、社会各界对研究会的成立和工作开展给予了鼎力支持，推动了研究会的大发展。身在其中，自然不敢懈怠，甚至像一种使命，即便身陷事务繁重忙忙碌碌之中，仍不忘一年一度的年会。就这样，日积月累，在研究会的第十个年头，终于完成了拙作，算是对之前研究的一次梳理和总结。

　　在研究会中，有两个工作使我受益匪浅。一是两次编校《轩辕文化研究论文集》（1、2辑）。第一次编校工作是在2016年，时值甘肃省轩辕文化研究会第一届期满之际。当时整理出来收到的研究论文60余篇，在编校中百度了各位学者的著作，收获颇多。除了他们孜孜以求、严谨求实的治学精神外，对轩辕黄帝与清水历史文化的了解大为增加，为本人轩辕文化研究的进一步深入奠定了一定的基础。2020年开始编辑第2辑，直至2021年完成。也编校了60余篇论文，看到了一些研究的新视角，了解了研究的新进展，也坚定了我对轩辕黄帝进一步研究的决心。二是近几年编辑研究会会刊《轩辕文化》，一年4期。由于有了之前会刊的模板，所以编辑工作量也大为减少。在会刊编辑过程中，对清水轩辕文化的相关活动、资讯、文艺等也有了更多的了解，同时也重温了部分研究论文。

　　2021年初以来，逐渐萌生了对轩辕黄帝研究的系统梳理和总结的想法。于是，就有了这一在原有研究基础上总结的拙作。迟至拙作定稿交付到校稿完成，笔者仍有诸多问题未能解答。轩辕黄帝历史神话化和神话历

后 记

史化、道教对黄帝神化和人化的实际作用和影响、黄帝医化问题、不同时代背景下黄帝的主要形象特征等，都是很复杂的学术问题，需要深入探讨，这些只能留作今后的研究了。

在中国历史长河中，轩辕黄帝是部落首领？还是并无其人？其实迟至今日，仍没有直接的证据来回答。但轩辕黄帝又是真真切切的存在，且有两千多年的存在历史，存在于从古至今的诸多文献之中，"生于寿丘，长于姬水""生而神灵，弱而能言"。先秦时期的人们如此相信黄帝是一个实实在在的人，而两千多年以后的我们反倒怀疑起轩辕黄帝的真实性？尽管目前的考古学尚不足以直接支撑黄帝的人性特征，但有很多间接的时代印证也在一定程度上足以说明问题。当然，即便再退一步讲，轩辕黄帝至少是中国两千多年的历史现象和文化现象，且几乎各朝各代溯源尊祀，中原王朝如此，边疆少数民族政权亦是；不管是儒家还是道家，或者法家，他们都与轩辕黄帝有或多或少的联系；不管是士大夫还是普通老百姓，他们都在叙述轩辕黄帝故事，所有这些，也就构成了中国传统文化的一大特征。

拙作数易其稿，最初是在近十年来本人的探讨沉淀基础上的拓展，而后历经数次修校而成。

赵世明

2023 年 10 月